御前に〳〵く大神天若齋

上出座へ……為て乗ヶ法り乞せ玉ひ

か〱かきにな〱延喜六年日本

紀覧宴ゝ左大史正六位上三善行

芋博士阿保朝ヶ怪覧の哥ヶ

詩妻苑加祢与佐波ヶ利汁ガま

豊作梨桃波平万保汗波方波々

花屋氣作良万事に……まなりけせ

さ渚ヽ細峯の白くうた民気

御照ヶヽ神楽ハ遊續しゃりヶ々

天宝霊ヶ御けたて目ゆガれり

かきハ世ーに伝へ……歌々神衆に

義を御制の孝八男ーゝ衆なゝ代

〈岩戸神楽〉

その展開と始原

周辺の民俗行事も視野に

泉　房子　著

鉱脈社

はじめに

長いあいだ宮崎の神楽をみてきた私は、「他の地方の神楽も観てみたい」と思うようになった。単純な志向である。宮崎以外の九州の神楽はどうであろう。日本の中部域の神楽は？　東北の神楽はどんな様子なのだろう？　と次々に他の地方の神楽に思いを馳せる。

たまたま、国立民族学博物館の国内調査委員の会議が、山形県酒田市で催されることになった。遠い東北の旅は、容易には出来ない。絶好のチャンスである。会議には宮崎県内ただ一人の委員として出席し、十二分に責務を果たさなければならない。そのことは充分に認識しつつ、この好機を逃す手はない。私は会議終了後、酒田市とその周辺の神楽や民俗行事を訪ねることを決めた。それが酒田市大字本楯の「本楯神代《もとだてじんだい》神楽」であり、飽海郡平田町の「飛鳥湯立神楽」である。また酒田市では「新山延年」の調査も行った。

神楽といえば、全国津津浦浦まで名の通っている神楽に「出雲流神楽」がある。島根県の神楽である。有名な「佐陀神能」をはじめ、全国の各地で、「この神楽は出雲流」などとよくいわれている。何を称して出雲流というのだろうか。そのことについては島根県大社町の「大土地神楽」で触れてみたい。

島根県では大社町とその周辺の神楽を主に扱った。大社町は有名な出雲大社のある町で神楽も盛んである。その中でも抜きんでている「大土地神楽」をはじめ、「鵜峠神楽」「仮の宮神楽」「鷺《さぎ》浦のシャギリ面」、そして「吉兆さん」の祭りを吉兆館の展示資料を中心に紹介した。

島根県ではこの他、出雲空港から隠岐の島に飛行機で飛び、隠岐の神楽「原田神楽」を対象に調査した。また隠岐国分寺蓮華会舞も見学した。運よく「郷土芸能祭」の当日、貴重な舞に出会うことができた。

本州では最後に中国地方の神楽として岡山県の「備中神楽」を訪ねた。川上郡成羽町にある荒神神楽である。古くは荒神さまの式年祭に神殿を仮設して、大々的に行われてきた。今では芸能的要素が濃い神楽である。備中地方は神楽団が数団体ある。六、七名で一座とし、太夫たちが中心になって行う。「備中神楽」と展示されている神楽面や資料館所蔵のたくさんの神楽面も撮影させていただいた。

調査地は少ないが、以上で本州の神楽は終わりである。次に九州の神楽調査である。大分県から福岡県へと足をのばすとともに、神楽ばかりではなく、追儺《ついな》の行事や傀儡子《くぐつ》舞いについても調査を広げた。

福岡県では、まず神楽である。「筑前神楽」である。対象にした神楽は次のとおり。

(1) 岩戸神楽　筑紫郡那珂川町山田伏見神社
(2) 高祖《たかす》神社　糸島市前原町
(3) 福井神楽　糸島市二丈町福井
(4) 六嶽神楽　鞍手郡鞍手町大字室木

(5) 撃鼓神社の神楽　飯塚市大字中字宇野間
(6) 老松神社の土師神楽　嘉穂郡桂川町土師
(7) 求菩提山の祭りと神楽面　豊前市鳥井畑
次いで、「追儺」の行事と追儺面として以下を取りあげた。
(1) 老松神社（前原市大字前原二一九）の追儺祭
(2) 深江神社（糸島郡二丈町大字深江）の追儺祭
(3) 熊野神社（筑後市大字熊野七三〇）鬼の修正会オニヨ
(4) 大善寺玉垂宮（久留米市宮本）の「鬼夜」
(5) 太宰府天満宮（太宰府市）の「鬼すべ」
(6) 等覚寺（京都郡苅田町富久町）の鬼会と松会
さらに、福岡県と大分県にまたがる神事として「傀儡子」を取り扱った。
(1) 古表神社の傀儡子　福岡県築上郡吉富町大字小犬丸
(2) 古要神社の傀儡子　大分県中津市大字伊藤田字洞ノ上
(3) 宇佐神宮放生会と傀儡子
そして、大分県では以下をとりあげた。
1 国東半島における修正鬼会と鬼会面
2 神楽
(1) 麻生神楽　宇佐市

(2) 緒方神楽　豊後大野市

(3) 福島神楽　中津市

以上本書に掲載するおおよその内容について列記した。神楽を主として扱いたいとの思いは思いとして、少しずつそこから離れて、とくに福岡・大分では神楽をとりまく周辺の民俗行事に傾いた感もなきにしもあらずである。

調査期間は、概《おおむ》ね平成十年頃から平成二十年に至る十年間であるが、諸般の事情で出版が大幅に遅れてしまった。伏してお許し願いたい。

目次

《岩戸神楽》その展開と始原――周辺の民俗行事も視野に――

第二章　島根県の神楽と芸能 69

《岩戸神楽》その展開と始原

——周辺の民俗行事も視野に——

序章　「岩戸神楽」——その展開と始原

一、「岩戸」神楽について

㈠「岩戸ひらき」の神楽

神楽において、岩戸開きはオーソドックスな演目である。およそ全国の神楽にあって、「岩戸」は番付の中心に位置している。

「岩戸」のいわれについて、「古事記」は、次のように述べている。

天照大神が須佐之男命の乱暴狼藉を怒って天岩屋に隠れ、天地が暗闇になってしまった。周囲の神々は、天照大神を岩屋の外に引き戻すために、鏡を作り、鹿の肩骨で占いをした。また勾玉《まがたま》や鏡、麻などを取りつけた御幣をもって祈りごとを唱え、天鈿女命《あめのうずめのみこと》に神懸かりの踊りをおどらせた。

天鈿女命は、「天香山の小竹葉を手草に結いて、天之石屋戸《あまのいわやど》に汗気《うけ》を伏せて、踏みとどろかし神懸かりして、胸乳をかきいで、裳緒《もひも》を番登《ほと》におし垂れき。かれ高天原ゆすりて、八百万の神共に咲《わら》ひき」。

岩戸開
天照大神が素戔嗚尊の悪行に怒って天石窟に籠もったので、天地は暗闇になった。そこで、八百万神が天安河原に集まって対策を協議する。天鈿女命が神楽を奉納し、天手力男命が岩戸を開けて、天照大神をお迎えするという神話の舞である。緒方神楽では戸板を立てて岩戸とし、天照大神には月経が始まる前の少女が扮する。
（豊後大野市歴史民俗資料館撮影）

この天鈿女命の舞、所作が、神楽の起源だといわれる。

福岡県東部から大分県にかけて分布する百カ所の神楽は、「豊前岩戸神楽」と呼ばれている。「岩戸神楽」とわざわざ呼ばれる理由は、式神楽の最後に記紀神話の天の岩戸をモチーフとした仮面舞を奉納するからである。特徴的な演目であり、豊前神楽の特徴を示す神楽の一つである。名称としては、「岩戸」「岩戸前」「岩戸神楽」「岩戸開き」「戸前」の名称がある。

これは先に見たように、弟の須佐之男命の乱暴に怒った天照大神が天岩屋戸に籠《こ》もられ、そのために高天原《たかまがはら》も葦原中《あしはらのなかつ》国《くに》も常夜《とこよ》のように暗くなって、たくさんの妖《わざわい》が生まれてしまった。困った八百万《やおよろず》の神々は、天の安河原に集まって、天照大神を岩屋戸から誘い出そうとする。そのありさまを劇として描いた神楽である。

(二)「四方鬼」とは

俗に「豊前岩戸神楽三十三番」といわれているこの神楽は、江戸時代にはほぼ完全に一つの神楽として存在していたようである。江戸時代に神官だけで行われていた神楽の資料として、長谷川保則氏所蔵の文書がある。襖の下張りの中から出てきたものであり、当時のメモ書きみたいなものと思われるが、神楽の様子が理解できる。

「御祓」から「神送り」までの順序の主なものを拾うと、壱番神楽に続いて、「地割神楽」など五番が続き、次に「岩戸前」が登場する。登場する神々は、

○思兼命　○太玉命・素戔嗚尊・八重垣神　○四方鬼　○保古
○鈿女命・児屋根命・戸取手力男命

などである。次いで「神送り」となって、終わりは「退下」である。最後に「岩戸」を舞ってから終了となるのは、今も変わらない。

高千穂神楽と比べて奇異に感じるのは、「岩戸」の中に「四方鬼」の出番があることである。高千穂神楽の「岩戸五番」の中には、このような「鬼」の出番はない。この「四方鬼」は、現在の豊前神楽においてしっかり演じられている。

この「四方鬼」は、「古事記」に登場する「万《よろず》の妖《わざわい》」を代表している。東西南北の鬼を鎮めるもので、鬼面の色は決まっている。岩屋神楽講では、東方は青、西方は白、南方は赤、北方は黒となっている。

二、東北から中国地方の「岩戸」

㈠ 本楯神代《もとだてじんだい》神楽における「岩戸」

「岩戸」の演目は、東北地方から九州に至る神楽の中に、位置している。はじめに、東北地方から山形県酒田市にある「本楯神代神楽」について見てみたい。

本楯神代神楽は、昭和五十一年酒田市無形民俗文化財に指定され、大物忌神社に奉納されてきた。この神社は、平安時代の寛治年間（一〇八七〜九四）に、源義家が、東征の際に戦勝祈願をしたといわれる古社である。八幡太郎義家・頼光の大江山退治など、地方色が感じられ、「岩戸」とは縁もゆかりもないように感じられる。しかし、この神楽の演目と神名を拾ってみると、ちゃんと「天の岩戸開き」の項がある。

「巫女舞《みこまい》」「四柱神《よはしらのかみ》」「翁三番叟《おきなさんばそう》」など順番に続き、十四番に「天《あま》の岩戸開《いわとびら》き」がある。登場する神々も多く、神楽は相当な長丁場になったと思われる。

・天照大神《あまてらすおおかみ》　・素戔嗚尊《すさのおのみこと》　・思兼尊《おもいかねのみこと》　・天手力男尊《あまのたぢからおのみこと》　・八百万神《やおよろずのかみ》　・玉祖命《たまのやのみこと》

・石凝姥命《いしこりどめのみこと》　・禍神《おおまがつひのかみ》　・天宇受売命《あめのうずめのみこと》　・天衣織姫《あめのみそおりひめ》

の名が見える。

㈡ 出雲流神楽における「岩戸」

次に山陰島根県の神楽を見てみたい。

島根県出雲市大社町の「大土地神楽《おおどちかぐら》」の場合はどうであろう。残されている神楽面から、「岩戸」に用いられたと思われる神々の面を探してみる。

○おたふく（22・0×17・5センチ　桐製）……この面は「天宇受売女《あめのうずめ》」の面とみて、間違いなかろう。

○おもいがね（思兼命）（20・5×16・0センチ　桐製）

○あめのこやねのみこと（天児屋根命）（18・2×14・5桐製）

また、仮の宮神楽（大社町）では

○うずめの命（22・0×16・0センチ）

○おもいがねの神（21・0×16・5センチ）

さらに鵜峠《うど》神楽（島根県出雲市大社町）では

○宇受売命（別名　おたふく・おててさん）（23・0×17・0センチ）

等の神々の面がある。

次に演目・役名・面の一覧表から、「岩戸」の存在を確かめたい。

○大土地神楽（島根県出雲市大社町杵築）

［演目別構成一覧表］

演目	役名	面
七座（9番）		
入申	全員（正座し拝礼）	なし
塩清目	神官	なし
悪切	神官	なし
茣蓙舞	下照姫命	なし
	御多福	御多福面
神降ろし	斎主	なし
	神官二人	なし
	曳き手二人	なし
八乙女	巫女四人	なし
手草の真	神官	なし
幣の舞	神官	なし
四方剣	神官四人	なし
八千矛	八千矛神	尊面
	八十神	鬼面
	小鬼	鬼面
山の神	児屋根命（産土大神）	なし
	大山祇神	鬼面
五行	木の神・句句迺馳神	尊面
	火の神・軻遇突智神	尊面
	金の神・金山彦神	尊面

神楽（17番）		
	水の神・罔象女神	尊面
	土の神・埴安彦神	鬼面
	思兼神	翁面
野見宿禰	野見宿禰	尊面
	当麻蹶速	鬼面
	行司	尊面
三韓	神功皇后	姫面
	武内宿禰	翁面
	神主	尊面
	助っ人	空吹面
	新羅王	鬼面
	高麗王	鬼面
	百済王	鬼面
大恵比須	恵比須	大黒面
小恵比須	恵比須	なし
切目の末社	末社神	なし
切目	切目尊	姫面
	跡	鬼面
猿田彦	猿田彦命	猿田彦面
	鈿女命	御多福面
	邪神	鬼面
日本武	日本武	尊面
	倭姫命	姫面
	東夷二鬼	鬼面

神楽（17番）		
演目	役名	面
茅の輪	素戔嗚尊	尊面
	蘇民将来	尊面
	巨旦将来	巨旦面
	疫病神	鬼面
田村	坂上田村麿将軍	尊面
	鬼人	鬼面
	里人	里人面
荒神	武甕槌神	尊面
	経津主神	尊面
	大国主神	大黒面
	武御名方神	鬼面
蛇切の末社	末社神	なし
八戸	素盞嗚尊	尊面
	足名椎	翁面
	手名椎	媼面
	稲田姫	姫面
	八岐大蛇	蛇頭
岩戸	天照大神	姫面
	思兼神	翁面
	熊人	尊面
	手力男命	鬼面
	事勝命	尊面
	石凝姥命	尊面

	明玉命	尊面
	日鷲命	尊面
	児屋根命	尊面
	太玉命	尊面
	鈿女命	御多福面
退座神楽	全員（正座し拝礼）	なし

※「七座」の神事のあとに神楽が催される。次いで「八千矛」から始まり、「岩戸」は十七番目、あと「退座神楽」、演目の終わりの神楽をつとめる。「天照大神」をはじめとして、「思兼神」「手力男命」に続き最後に「御多福面」の「鈿女命」の舞で終わる。

○見々久神楽（島根県出雲市見々久町）

［演目別構成一覧表］

演目	役名と人数	面
塩清目	舞人	
湯立	舞人	
	釜後取	
四方剣	舞人四人	
	後取	茶利面
剣舞	舞人	
茣蓙ノ舞	舞人	

演目	役名と人数	面
幣ノ舞	舞人	
祝詞	斎主	
	祝詞後取	
	幣後取	
八乙女	舞人（少女）四人	
手草　初段（前段）	舞人	
手草　多久佐（後段）	舞人	
手草　鈴ノ舞（鈴ノ段）	舞人二人	
手草　扇ノ舞（扇ノ段）	舞人二人	
式三番（千歳・翁・三番叟）	千歳	
	翁	翁面
	三番叟（少年）二人	
	大鼓	
五行	王一鳴命（東・木）	命面
	豊国主命（南・火）	命面
	金山彦命（西・金）	命面
	国狭槌命（北・水）	命面
	埴安姫命（中央）	女面
	思兼ノ神（日）	命面
弓鎮守	東方ノ神	
	南方ノ神	
	西方ノ神	
	北方ノ神	

	中央ノ神	
	黄龍（土道）ノ神	
	中ノ神（弓引）	
切目	切目ノ命	女面
	老人	翁面
山ノ神	柴叟（春日大明神）	
	山ノ神（大山祇命）	鬼面
	剣舞専門の山ノ神	
岩戸	高皇産霊神	命面
	神皇産霊神	命面
	太玉命	翁面
	石凝姥神	命面
	玉祖神	命面
	豊盤窓神	命面
	櫛盤窓神	命面
	思兼ノ神	命面
	天鈿女命	女面
	天児屋根命	翁面
	手力男命	命面
	天照大神	女面
八頭（姫取）	素盞嗚尊	命面
	稲田姫	女面
	足名槌	翁面
	手名槌	嫗面

演目	役名と人数	面
八頭（蛇切）	素盞嗚尊	命面
	大蛇	蛇頭
三ツ熊	天若彦命	命面
	鰐風命	命面
	素盞嗚尊	命面
	眷族二名	鬼面
	三ツ熊の王子	鬼面
荒神	武甕槌命	命面
	経津主命	命面
	武御名方命	鬼面
日本武尊	日本武尊	命面、女面
	仝眷族	命面、女面
	里人	茶利面
	熊襲武	鬼面
	仝眷族	鬼面
三韓	神功皇后	女面
	武内宿祢	翁面
	新羅王	鬼面
	高麗王	鬼面
	百済王	鬼面
田村	田村将軍	命面
	里人	茶利面
	鬼人	鬼面

恵比須	神主	命面
	里人	茶利面
	恵比須	命面
彦張	日御崎大神	女面
	彦張	鬼面
	彦張眷族二名	鬼面
節分詣	長者	命面
	三平	茶利面
	鬼	鬼面

※「塩清目」の神楽から始まり「手草」などを経て、「式三番」「五行」と続き、「岩戸」は「山の神」に次ぐ十八番の神楽である。

※「高皇産霊神」「太玉命」「思兼ノ神」「天鈿女命」「天児屋根命」「手力男命」「天照大神」など、すべての神々は面をつけた面神楽である。

（この「演目別構成一覧表」は島根県古代文化センター調査報告17〈二〇〇三年〉および調査報告書9〈二〇〇一年発行〉の一部である）。

以上、「大土地神楽（出雲市大社町）」「見々久神楽（同見々久町）」などの、神楽を代表する出雲流神楽においても、「岩戸」は厳として存在する演目の一つであることが理解できる。

なお、島根県隠岐島では、最後まで存在した「島後原田神楽」（隠岐郡隠岐の島町原田　島根県指定無形民俗文化財・昭和37年6月12日）の場合を見てみたい。

○手力男命
○天児屋根命
○天鈿女命
この三面が現存しているが、これは、隠岐の島でも、「岩戸」が演じられた証左である。

㈢ 備中神楽における「岩戸」

次に、岡山県「備中神楽」(岡山県井原市美星町)の場合をみてみよう。備中神楽は、昭和五十四年二月三日、国指定重要無形民俗文化財に指定されている。

まず、入口の大きな絵馬に「天の岩戸」の舞い姿が描かれている。右から、○天太玉の命 ○思兼の命 ○天鈿女の命 ○手力男の命 ○天児屋根の命がみえる。また、「岩戸開き」に用いられる神楽面もある。

○思兼の命(23・0×18・0センチ)
○手力男の命(18・0×14・5センチ)
○天照大神(21・0×23・5センチ)
○天児屋根の命(19・0×14・0センチ)
○天太玉の命(19・0×14・0センチ)

備中神楽にも、れっきとして「岩戸」の舞が奉納されていたことがわかる。

三、九州地方の「岩戸神楽」

以上東北地方「山形県」から、山陰「島根県」、次いで岡山県「備中神楽」に於ける「岩戸神楽」を遠望し、いずれの地においても「岩戸」を奉納したことが確かめられた。

次にお膝元の九州ではいかがであろう。最も象徴的な名称からして、「豊前岩戸神楽」は有り体に物語っている。

㈠ 豊前岩戸神楽

豊前岩戸神楽は演舞数が三十三種類あるので、三十三番神楽とも呼ばれている。神楽講の演目は、共通している。

三十三番神楽の番付は、次のとおりである。

①奉幣　②大神舞　③大麻舞　④大潮舞　⑤手草舞　⑥駈仙　⑦正吾
⑧地割　⑨地堅　⑩地堅駈仙　⑪三神　⑫盆舞　⑬四人剣　⑭剣舞
⑮二人手草　⑯乱駈仙　⑰掛手草　⑱宝満　⑲大蛇退治　⑳本地割　㉑美美久
㉒神迎　㉓五穀成就　㉔五大神　㉕綱駈仙　㉖湯立　㉗鎮火祭　㉘思兼命
㉙伊斯許理度売命　㉚太玉命　㉛児屋命　㉜宇受売命　㉝手力男

以上三十三番のうち、二十八番から三十三番までが「岩戸」である。つまり、「岩戸開き」は、

○思兼命《おもいかねのみこと》
○伊斯許理度売命《いしこりどめのみこと》
○太玉命《ふとだまのみこと》
○天児屋根命《あめのこやねのみこと》
○天宇受売命

の五柱の神々が登場する神楽であり、十人舞で構成されている。最初は「思兼之命舞《おもいかねのみことまい》」で、「ここは高天原なれば、集《つど》い給え、四方《よも》の神々」と唱えながら厳かに舞い、八百万神を招き集める。次は「伊斯許理度売命舞《いしこりどめのみことのまい》」。命《みこと》は「千早振《ちはやふ》る杣掛山《そまかけやま》の諸露《もろつゆ》は豊葦原《とよあしはら》の国を養う」という神楽歌を歌いながら登場し、思兼之命と問答の末、天神七代から地神五代までを唱える。岩戸神楽講では、伊斯許理度売命が魔神である「四方鬼」を退治する。「布刀玉之命舞《ふとだまのみことのまい》」では、布刀玉命は岩戸の前に榊を立て、それに八尺鏡《やたのかがみ》を掛ける。「天児屋根之命舞」では、華やかな正護囃子とともに、天児屋根命《あめのこやねのみこと》が登場し、勇壮な舞を披露する。

以上が豊前岩戸神楽の「岩戸」の大要である。九州には神楽が多く分布している。その代表的な神楽が、宮崎県の「高千穂神楽」である。しかし旧豊前国、筑前国にも数多くの神楽が分布しており、「豊前神楽」「筑前神楽」と呼ばれている。この両地域の神楽が、「天岩戸開き」を演じることから、別名「豊前岩戸神楽」「筑前岩戸神楽」とも称される。

豊前神楽は福岡県の周防灘に面する地域、即ち旧豊前国の企救郡・田川郡・京都郡・沖津

郡・築城郡・上毛郡および現在の大分県内になっている旧豊前国下毛郡、宇佐郡にかけて広く分布している。

呼称は神楽講で多少異なり、「岩戸神楽」「岩戸開き」などという。

豊前神楽の上演構成は、一般に式神楽が舞われた後に、「乱駈仙」などの奉納神楽が演じられる。その後に湯立神楽が演じられ、「岩戸開き」で最終となる。

(二) 豊前・筑前神楽における「岩戸」

この豊前神楽は大きく見れば、出雲流神楽の系統の中に含まれるが、湯立て神楽や曲技的な演目に伊勢神楽の影響もあるが、この地域独特の山岳信仰の影響が大きい。

具体的に福岡県・大分県の神楽の中で「岩戸」ないし「岩戸神楽」を標榜する神楽をさぐってみたい。

まず福岡県の場合、

○春日神社岩戸神楽（田川市宮尾町）

本社である春日神社に奉納。演目は「清祓之舞」「五行之舞」などに続いて十八番目に「岩戸開之舞」がある最後の演目である。

○大内田岩戸神楽（田川郡赤村内田大内田）

平成二十一年（二〇〇九）は、四月二十五日に本社の太祖神社の御幸祭の御旅所で奉納。五月四、五日には光明八幡宮（赤村上赤）に奉納した。演目は「四方の舞」に始まり十三番目に「岩戸の舞」があり、思兼命・太玉命・金富命・天鈿女命・手力男命が舞っている。最後の演目である。

次に大分県の場合、

○麻生神楽（宇佐市麻生）

平成二十一年は、十月九日に麻生神社、十二月九日の上麻生神社への奉納をはじめ、宇佐市を中心に三十カ所で奉納した。演目は式神楽として、「神起し」「舞立」と続き、九番目に「岩戸」がある。「岩戸」は最後の演目である。

○山国神楽（中津市山国町）

山国神楽も式神楽として、「岩戸神楽」を奉納している。「初神楽」「花神楽」と続き、七番目が「岩戸神楽」で、式神楽の最後の演目である。

このように、神楽といえば誰もが「岩戸だ」と思うほど、岩戸神楽が普及しているといえる。

㈢　高千穂神楽における「岩戸」と「鈿女神話」

東北地方から中国地方、九州に及ぶ各地の神楽を見てきて強く感じるのは、番付に必ず「岩戸」があり、重要な位置を占めていることである。そこで、本家本元とも思われる、宮崎県高千穂町にある「高千穂神楽」について考えてみたい。高千穂町岩戸には「天岩戸神楽三十三番」がある。その中の、二十六番から三十一番の六つを「岩戸五番」という。

・二十六番　柴引《しばひき》（一人舞）　太玉命が香久山より榊をひき来り岩戸の前に飾り給う舞

・二十七番　伊勢《いせ》（一人舞）　天児屋根命岩戸開き準備の舞
・二十八番　手力《たぢから》（一人舞）　手力男命、大幣を以て、天照大神の御岩屋を探り給う舞
・二十九番　鈿女《うずめ》（一人舞）　鈿女命が身振り面白く天照大神を誘い出させる舞
・三十番　戸取《ととり》（一人舞）　手力男命が岩の戸を取り払い給う舞
・三十一番　舞開《まいひらき》（一人舞）　思兼命《おもいかねのみこと》が天照大神の御手を取りつれ出し給う舞

ここで注目したいのは、高千穂神楽には「鬼」の出番がないことである。高千穂神楽では、「鈿女神話」とでもいったものが殊更に誇張されているのではないか。

確かに「岩戸」の前で天鈿女命が神懸かりして、胸乳をかき出し裳緒《もひも》を番登《ほと》におし垂れて踊ったという場面は、日本国中同じである。ただ私が思うのは、出雲神楽をはじめとして多くの神楽が鈿女が「おたふく」の顔をした女と解釈されていることである。現存する「鈿女」の神楽面がそのことを如実に物語っている。

果たして、鈿女が「醜女《しこめ》」だったのか「美女」だったのか、それを論ずることは不可能である。しかし高千穂地方をはじめ、宮崎県内では「美女」と捉《とら》えている。特に高千穂神楽では、鈿女は天照大神と同等の美女に位置している。それほどに「鈿女」を美化し、親しみをこめているのである。「鈿女」を演じる人は、姿形もうるわしく、演じる男性の腕の大きさ等もできるだけ華奢《きゃしゃ》な人を選ぶという。鈿女の神楽面も然《しか》り。決して「おたふく」ではない。これが「鈿女神話」を提唱したい由縁である。

四、「神楽之濫觴《らんしょう》」について

「古事記」によれば、天照大神が須佐之男命の乱暴狼藉を怒って、天岩屋戸に隠れ天地が暗闇になった時、天照大神を岩屋の外に引き戻すために、天鈿女命が神懸かりの踊りをした。「天之石屋戸に汗気《うけ》を伏せて踏みとどろかし、胸乳をかきいで、裳緒《もひも》を番登《ほと》におし垂れて舞った」。この天鈿女命の舞・所作が、神楽の起源だといわれる。

高千穂町上岩戸二嶽神社文書「神楽之濫觴」と称する貴重な古文書がある。あまり知られていないので、ここに紹介したい。

この文書は、黒原門坂本利藤太の所望によって、権少教正土持信賛《のぶよし》が、明治二十三年寅九月八日にしたためたものである。「七十六年九月之を書く」とあるのは、これを書いた土持信賛の年齢であろう。

はじめにこの文書の冒頭部分の写真および「神楽之濫觴」の前半の読みを紹介（後半部略）する。次に全体の写真を掲載し、原文の読み下し文を詳しく掲載する。神楽の起源についてどのように言っているのであろうか。大変貴重な文書であり、読み下し文である。

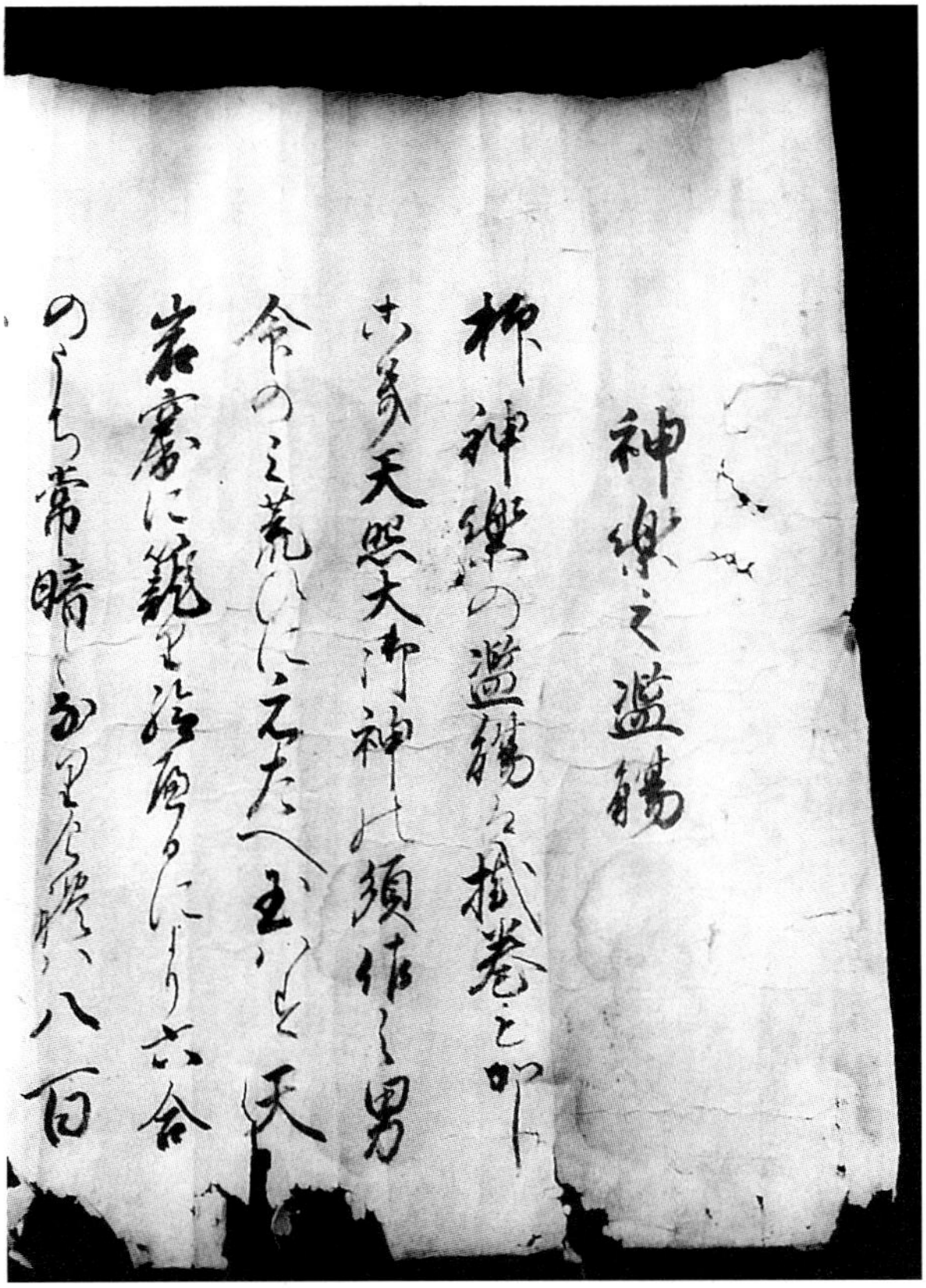
神楽之濫觴（上岩戸二嶽神社文書）

神楽之濫觴

――上岩戸二嶽神社文書――

抑《そもそも》、神楽の濫觴は掛巻くもかしこき天照大御神、素盞嗚命《すさのおのみこと》のみ荒《すさ》びに、えたへたまはず天岩窟《あまのいわや》に籠《こも》り給へるにより、六合《りくごう》のうち常暗になりければ八百万神、天岩窟の前に集ひ玉鏡、青にぎて白にぎてを榊の枝にかけ（其外種々のまうけまし品々は日本書記に委し）思兼之神にくさぐさのことを思ひ量らせ、鈿女命声《こえ》おもしろくうたい舞い玉へるによりて大御神、天岩窟をいで玉ひて高天原も、諸々の国も明らかになりにけり。

延喜六年（九〇六）日本紀竟宴に左太夫正六位上兼行竿博士、阿保朝臣経覧の歌に「於家飛加祢《おもひかね》、多波加理許度乎《たはかりことを》、勢佐梨勢波《せさりせは》、安万能伊波度波《あまのいわとは》、飛羅《ひら》気佐良万事《かさらまし》」とよまれたり。

されば鈿女命の面白く、うたひ舞ひ玉へるを神楽の濫觴にはありける。天岩窟のひらけたる目出度く例しなれば、世々に伝へて神前に神楽を奏す、皇国の古き習ひ也。

今の代、三田井神社にて年毎に十二月三日祭典神楽歌に、忍へや云々と、うたへるなどは古より伝はれるなるべし。今にしてはいかなることとも聞とりがたし。御毛入命の御神楽と言伝へたる「谷は八つ峯は九つ戸は一つ鬼のすみかは阿良々木《あららぎ》の里」此の御歌によりて、鬼のにげいでたるよし語り伝へたり。阿良らぎの里にいひ加り玉へる、いと良く聞えて目出度き神楽詠也。

（後略）

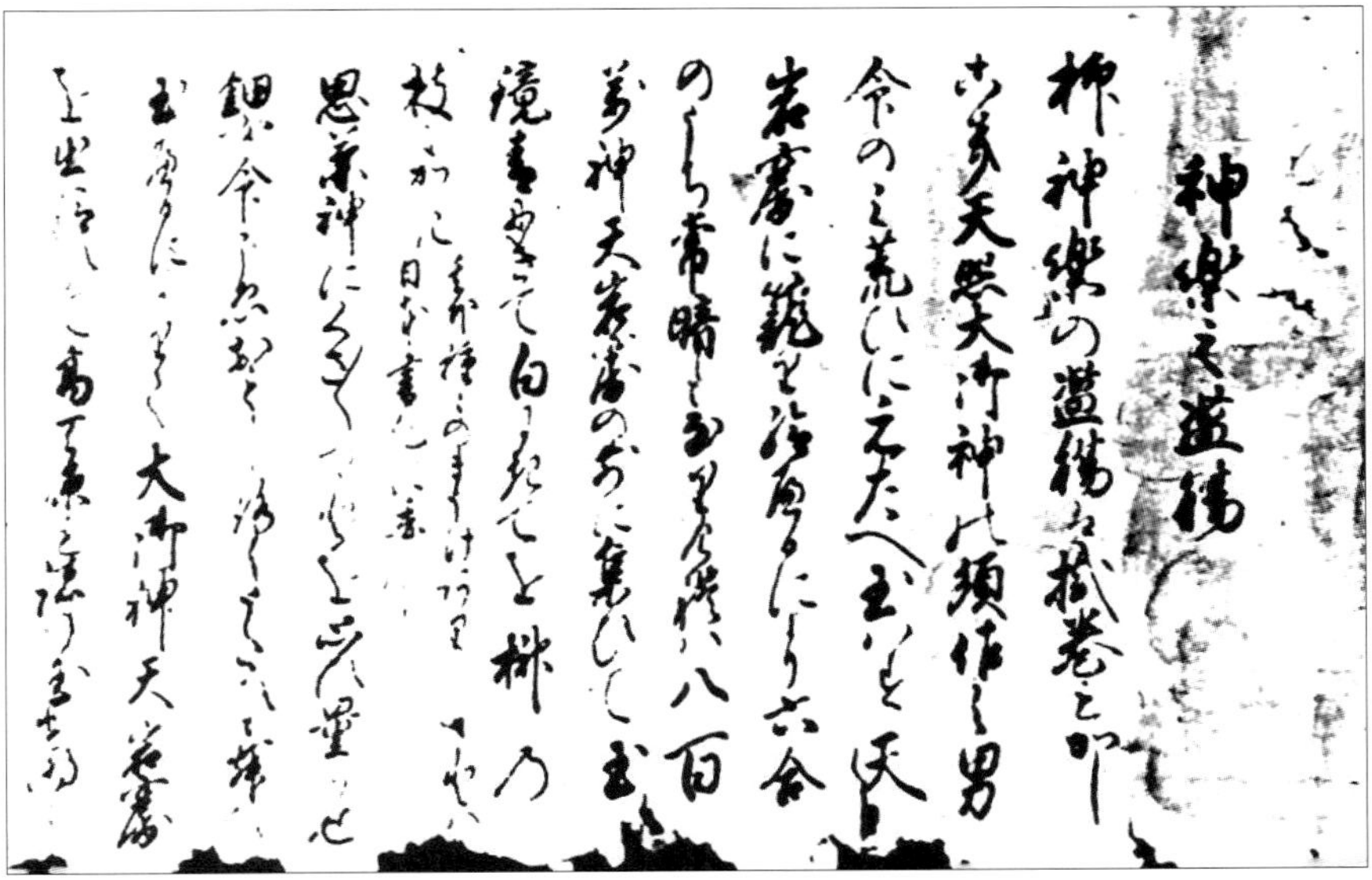

神楽の濫觴

濫は浮。觴は杯。大きな揚子江も水源地は杯を浮かべるほどの小川から始まる意で、ものごとのはじまり。

①行目 抑、神楽の濫觴は、掛巻もかし
② こき天照大御神の須佐之男
③ 命のみ荒びにえたへ玉はず天《あまの》
④ 岩窟《いわや》に籠り給へるにより六合《りくごう》（注1）
⑤ のうち常暗《とこやみ》となりければ八百
⑥ 萬神天岩窟の前に集《つど》ひて玉
⑦ 鏡青にぎて《（幣）》白にぎてを榊の
⑧ 枝にかけ其外種々《くさぐさ》のまうけありしことは日本書紀
に委し
⑨ 思兼神にくさ〳〵のことを思ひ量《はか》らせ
⑩ 鈿女命こえおもしろくうたひ舞ひ
⑪ 玉へるによりて大御神天岩窟
⑫ を出給ひて高天原も諸《もろもろ》の国も明ら

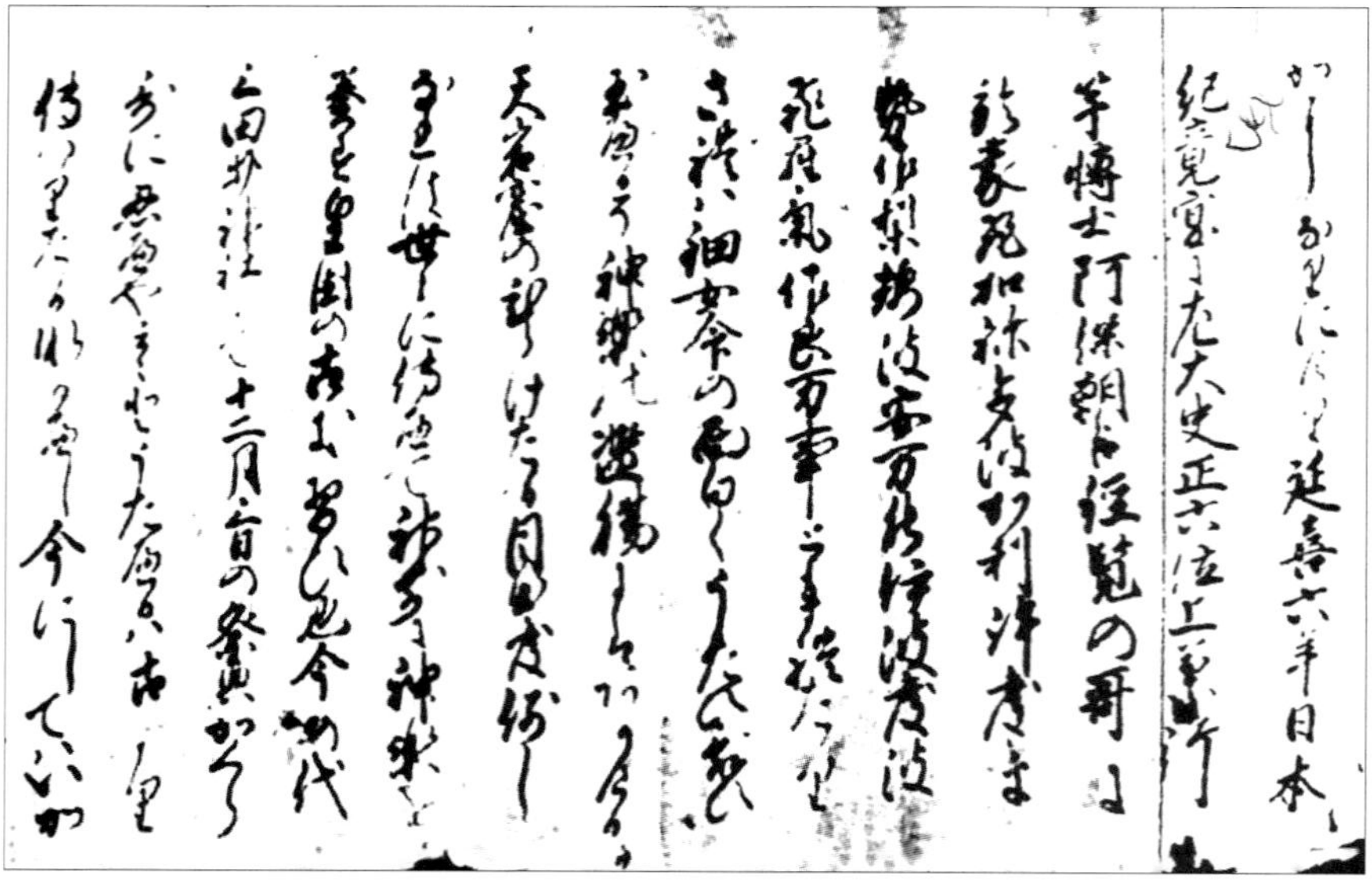

⑬ かになりにけり延喜六年日本

⑭ 紀宴に左大史正六位上兼行

⑮ 竿博士阿保朝臣《あぼのあそん》經覧《つねみ》の歌に

⑯ 於家飛加祢多波加利《おもひかねたはかり》（注2）許度乎《ごとを》

⑰ 勢佐梨勢波安万能伊波度波《せざりせばあまのいはとは》

⑱ 飛羅気佐良万事《ひらけざらまじ》とよまれたり

⑲ されば鈿女命の面白くうたひ舞ひ

⑳ 玉へるぞ神楽の濫觴にはありける。

㉑ 天岩窟のひらけたる目出度例《めでたきため》し

㉒ なれば世々に傳へて神前に神楽を

㉓ 奏す皇国の古き習ひ也、今の代

㉔ 三田井神社（注3）にて十二月三日の祭典かくら

㉕ 歌に忍へや云々（注4）とうたへるは古より

㉖ 伝はりたるなるべし今にしてはいか

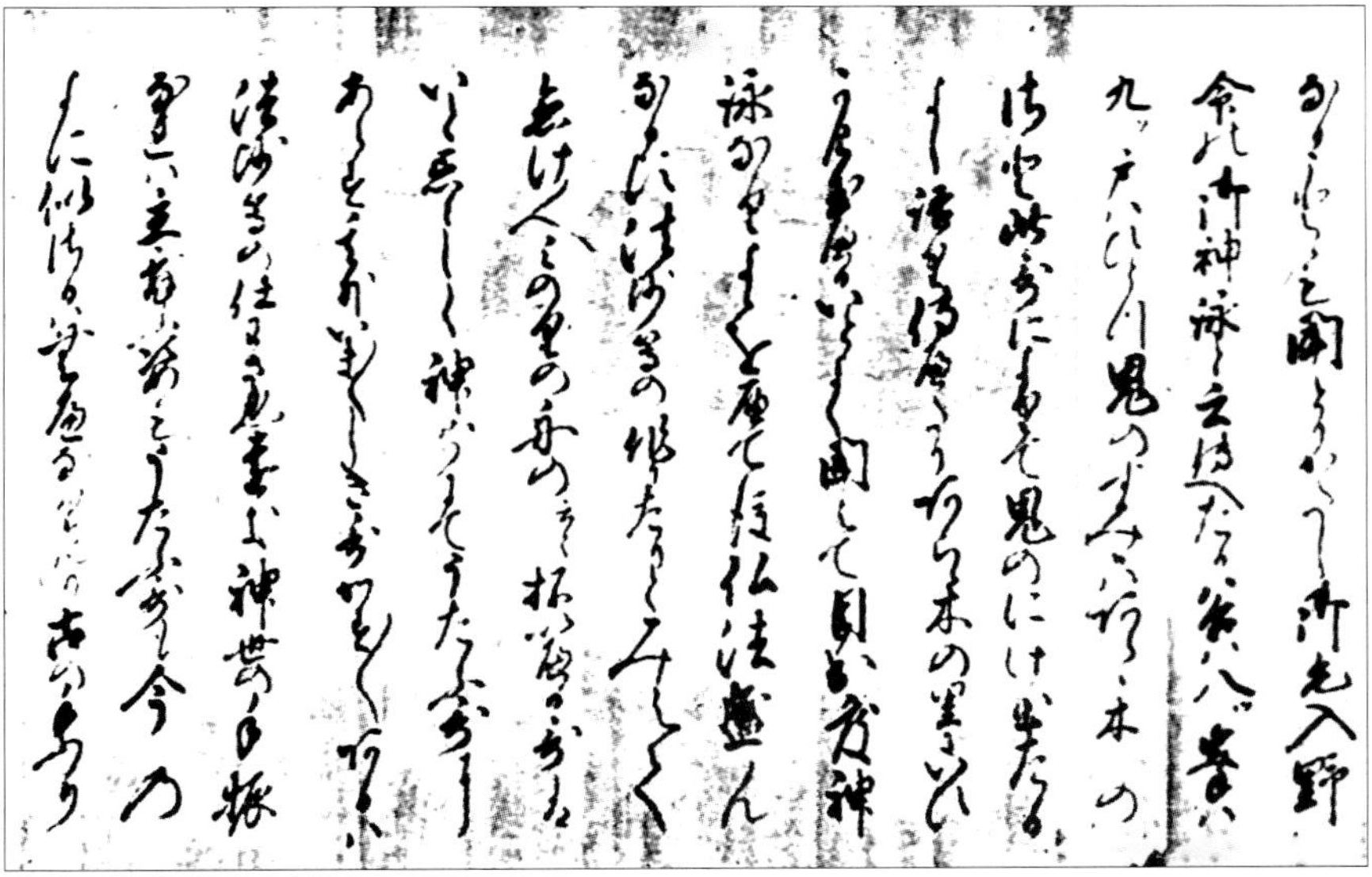

㉗ なることとも聞とりかたし御毛入野

㉘ 命の御神詠と云傳へたり、谷ハ八ツ峰ハ

㉙ 九ツ戸ハひとつ鬼のすみかはあら、木の

㉚ さと此歌によりて鬼のにけ出たる

㉛ よし語り伝へたりあら、木の里にいひ

㉜ かけ玉へるいとよく聞えて目出度神

㉝ 詠なりよゝをへて後　仏法盛ん

㉞ なる頃法師等の作りたりとみえて

㉟ 急げ人みのりの舟の云々抔《など》いへる歌は

㊱ いと忌々《いまいま》しく神前にてうたふ歌に

㊲ あらず其外いま〳〵しき歌かす〳〵あるは

㊳ 法師等の仕わざ也遠き神世の手振

㊴ なれば立舞ふ姿もうたふ歌も今の

㊵ よに似さるはむべなりけり古の手ふり

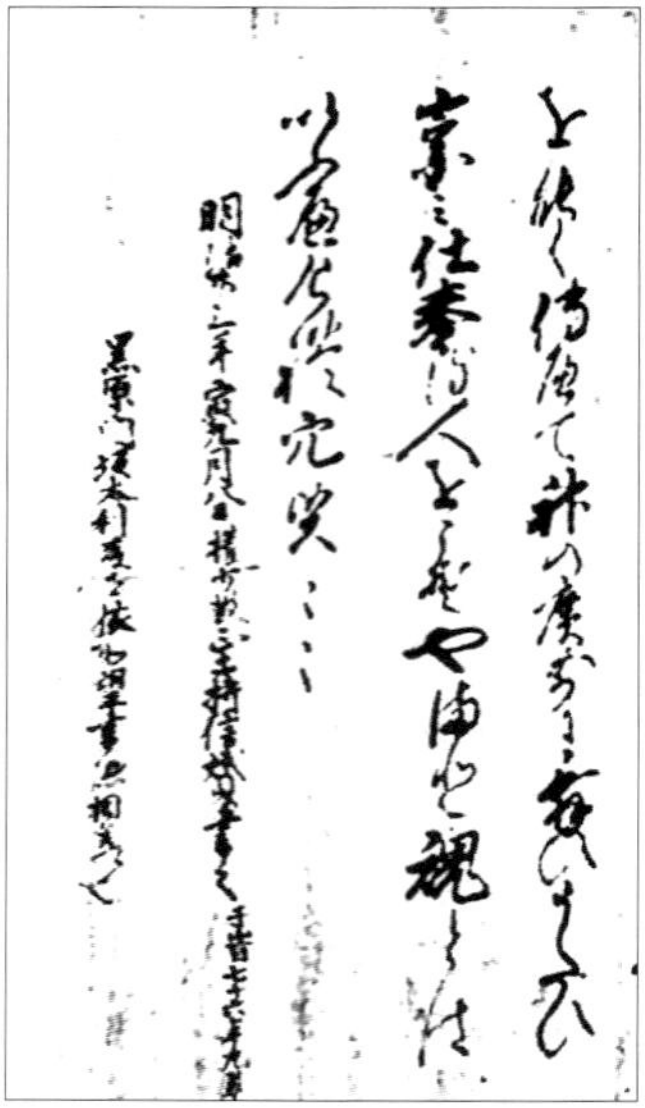

㊶　を能く傳へて神の廣前に舞ひうたひ

㊷　崇み仕奉る人をこそやまと魂とは

㊸　いふべかれ　穴賢《あなかしこ》々々

明治二十三年寅九月八日権少教正土持信賛書レ之《のぶよしこれをかく》

干旹《ときに》七十六年九月

黒原門坂本利藤太　依二所望一《しょもうにより》書認相遺候也

注１：天地と四方

注２：このたばかりは、謀計でなく、思案する、相談するの意

注３：現在の高千穂神社、明治四年県は槵觸神社を二上神社と改称させて県社とし、十社大明神を三田井神社として村社とする、明治二十五年高千穂神社と改称

注４：ししかけ祭りの神楽歌のこと「〽しのべやたんがんさありや　さそうまどかや　ささふりたちばな」の歌のこと

第一章　山形県の神楽と延年《えんねん》

一、本楯神代神楽

所在地　山形県酒田市元楯
時　期　大物忌神社大祭六月二日（前夜祭六月一日）
八坂神社前夜祭八月二十四日　上組の奉納
薬師神社秋祭り九月七日　下組の奉納
指　定　酒田市無形民俗文化財　昭和五十一年四月

㈠　上組と下組で大物忌神社に奉納

山形県酒田市本楯の上通《かみどおり》と下通《しもどおり》に伝わる。二つの神楽組は上組と下組の二つの組で、早くから分かれて別々の神楽組織を持っている。曲目にも振りにも多少の違いがあり、互いに競い合ってきた。上組の方は繊細で優美、下組は素朴で勇壮だと評されている。

この両神楽は、本楯地区の総鎮守大物忌神社の祭りに宵祭（前夜祭）と本祭に交互に奉納してきた。また、上通は産土神八坂神社の八月二十四日の祭りに奉納し、下通は九月七日の薬師神社の祭りに奉納してきた。いつごろから始まったかは定かではないが、面・古衣装などから判断すると、おそらく江戸時代中期から続いたであろうといわれている。

神楽は、鎮守の杜の境内に二間四方、高さ四尺余りの舞台を造り、後にのぞき穴のついた式幕を張る。囃子《はやし》方は、太鼓一人・摺《す》り鉦《がね》一人、笛二、三人で、舞台下手の囃子座で囃す。

扮装についてであるが、ここでは「八岐大蛇《やまたのおろち》退治」を例にとって記しておく。

酒田市本楯
大物忌神社本殿の
天狗面（右）と
カラス天狗面（左）
（泉房子撮影
平成８年６月26日）

・スサノヲの命――褐色、黒ヒゲの勇猛な男面。黒いザイ。褐色の狩衣。青い腕ぬき。黒地のハカマ。白タビ。太刀をおびる。左手に幣束、右手に扇。青い鉢巻。

・アシナヅチの神――黒尉面《じょうめん》。金の立エボシ。絹地に菊の小紋の狩衣。紫地のハカマ。左手に幣束。右手に黒杖。

・テナヅチの神――老女面。白髪のカツラ。長く黒い衣装。緋のハカマ。白タビ。赤い鉢巻。左手に幣束、右手に扇。

・クシナダ姫――若女面。黒い垂髪のカツラ。赤い振り袖に、赤地に白鶴の打ち掛け。緋のハカマ。白タビ。花飾りのついた冠。首飾り。左手に幣束、右手に扇。

・ハヤシ方――紋付にハオリ・ハカマ。黒タビ。

大物忌神社は、伝説によると平安時代の寛治年間、源義家が東征の際に戦勝を祈り、帰途佩刀《はいとう》を一口《ふり》奉納したと伝えられている。また、鎌倉時代の無銘の太刀も一口伝わっている。

大物忌神社は、その神名の如く、物忌みの厳重な神である。神楽連中も神に捧げる神楽として、物忌、精進が厳しく、死火は一〇〇日、産火も五〇日はつつしんだという。次の文書はその一面を語るものである。

神代神楽法則

第一条　乱に（濫《みだ》りに）招滞（招待）に任せ不審なる他家に出入りすべからざる事。（これは今も守って門付はしない）

第二条　至当の招と認める時ハ取締及郷社社務所迄届出指図を受出張得可事

第三条　御分霊を安鎮し各尊守を専とすべき事（上下社に立派に有）

第四条　御神前に向ひ無礼の執行をなさず神代神楽を奏すべき事

第五条　凡御神前に献備の物品有る時ハ御神札を授受し幣物を類し過分の有志を乞べからざる事

明治十九年八月　　社務所

(二)　本楯神代神楽の保存演目

本楯神代神楽の演目と神名およびその他の登場人物は次のとおりである。

1　巫女舞《みこまい》

天宇受売尊《あめのうずめのみこと》

2　四柱神《よはしらのかみ》

天御中主神《あめのみなかぬしのかみ》

？　神

？　神

3

？　神

翁三番叟《おきなさんばそう》

蛭子命《ひるこのみこと》

太郎兵エ《たろべえ》（道化師）

4

伊邪那岐命《いざなぎのみこと》・前幕『国生み』

伊邪那岐命

伊邪那美命《いなざみのみこと》

悪神《おおまがつかみ》

5

伊邪那岐命・後幕《あとまく》『黄泉国《よみのくに》』

伊邪那岐命

伊邪那美命

黄泉津神《よもつかみ》

黄泉醜女《よもつしこめ》

6

保食神《うけもちのかみ》

天照大神《あまてらすおおかみ》

素戔嗚尊《すさのおのみこと》

大気津媛尊《おおげつひめのみこと》

7

武早素戔嗚尊《たけはやすさのおのみこと》・八岐大蛇《やまたのおろち》退治

本楯神代神楽
「伊邪那岐命・
伊邪那美命」
（酒田まつりにて）
（泉房子撮影　平成９年）

素戔嗚尊
足名椎神《あしなづちのかみ》
手名椎神《てなづちのかみ》
櫛名田媛《くしなだひめ》

8　天の岩戸開
思兼尊《おもいかねのみこと》
八百万神《やおよろずのかみ》

9　火照尊《ほでりのみこと》・火遠理尊《ほおりのみこと》・前幕
火照尊
火遠理尊
塩土神《しおつちのかみ》
豊玉姫《とよたまひめ》

10　火照尊・火遠理尊・後幕
火遠理尊
豊玉姫
玉依姫
悪神《あくがみ》
大龍《だいじゃ》

11
日本武尊《やまとたけるのみこと》・熊襲《くまそ》退治
小碓命《おうすのみこと》
河上梟師《かわかみたける》
老人『塩土神《しおつちのかみ》』
賊徒《ぞくと》
侍女《じじょ》

12
阿部保名《あべのやすな》・葛《くず》の葉《は》姫《ひめ》・千外幕
阿部保名
葛の葉姫
白狐《しろきつね》

13
牛若丸《うしわかまる》・熊坂坊《くまさかぼう》
牛若丸
熊坂坊
奏上坊《そうじょうぼう》

14
田村将軍純友《すみとも》・立《たて》烏帽子《えぼうし》征伐
田村将軍純友
立烏帽子
賊徒

以上の演目のうち、上組・下組共通の演目は、神子舞、四柱神、三番叟、伊邪那美尊、素戔嗚尊、海幸山幸（上組では彦火火出見命前幕後幕、下組は火照・火遠理命となっている）、天の岩戸開、田村麻呂の賊退治、阿倍安那と葛葉姫の九曲である。日本武尊熊襲退治、牛若丸の熊坂坊退治、保食大神の三曲は下組だけのもので、下組にはこのほか、神武天皇があり、合わせて十四曲。また、上組では独自の演目として、八幡太郎義家、頼光の大江山鬼退治の二つが加わり十一曲である。

㈢　本楯神代神楽の芸態

神代神楽はその名のとおり、本来は神話の各場面を題材にし、神楽面をつけた舞手が神そのものとして舞い、舞と劇に仕組んだものである。しかし、場を清める神子舞と、猿楽の流れの翁・三番叟を、式楽のように採り入れている。上通の三番叟は三人三ばといって三人で舞うが、下通では翁三番といって、一人が黒式尉面をつけて舞う。

山形県下にある神楽系の芸態は主に山伏神楽系が多いが、この本楯神楽は出雲系の神楽である。神代神楽と呼ぶのもそのためである。

高千穂神楽など宮崎の神楽に比べて目を引くのは、八幡太郎義家、頼光の大江山鬼退治、牛若丸の熊坂坊退治、保食大神などである。そのほかに歌舞伎などの題材で民衆の好みによる葛葉姫がある。また八重垣姫と千代のお神楽がたいていの曲に入る。さすがに地方色が感じられるが、歌舞伎などの題材で民衆の好みによって、曲目が作られてきたのかと思う。

特に驚くのは、賊らが、数人現れて神々と戦いの場面を展開し、退治されて幕の裾をあげて退くというパターンである。

太鼓・笛・摺鉦の囃子につれて、幕の裾をかかげて出ると、自らオー何々と名乗りをして扇を上げ舞いながら、ぐるりと舞台を回って立つと、ワキ役が名乗りをし、主役と問答して舞う。やがて賊らが数人現れて神々と戦いの場面を展開し、退治されて幕の裾をあげて退き、神々は「千代の御神楽」を舞って終わるというのが基本的なパターンである。

舞の型は、扇を頭上に回しながら、左足を右足の前に、右足を踏み込んで体を半回転し、左足を踏み返して体を立てる。それを繰り返しながら舞台を左回り（時計と反対回り）に回る。

式楽という語はないが、三番叟が最初なのに対し、大蛇退治は最後に行う。また岩戸開きは、夜にやる習慣である。

㈣　本楯神代神楽の「岩戸神楽」

岩戸開きは、どこの神楽にもあって不動のものであるが、本楯神代神楽の岩戸開きは、大蛇退治とともに本楯神代神楽中の大曲で、一時間以上はかかる。全曲を演ずるには、二晩はかかるという。

本楯神代神楽・演目と神名の一覧表から、「天の岩戸開き」に関連する神名を拾ってみると、次の十柱の神々の名前がある。これは宮崎県の高千穂神楽の「岩戸開き」にもまして大仰である。

本楯神代神楽
「天の岩戸開き
　思兼尊・八百万神」
（酒田まつりにて）
（泉房子撮影
　平成９年７月20日）

・天照大神
・素戔嗚尊
・思兼尊《おもいかねのみこと》
・天力男尊《あまのたぢからおのみこと》
・八百万神《やおよろずのかみ》
・玉祖命《たまのやのみこと》
・石凝姥命《いしこりどめのみこと》
・大《おお》靺《ま》鞨神《がつかみ》
・天宇受売命《あめのうずめのみこと》
・天衣織姫《あめのみそおりひめ》

これらの神々のうち、特に気になるのは、「天宇受売命」である。本楯神代神楽の天宇受売命は、極端な「おたふく」顔で、お世辞にも美女とはいえない。おたふく顔の「アメノウズメ」は出雲神楽でも然り。一方、高千穂神楽のウズメは、天照大神に劣らないほどの美女である。ウズメを舞う舞い手は、できるだけ男らしくない体つきで、腕も細い男を選ぶという気の遣いようである。

平成六年九月に、宮崎県の高千穂神楽に招かれた。その時「天の岩戸開き」を、上組、下組合同で一組となって出演した。四十五分にまとめるべく、上下の詞言や舞い方を調整するのには非常に苦心があったという。

宮崎を含む九州の神楽の曲目（番付）は三十三番と、ほぼ決まっている。宮崎の県北では夜を徹して、夜神楽を奉納する。「岩戸開き」はちょうど夜が明ける頃に登場する。私は宮崎県内の国指定の重要無形民俗文化財の高千穂神楽・銀鏡《しろみ》神楽・椎葉神楽・祓川《はらいがわ》神楽を四年にわたり、衛星放送の解説をつとめたが、裏方は「岩戸開き」と夜明けのタイミングをあわせるのに、番付の進行に苦労していた。

㈤　本楯神代神楽の神楽面（泉房子撮影　平成8年6月26日）

神楽面は上通で二十一面、下通で二十三面伝えられている。

［上通の神楽面　21面］

①男型　伊邪那岐命《いざなぎのみこと》　19・0×10・0cm　桐製

黄泉の国を征定する時の舞に用いる面。

②女型　伊邪那美命《いざなみのみこと》　19・0×12・0cm

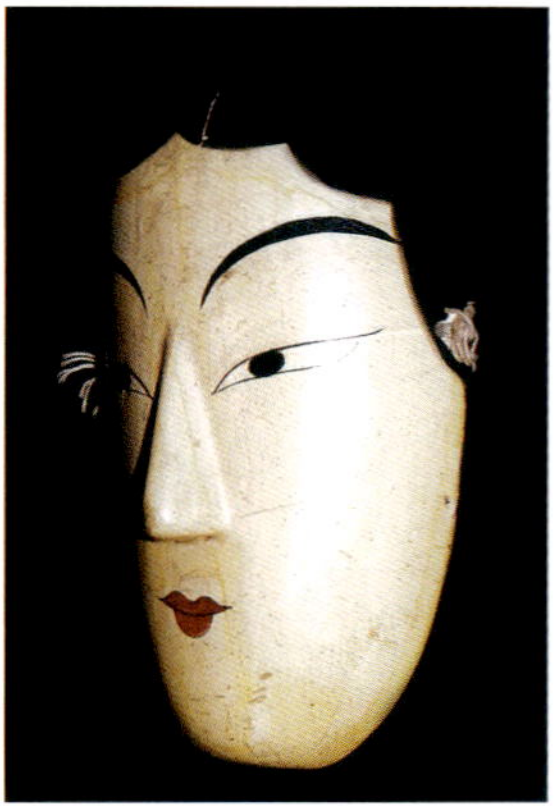

③女型　櫛名田姫《くしなだひめ》　19・0×12・2cm

八岐大蛇退治に用いる。

（右から）④男型　後幕の主人公　伊邪那岐命
⑤男型　前幕の主人公　伊邪那岐命
⑥男型　田村将軍純友

⑦男型「大蛇退治」
武早素戔嗚命《たけはやすさのおのみこと》
16・5×13・0㎝　桐製

「田村将軍純友」の賊徒にも用いる。

⑨女型「大蛇退治」老婆役
手那椎（手名椎神《てなづちのかみ》）
18・5×11・5㎝

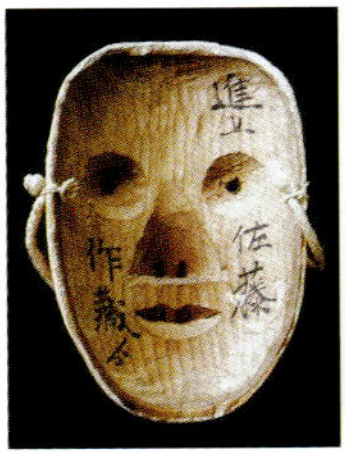

[裏面の墨書銘]
進上　佐藤
作蔵ゟ

⑧男型「大蛇退治」老人役
足那父（足名椎神《あしなづちのかみ》）
17・0×13・0㎝　桐製

「田村将軍純友」の賊徒にも用いる。

⑩賊徒
18・0×13・0㎝　桐製

⑩から⑫の3面は、「伊邪那岐命」および「田村将軍純友」の神楽に用いる。
「賊徒」の役。

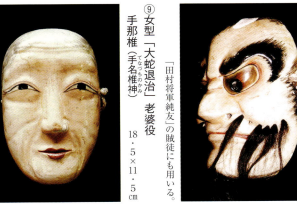

⑪賊徒　18・5×12・3cm

⑫賊徒　21・0×14・3cm

⑬般若　16・7×13・0cm　桐製

使われていない面。定かではないが主天童子の面ではないかと言われている。

⑭般若　16・7×13・0cm

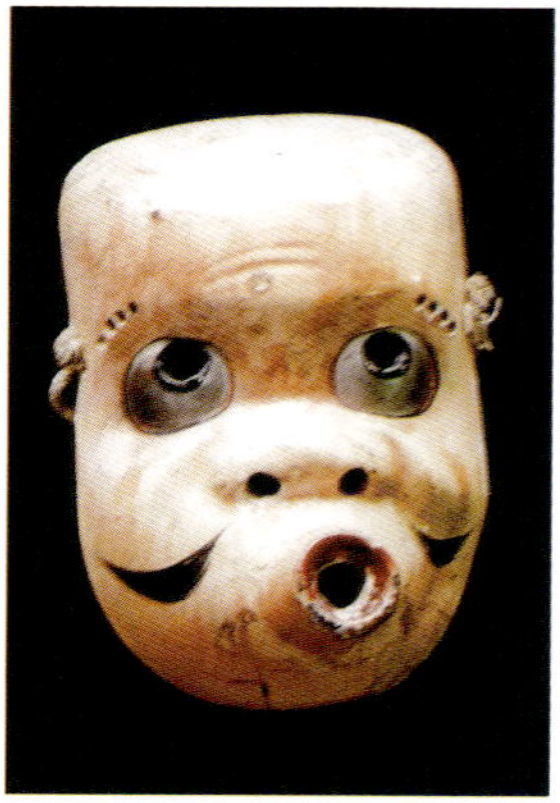

⑮ひょっとこ　18・0×12・2cm

「ひょっとこ踊り」に用いる。

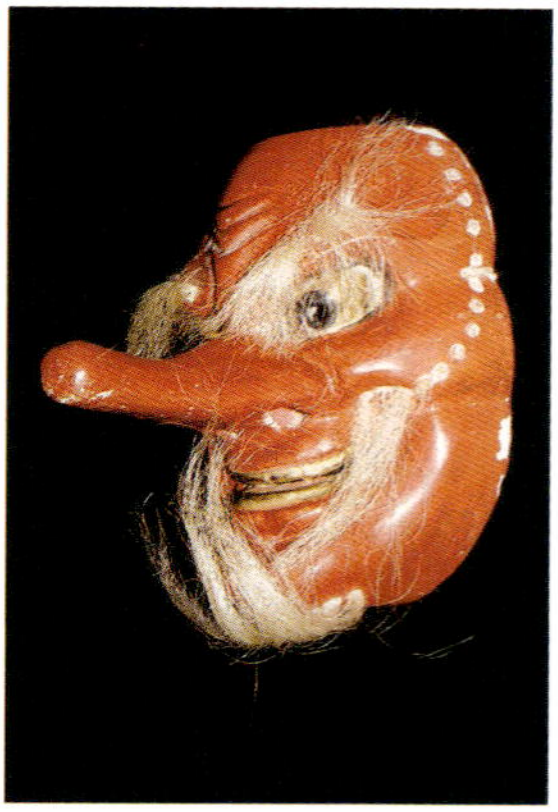

⑯天狗面ハナタカ　15・8×12・7cm　桐製

何の舞に用いたか不明。

⑰「阿部安那《あべのやすな》」21・0×15・0cm　新作

安那にすりよってくる白狐。

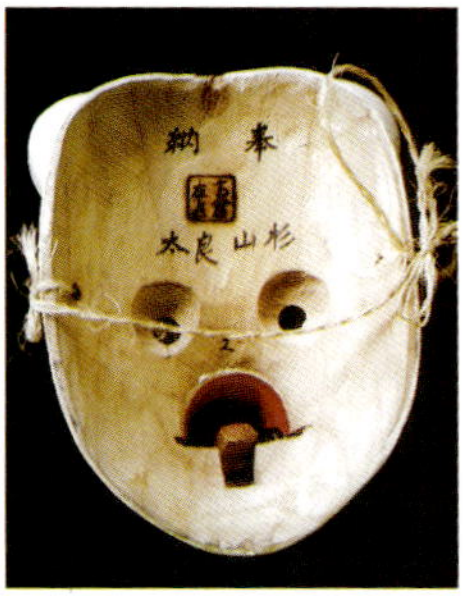

［裏面の墨書銘］
奉納
焼印
杉山良太

（右から）
⑱ 18・0×12・0cm
⑲ 16・5×12・5cm
⑳ 18・0×10・5cm　すべて桐製

これら3面は現在用いられていない。右と左の面は恐らく夫婦役のものと思われる。中の面は敵軍の大将役と思われる。

㉑「山岐大蛇」大蛇の首

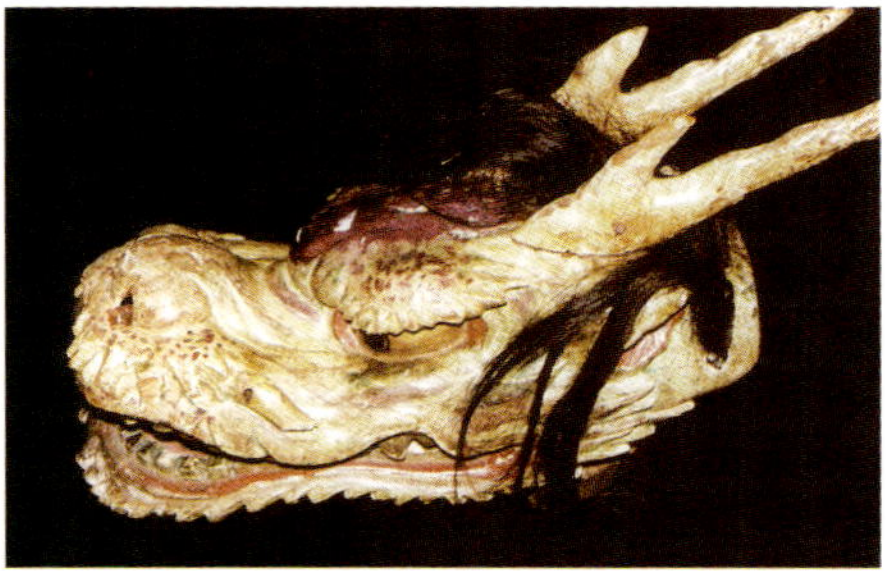

11.0cm　12.0cm
25.0cm

【謝辞】

以上、上通の神楽面21点の解説等にあたっては本楯在住の富樫教示氏に、次の下通の神楽面については佐藤幹夫氏に懇切なご指導をいただいた。この場を借りて、心からお礼申し上げます。

[下通の神楽面　23面]

①素戔嗚尊《すさのおのみこと》　17・0×12・8㎝

②牛若丸　20・9×16・0㎝　桐製

③火遠理尊《ほおりのみこと》　17・0×13・5㎝　桐製

使われていない面。定かではないが主天童子の面ではないかといわれている。

④火照尊《ほでりのみこと》　15・8×12・0㎝　桐製

⑤手力男尊《たぢからおのみこと》　17・0×13・5㎝　桐製

⑥日本武尊《やまとたけるのみこと》　20・2×15・7㎝　桐製

⑦翁面「黒色尉《こくしきじょう》」翁三番叟《おきなさんばそう》 蛭子命《ひるこのみこと》
17・2×13・0cm 桐製
江戸時代中期の作といわれている。

⑧若人面「伊邪那岐命《いざなぎのみこと》」
18・4×12・0cm

⑨「黄泉国《よみのくに》」伊邪那美命《いなざみのみこと》
18・4×12・0cm 桐製

⑩「八岐大蛇退治《ゆまたのおろちたいじ》」櫛名田媛《くしなだひめ》
20・5×14・5cm 桐製

⑪「八岐大蛇退治」手名椎神《てなづちのかみ》
20・5×14・5cm 桐製

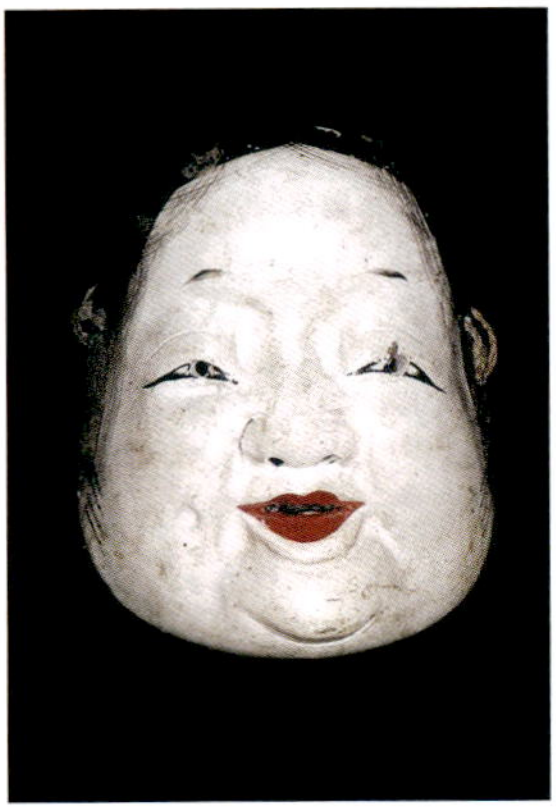

⑫「天岩戸開き」お太福 天宇受売命《あめのうずめのみこと》
16・2×13・0cm 桐製

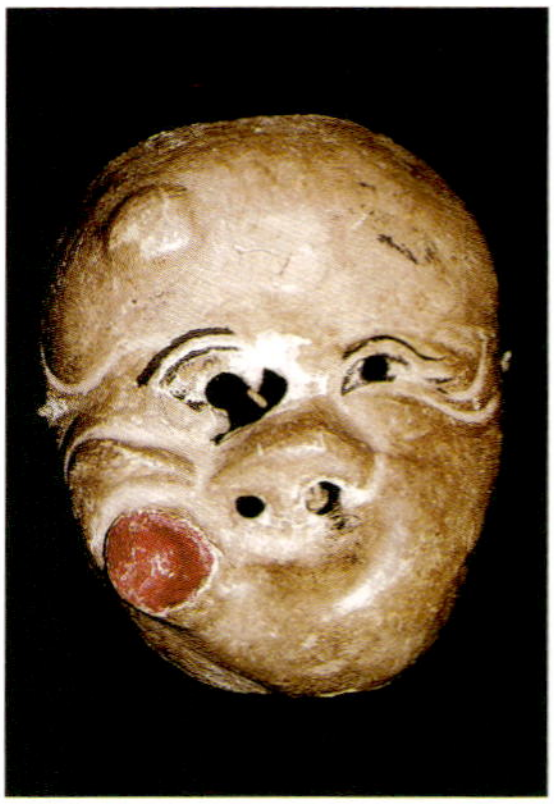

⑬「翁三番叟　火吹男」太郎兵工《たろべえ》（道化師）
17・4×13・4cm　桐製

⑭「日本武尊《やまとたけるのみこと》・熊襲《くまそ》退治」賊徒（悪神）
18・0×12・0cm

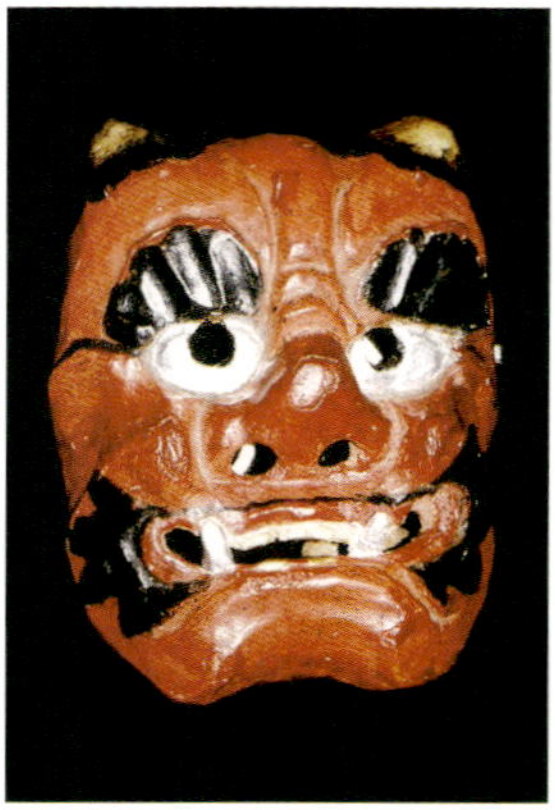

⑮「日本武尊・熊襲退治」賊徒
17・7×14・0cm

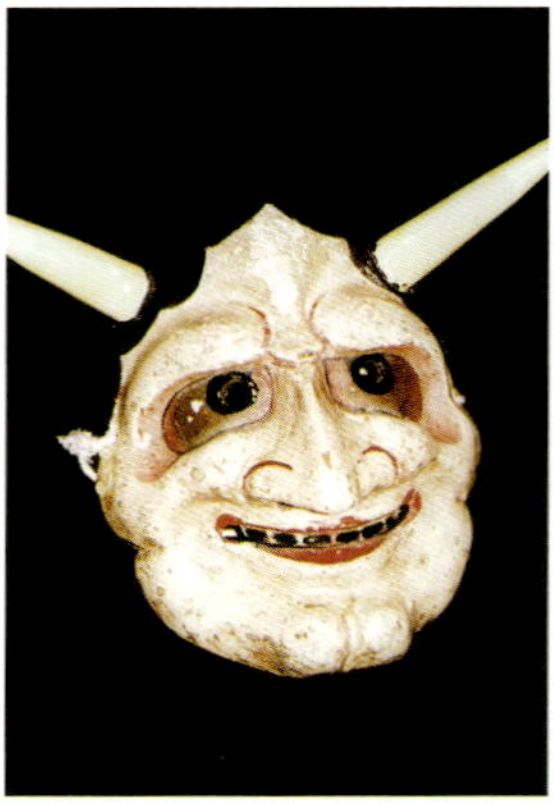

⑯「伊邪那岐命」『黄泉国』
般若面　黄泉醜女《よもつしこめ》
18・2×13・5cm

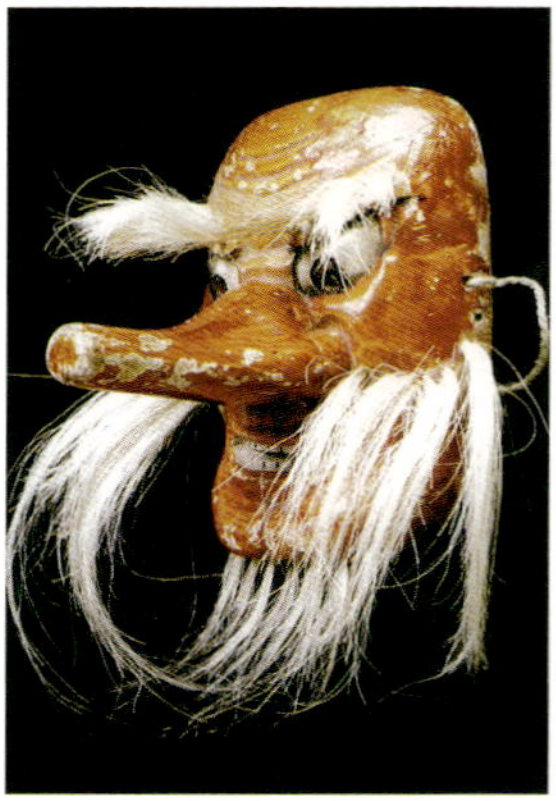

⑰「牛若丸」天狗面（ハナタカ）熊坂坊
16・8×12・7cm　桐製

⑱「安倍保名《あべのやすな》・葛《くず》の葉《は》姫《ひめ》」白狐
21・2×15・3cm　口の高さ14・0cm　新作

⑲「八岐大蛇退治」翁面 白色尉
足名椎神
20・0×15・6cm
新作 平成三年

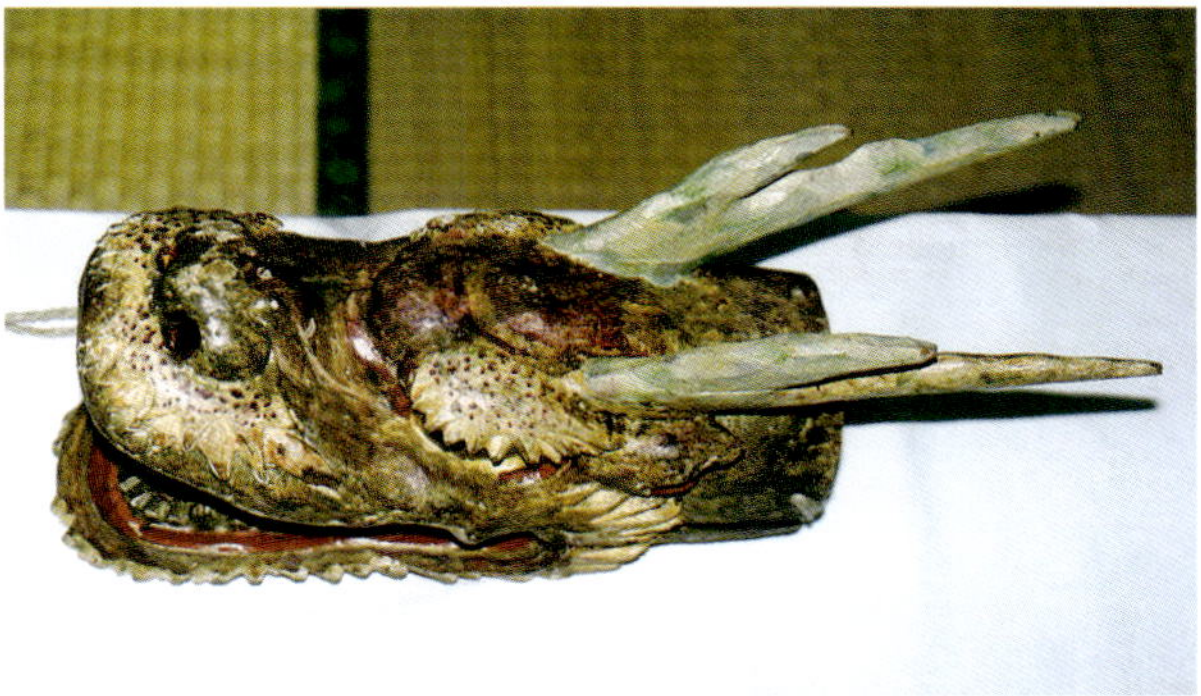

⑳「八岐大蛇退治」蛇頭

15.0cm 18.0cm
27.0cm

㉑〜㉓新作の神楽面
(右から)
㉑「八岐大蛇退治」素戔嗚尊
㉒「日本武尊・熊襲退治」賊徒
㉓「八岐大蛇退治」手名椎神 翁面

飛鳥湯立神楽　九番舞「鳥井舞」

二、飛鳥湯立神楽《あすかゆたてかぐら》

所在地　山形県飽海《あくみ》郡平田町
時　期　飛鳥神社「湯の花神事」四月二十七日
指　定　山形県無形民俗文化財　昭和五十六年十一月二十六日

「飛鳥湯立神楽」は、「伊勢神楽」系統に属する神楽であり、飛鳥神社に奉納される。飛鳥神社は、一二〇〇年余り前に、奈良県明日香村の飛鳥神社を分祀したものといわれている。

四月二十七日に行われる飛鳥神楽の奉納は、神社の「湯の花神事」とも称されている。神楽は舞方六人と楽人笛、太鼓一人で、すべて神職が行う。神職は社家で、かつては鳥海山系の修験者であったらしい。舞に先立って湯立を行う。平田町史には元和八年（一六二二）の祭礼行事が記されている。修験者が伝えた芸能である。

湯立神楽の曲目は次の九つの舞である。巫子舞《みこまい》・翁舞《おきなまい》・道告舞《みちつげまい》・神《かみ》招舞《おぎまい》・恵比須舞《えびすまい》・剣舞《つるぎまい》・散供舞《さんくまい》・弓舞《ゆみまい》・鳥居舞《とりいまい》

社前に並べた釜に火を焚く。釜の数は十三あり、各釜ごとに四手がかけてある。神官一同が並び、斎主が祝詞を奏上してご祈禱を行い、相当進んだところで釜の下に火を焚いて、湯がたぎった頃、巫女が笹

束を持って各釜に浸し、自身も浴び、人々にもふりかけて心身を清める。神前、東西南北と笹束を振り繰り返し、神懸りとなって託宣を行う。今年の作物の予言や村の安全などである。以上が湯立舞の大要である。本来はこれが最も大切な祭りの結果であろう。

［神楽面　５面］（泉房子撮影　平成8年6月27日）

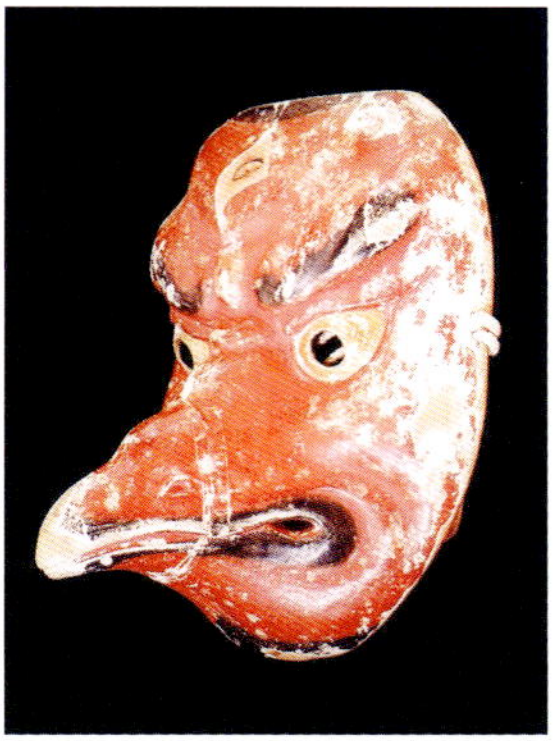

①からす天狗「湯立ての舞」　赤色

20.0 × 14.5cm　花の高さ 6.0cm

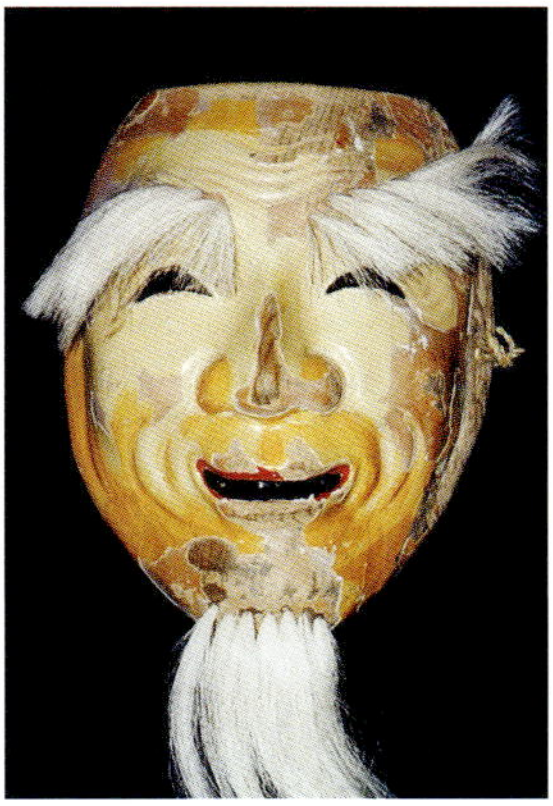

②翁面（白尉）　20・0×15・5cm　全部桐製

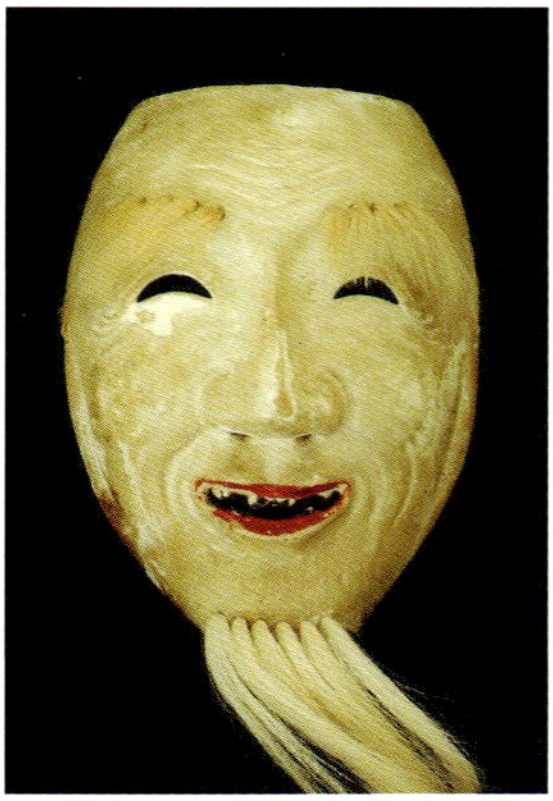

③翁（翁舞）　20・5×15・0cm　茜色（淡黄色）

④女面　19・8×13・7cm　肌色

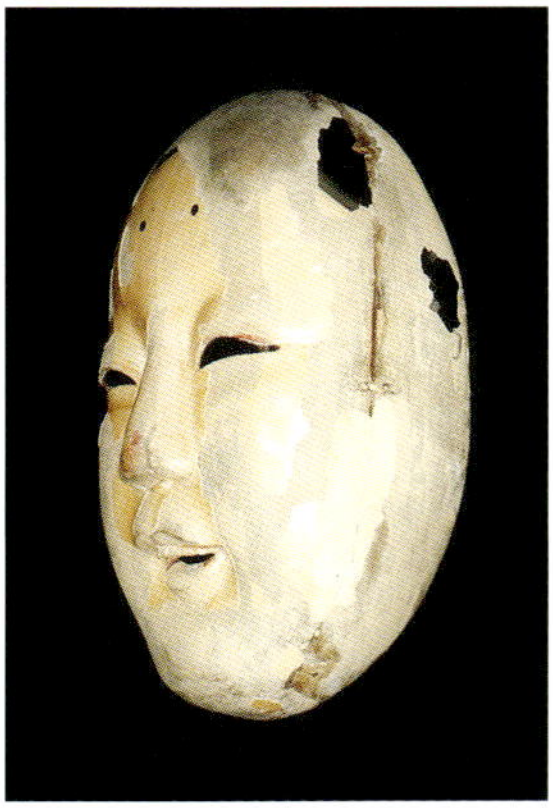

⑤女面　19・8×11・0cm　肌色（剥落）

三、新山《にいやま》延年

所在地　山形県酒田市平田町新山
時　期　古い記録では旧暦の三月二十日であったが、現在では八月十九日の新山神社の例祭に奉納される。
指　定　山形県無形民俗文化財　昭和五十五年五月十二日

㈠　新山神社

延年は、平安時代末期から鎌倉・室町時代にかけて、各地の寺院で行われた遊宴歌舞である。新山神社の勧請は、天平十一年（七三九）泉州（大阪）大鳥神社からと伝えられているが、「新山延年」の歴史は定かではない。しかし現存する青銅の羅陵王の仮面や龍頭などから、少なくとも鎌倉時代にさかのぼることはできよう。

新山延年は新山神社に伝承されている。それは、新山神社の縁起をみれば納得できよう。もとは新光山阿迦井坊護国院最勝寺と称する真言宗の寺院であった。学頭座主と修験九坊があり、金剛大日如来を本尊としたと伝えられている。神仏混淆期には、新山大権現と呼ばれていたが、明治期の廃仏毀釈で新山神社になった。これらの事情を伝える「竹林院　祈禱札　文治五年（一一八九）」、最勝寺の「祈禱札」が現存している。

地元では「延年」の呼称は使わず、「デッコデン」と称している。修験系の「延年」である。

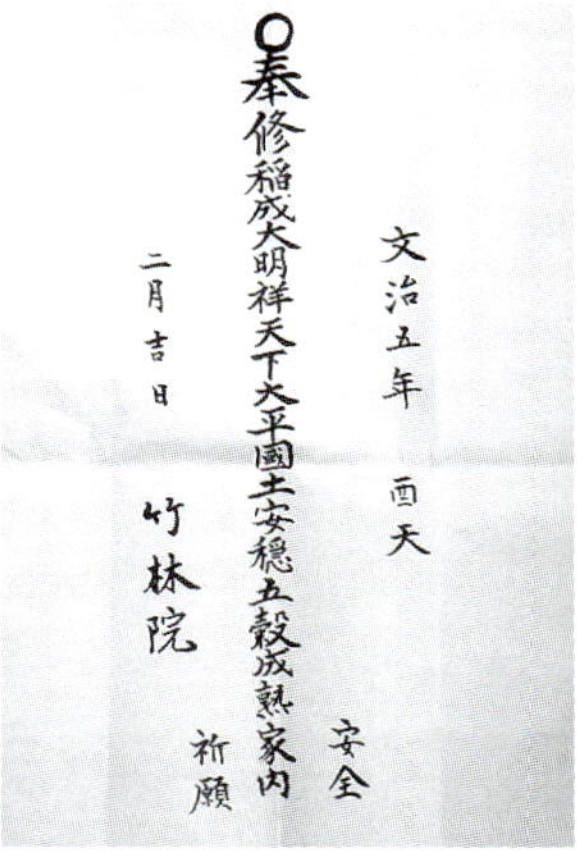

竹林院　祈禱札
文治５年（1189）

最勝寺（現・新山神社）祈禱札
長さ　36.0cm
上幅　9.9cm
下幅　8.5cm
厚さ　1.0cm

太鼓のことを新山では俗にデコといった。新山延年のことを称して、「ニイヤマデッコデン舞」というのはこの「デコ」に由来していよう。なお、「ニイヤマデッコデン舞」は「一度見ないのもバカ」「二度見るのもバカ」と言ったというが、これは新山延年が単調で面白くないことの例えである。

(二)　祭りの扮装・芸態

祭典ののち、当屋より舞の行列が神社へ渡る。先払いを先頭に獅子が最後に従う。舞う場所は、神社に向かって二間四方の木組の舞台である。注連縄を張りめぐらし、その四隅に竜頭を立てる。曲目は、先鉾舞・太平楽・天狗舞などの舞楽や、稚児舞・オッコウ舞・クシャ舞などの稚児による舞、田楽躍り・獅子頭舞もある。

一、先鉾舞——二人。素面・白衣・白袴・白足袋。一人は鉾二本を持ち、一人は鳥甲をかぶる。

二、稚児舞——四人。白衣・赤い臑当《すねあ》て・白足袋・素手・頭に天冠。本来は七歳くらいの幼児の舞。

三、オッコウ舞——三人。稚児舞と同じで白衣・白足袋、手に扇を持つ。

四、クシャ舞――三人。オッコウ舞と同じ装束。太刀を帯びる。

五、太平楽――四人・衣装はクシャ舞に同じ。一人ずつ登場し、抜刀して舞う。別名ツルギ舞ともいう。

六、天狗面舞――一人。天狗面、褐色の衣・黒い襧当て。白足袋、太刀と扇をさす。

七、花笠舞――四人。まるい花笠をいただき、白衣・白足袋・素手。

八、獅子頭舞――四方固め・八方固め・天地・幕折り・いかり・十二段の式などの舞い方がある。

九、翁舞――一人。武内宿禰《すくね》の舞ともいう。現在演じていない。

延年は次の役で行われる。

○鉾持ち……一人　○鳥甲役……一人　○法螺貝役……四人

○太鼓持ち……一人　○太鼓かつぎ……一人　○笛役……一人

○稚児役……四人　○天狗役……一人

「延年」を行うのは、昔から坊中の者が当たった。稚児もその嫡子に限られており、嫡子が三歳になると、三月二十日の出峰神事の朝、懐稚児《だきちご》と称して舞台にあげ、親は祝儀として、観衆に扇子を投げるならわしであった。稚児は十五歳まで神事や稚児舞に加わったが、現在は稚児の役を大人がやっている。

㈢　二面の仮面

仮面は、二面現存している。一つは「天狗舞面」。木製黒色二一・五×一五・〇センチで、吊り顎の面である。鼻の高さが一四・八センチあり、頭上の竜頭金竜は圧巻である。これは明らかに、舞楽の羅陵王の面を模したものであろう。もう一つの面は破損が著しいが、この面も舞楽の羅陵王の面を模したものと思われる。吊り顎・眉は麻製。銘はないが、南北朝頃の作と思われる。

①天狗面（舞楽の「羅陵王」の面を模したもの）

- 木製（黒色）　眉毛・顎ひげ・鼻ひげは脱毛
- 21・5×15・0㎝
- 鼻の高さ　14・8㎝
- 頭上の竜頭（金色）14・0×7・0㎝
- あご（吊りあご）7・0㎝　天狗の吊り顎は珍しい
- 銘なし。南北朝頃の作か？

②青銅の面（羅陵王の仮面か）（いずれも泉房子撮影　平成8年6月27日）

- 22・0×16・0㎝
- 吊り顎（下あご欠）
- 眉は麻製
- 頭上に布をかぶせて、とめたと思われる小孔がたくさんある。

第二章　島根県の神楽と芸能

一、出雲流の神楽について

あちこちの神楽を訪ねると、よく「この神楽は出雲流だ」と言われる。では「出雲流」とは、どのような神楽なのか。それは「佐陀神能」（島根県八束郡鹿島町大字佐陀宮内）の神楽の構成によると考えられる。

「佐陀神能」は、佐太神社の社伝によれば、慶長のころ神主宮川与之輔が京へ上り、能楽の所作を学んで帰ったのに始まるという。

佐太神社の神楽は、神座を毎年新しくする御座替え祭りの夜に行われる。時期は毎年九月二十五日、佐太神社の例祭（御座替祭）の前夜および当日に行われる。

神楽は、七座の神事と神能に分かれており、神能は式三番および十二段といわれている。はじめに入申《いりもうし》と称して楽があり、舞にはいって先ず七座と称する直面《ひためん》の採物舞を七番舞う。ついで式三番として、千歳・翁・三番叟があり、そのうちに神能と称する面神楽があり、最後に成就神楽で終わる。

出雲流神楽の源というべき神楽で、採物舞である七座の神事と、猿楽能の影響のみられる式三番と神能を伝承する。つまり、次の三段からなっている。

一、七座

二、式三番

三、神能

出雲流というのは、「七座」・「式三番」・「神能」の三段構成、特に「七座」と「神能」の二段の構成を言っている。中でも「七座」が独立した構成になっていると「出雲流」というようである。

もとは佐太神社の御座替え祭に参集した神職により伝播され、出雲流の神楽は中国・四国ばかりでなく、全国にひろめられた。

全国に流布するなかで、この七座の神事と神能は種々に工夫され、曲目もふえた。その特色は採物の舞を舞うことおよび、岩戸開きの神話などを脚色した仮面劇を演ずることである。

出雲の佐太大社は、維新後小さくなったが、もとは杵築の宮（今の出雲大社）に並ぶほどの大社であり、年中七十余りの祭が行われていた。その中で最も大きい祭りが、御座替えの祭りであった。

講演を終えて、出雲大社の前で（平成８年９月22日）
（演題「神楽の系譜について ── 出雲神楽と日向の神楽 ──」）

二、大土地《おおどち》神楽

所在地　島根県出雲市大社町杵築
時　期　毎年十月下旬の大土地荒神社例祭に奉納・出雲大社大型連休時に奉納ほか
保持団体　大土地神楽保存会
指　定　国指定重要無形民俗文化財　平成十七年二月十二日

大土地荒神社（泉房子撮影 昭和63年11月22日）

(一)　荒神社と大土地神楽

荒神社は氏神。境内の舞座で神楽を奉納する。当社の神社明細書によると、鎌倉時代末期の延慶年間（一三〇八～一一）の創建と伝えられている。

大土地神楽の概要は以下のとおりである（主に「大社の史話」58〈大社史談会　一九八五〉による）。

〈演目〉

入申・塩清目・悪切り・神降し・恵比須舞（大人舞・子ども舞）・五行・柴舞・直切目・茣座舞・八千矛・幣の舞（前・後・本の三段）・三韓・八乙女の舞・山の神・荒神・田村将軍・八戸。さらに、四方剣・扇の舞・

出雲大社神代神楽保存会
島根県無形民俗文化財に指定
（昭和60年４月23日）

神楽衣装　舞衣（前）

鈴の段・手草《たぐさ》の舞・手草の真・茅《ち》の輪・天孫降臨・後素尊・茶袋の舞が組み入れられることがある。

このうち、「塩清目」「悪切」「莫座舞」「神降し」「八乙女」「手草」「幣の舞」が七座である。「悪切」「神降し」「恵比須舞」「幣の舞」「扇の舞」「手草の舞」「手草の真」の一部または全部は主として子ども舞であり、「莫座舞」「八乙女舞」は女児舞である。

〔衣装〕

烏帽子・大烏帽子・冠・天冠・赭熊・大口袴・袴（青・赤）・陣羽織・狩衣・斎服・内掛・襷・肩衣・手甲・脚絆・足袋（白・茶）・面（二二面）など。

〔採物〕

大刀・扇・幣・薙刀・榊・弓矢・打杖・鈴・笏など。

〔特徴〕

佐陀神能の影響を強く受けているが、「神降し」「八乙女」「山の神」「五行」など佐陀神能にはない曲目を多く残すほか、地踏み・拝み・睨みなど各種の舞において古態をうかがうに足る舞振りを留めている。また、単に大人の舞だけでなく、

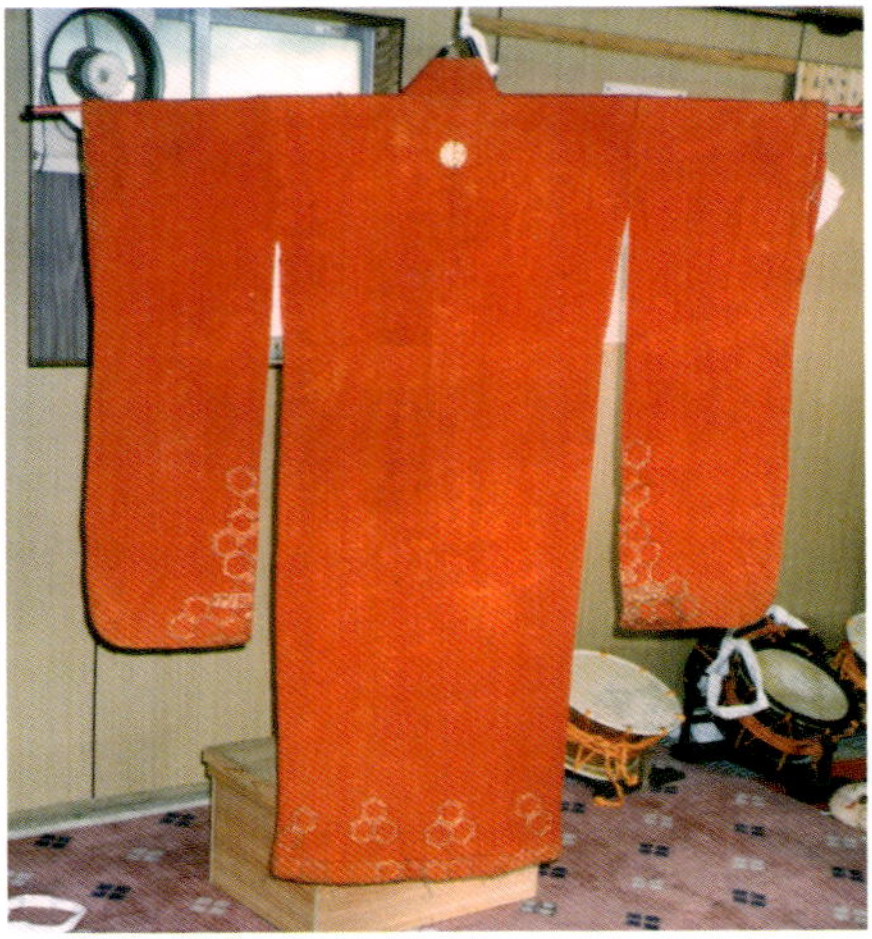
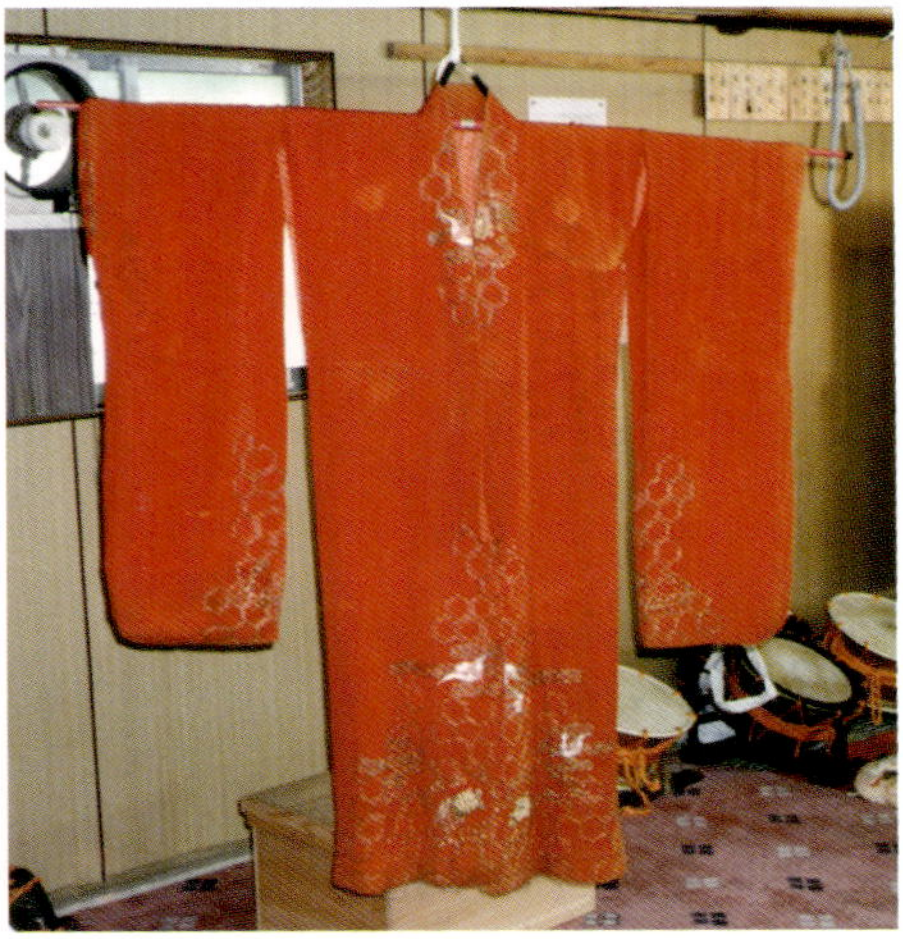

舞 衣　前（右）と後（左）。舞衣はいずれも紅花染めで、カラーが美しい。

小児の舞をも伝承している。

芝居興行などが盛んに行われた門前町としての土地柄ゆえか、とかく観衆を意識した演出、それも素朴かつ古風な手法による演出が随所に織り込まれている。特に子ども舞にはその傾向が強い。幼女がお多福に導かれつつ茣蓙を振り舞う「茣蓙舞」などは、他所のそれと比べると違いは歴然としている。

大土地荒神社の例大祭では、境内に特設の舞座を組み立て、宝蔵庫兼楽屋との間を陸橋式の「浮橋」でつなぐ。演出効果も意識した舞台設計となっている。

〔沿革〕

記録によれば天文六年（一五三七）にはすでに「的射神楽」が行われ、それを万治三年（一六六〇）に出雲大社の社家が再興したという。おそらくその間に、普及していた舞神楽をとり入れ、それを出雲神楽として再構成したと思われる。

同時に万治三年にはすでに出雲大社社家の差配の下に土地の若者が神楽にかかわっていたことが知られ、近世の比較的早い時期に、いわゆる素人神楽の萌芽が見られる例とするこ

神楽衣装
（上２つは舞衣（前）。下は袴）

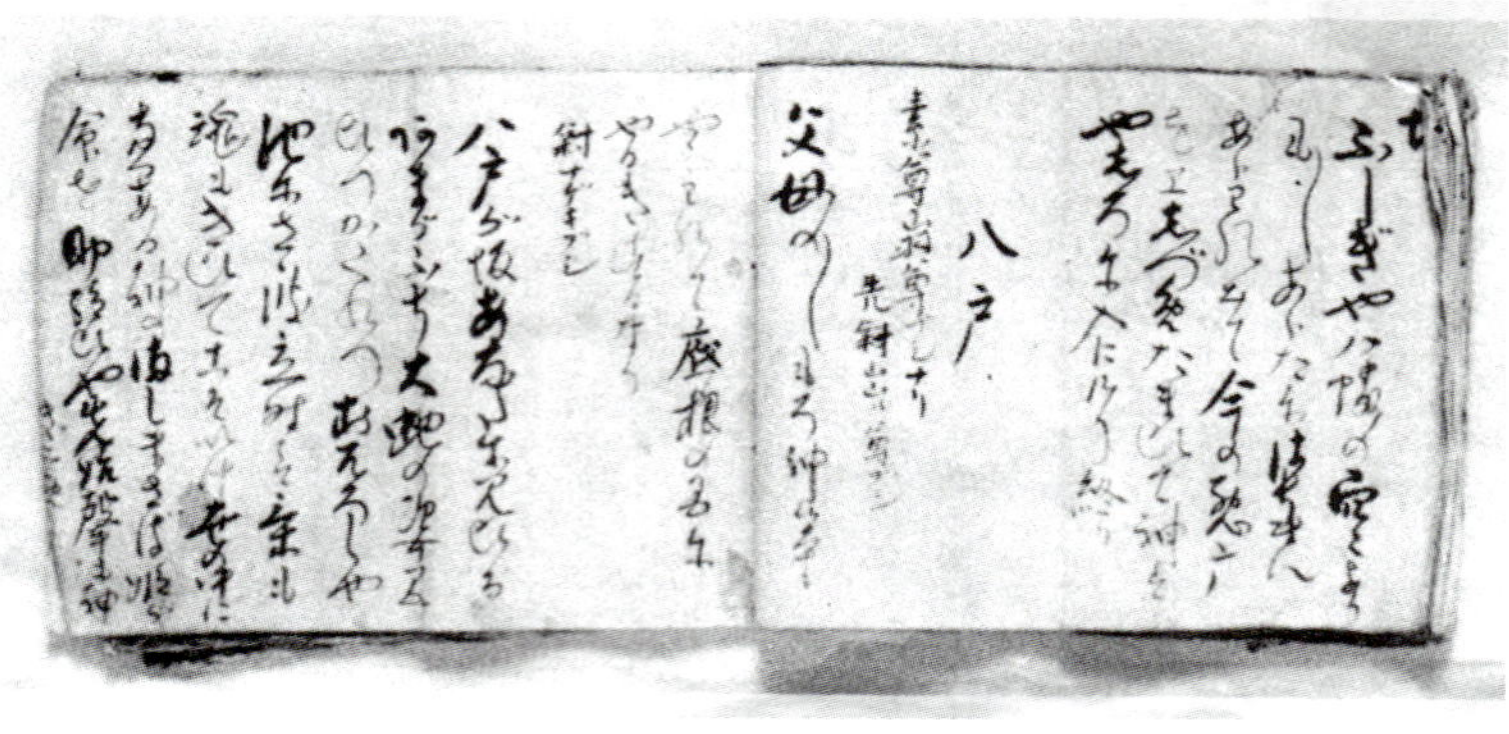

神楽台本の古写本（半紙ニツ折和綴）（神楽方所蔵）

大土地神楽
（『大社町史』下巻より
平成７年３月31日発行）

とができる。そして近世後期に至り徐々にその独立の度合を強め、明治維新の神職制度改正以降、完全に神職の差配下から脱したと考えられる。

また、子ども神楽についても、『祷家順番帳』（宝永六年〈一七〇九〉から昭和十年〈一九三五〉までの記録）によれば、すでに宝暦十一年（一七六一）にこの年より小児に神楽を舞わせるとあり、また寛政四年（一七九二）にも子ども神楽の手付けをはじめるとあって、近世中期から行われていたことが知れる。

〔舞座〕

社前広場に、社に向かって方二間の舞座、後方を一段高くして、一間に二間半の囃子方楽屋を設ける。舞座の四本柱に榊葉を結び、天井にはザイと称する一尺五寸四方の天蓋を二基吊す。

※　※

当保存会の活動としては、大土地荒神社大祭はもとより、出雲大社での奉納神楽、また県内外での公演も多数行っている。平成四年にアメリカ・ポートランドやエレンズバーグ、平成五年には、フランス・ユネスコ本部での日本文化祭やイギリス・ロンドンでの公演等、国外での神楽を披露することができた。また、国譲り神話の舞台で稲佐の浜夕刻篝火《かがりび》舞を自主開催する等、神楽のすばらしさを多くの方に知っていただこうと公演活動を行っている。

(二) 大土地神楽の主な演目

○塩清目

「幣立つるここも高天の原なれば集いたまえや四方の神々」と神謡にあり、幣帛を立てればここも高天の原と同じですから、四方の神様たちここにお集まりくださいませ、という意味で、潮水により神座を清めて神々をお迎えする神楽である。

○八乙女

四人の神様が東西南北の歌を唄って神前に奉納する神楽舞である。この神楽には神楽の基本がいろいろと取り入れてあり一番むつかしく、これができればどの神楽でもできると言われている舞である。

○三　韓

神功皇后は住吉明神のおつげによって、武内宿禰を供につれて韓国におもむき、三韓の百済王、高麗王、新羅王をしたがえて、めでたく帰陣されたことを伝える神楽である。

○山の神

須佐之男命は高天原にて行いが良からず、天照皇大神、磐戸にこもられて、天ケ下常闇となり神々たちは皆深く悲しまれた。思兼神の謀により香具山より榊を持ち帰ることを天津児屋根

大土地神楽「八戸」
（撮影　大土地神楽保存会）

尊に命ぜられた。香具山を守護する大山祇神に事の次第を話して榊を持ち帰り、磐戸の前でにぎやかに神楽をなして磐石開きができた。

○八　戸

出雲国は肥の河の河上に天下りになった須佐之男命は、稲田姫をつれて歎き悲しむ足那槌、手那槌を助け稲田姫をもらい受けられて、大蛇を退治することを誓われるまでの神楽である。この後大蛇に毒酒をのませて退治し佐草の里に宮造りなさるわけである。そのときに詠まれた詠《えい》が、〝八雲立つ出雲八重垣妻ごめに八重垣造る其の八重垣を〟といわれる。

○荒神（国譲り）

天照皇大神の命により出雲国稲佐の浜につかれた武甕槌神《たけみかづちのかみ》と経津《ふつ》主神《ぬしのかみ》は大国主大神と国譲りの談判をされた、大国主大神は、豊葦原の中津国は天津御子にお譲りになられたが、その子武御名方神はこれをこばまれ戦となったがついに負けられて、天津神に国をお譲りになり信濃国の諏訪の社に鎮まられたという神楽である。

（参考資料：「大土地神楽」大社町教育委員会他　昭和63年4月17日）

大土地神楽は七座ならびに神能を踏まえた、いわゆる出雲神楽の一典型である。

㈢ 大土地神楽の神楽面 20面（泉房子撮影 昭和63年11月22日）

※神楽面の呼称は表記も含めて保存会に伝承されている名称によった。

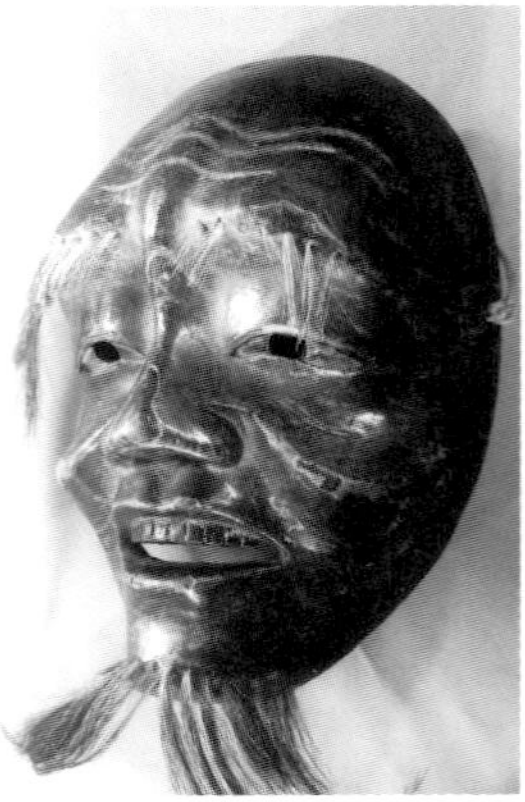

①おきな 21・8×15・8cm 檜《ひのき》製

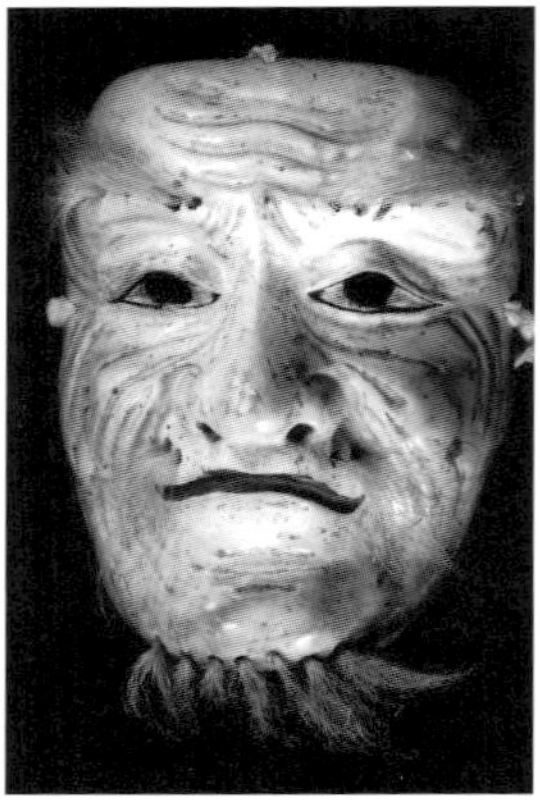

②たけのうちのすくね 19・0×15・4cm 杉製

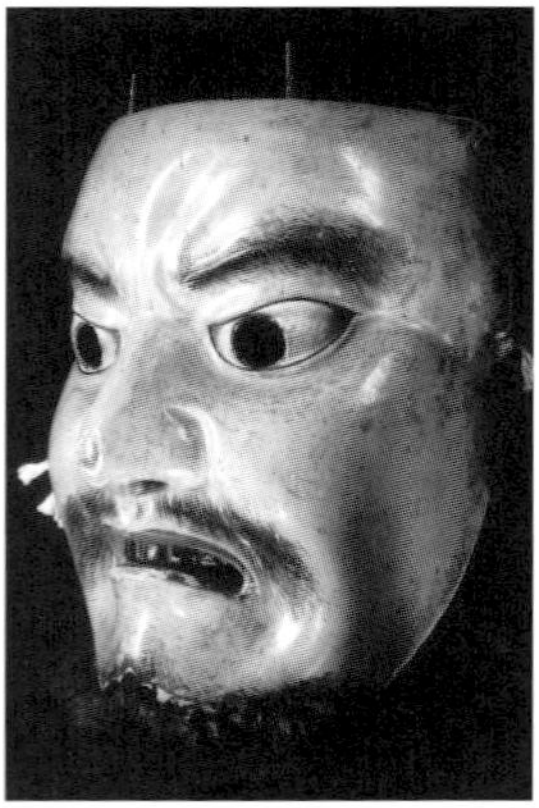

③やちほこ 20・0×15・5cm 桐製

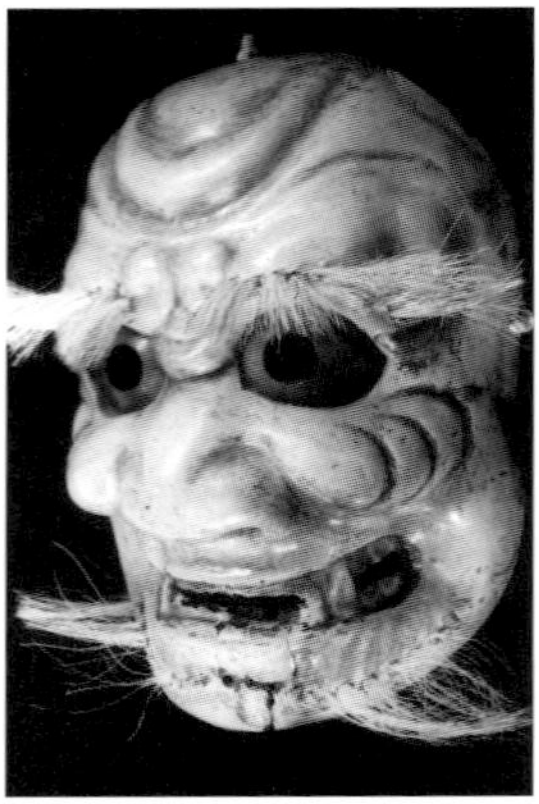

④きりめ 22・2×16・8cm 檜製

⑤田村の鬼 22・7×17・0cm 桐製

⑥たけみなかた 20・6×17・8cm 檜製

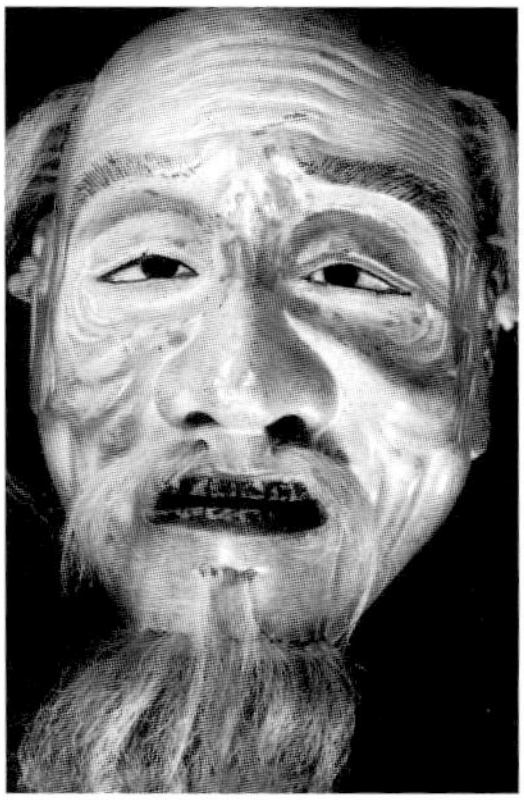

⑦おもいがね　20・5×16・0cm　桐製

⑧やまのかみ　22・2×18・0cm　桐製

⑨やそがみ　24・5×19・0cm　檜製

⑩かぐつちのみこと　19・5×15・5cm　桐製

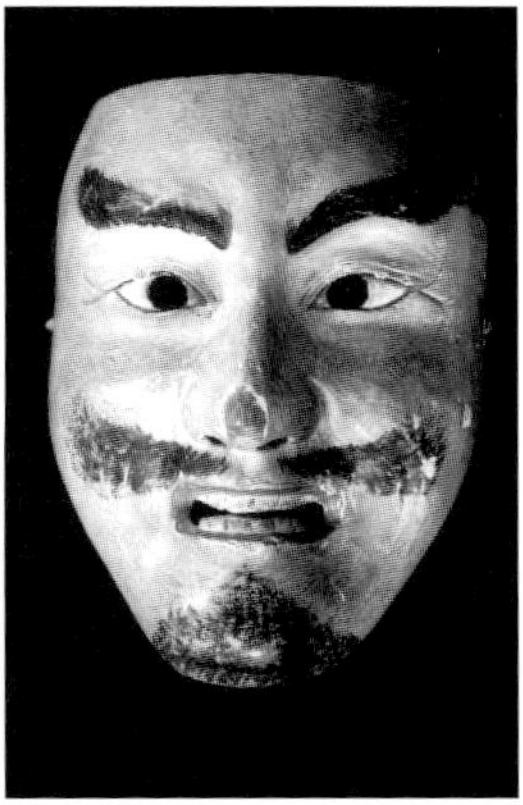

⑪かなやまひこのみこと　19・0×15・0cm　桐製

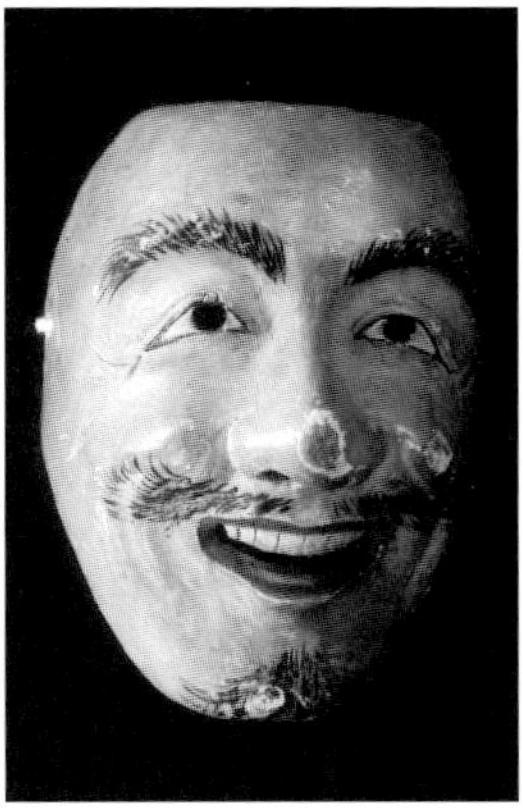

⑫みづはのめのみこと　18・7×14・7cm　桐製

⑬あめのこやねのみこと　18・2×14・5cm　桐製

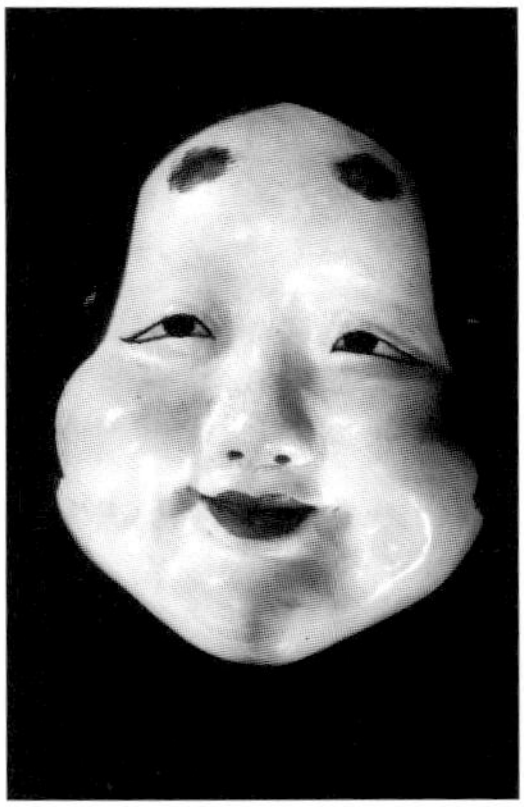

⑭おたふく　22・0×17・5cm　桐製

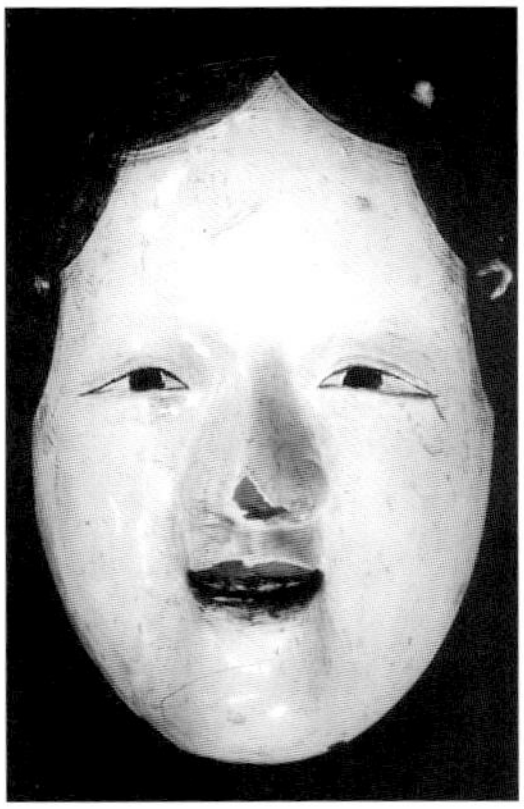

⑮いなだひめ　20・5×13・8cm　檜製

⑯おおくにぬしのみこと　22・0×21・6cm　栴檀製

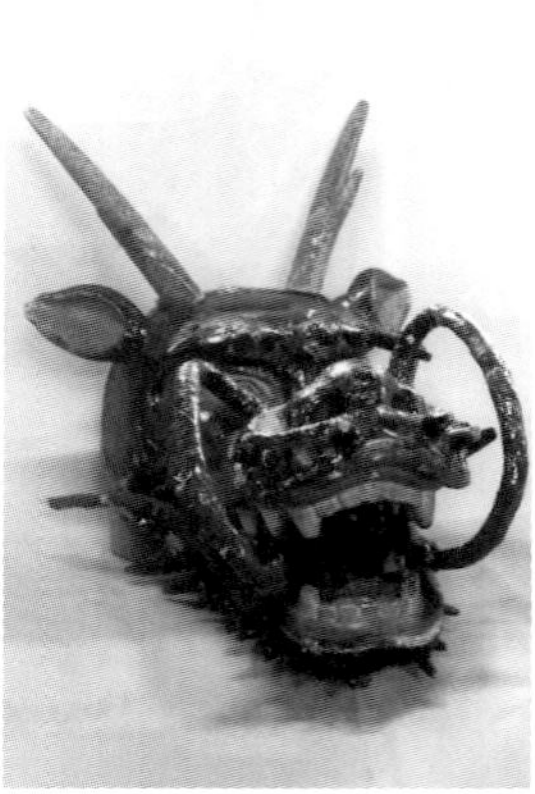

⑰じゃがしら　41・5×31・5cm

⑱じゃがしら（新）　42・0×30・0cm

⑲くくのちのみこと　19・8×15・0cm　桐製

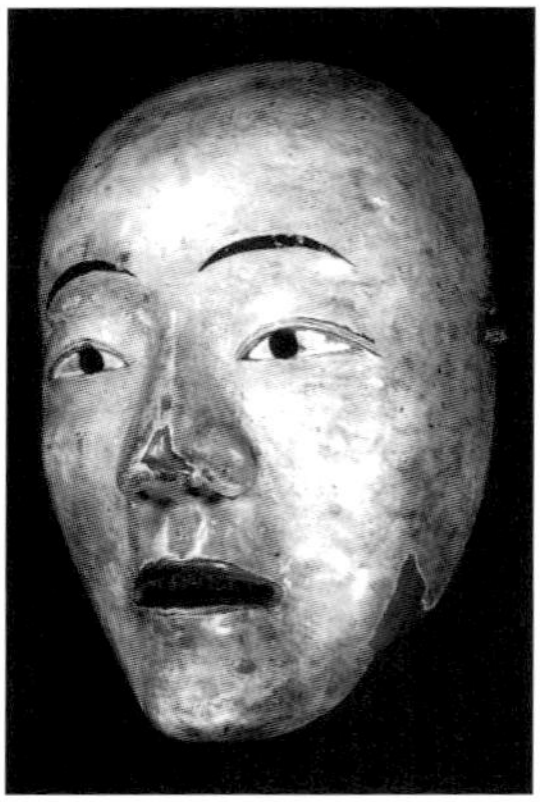

⑳さとびと　21・0×14・9cm　檜製

三、鵜《う》峠《ど》神楽

所在地　島根県出雲市大社町鵜峠

神楽の奉納は、毎年一度氏神の秋祭りの前夜行われ、この日日没から始まり、翌日昼前に終わる。しかし近年は青年層の出郷出稼ぎが多く、毎年の奉納は無理で、五、六年に一度奉納される。舞いの種目もだいぶ略されている。

しかし資料館には、立派な神楽面が二十七点も展示されていて、ありし頃の盛んであった鵜峠神楽がしのばれる。これらを見ていると、出雲神楽の曲目も理解できそうである。

古老の話によれば、鵜峠神楽は出雲・石見各地に残る里神楽の一種であるという。平田市の猪目神楽と同系統のもので、一度衰退しかけたものを、先代星野甚右衛門氏の肝煎《きもいり》で、何とか絶やさずに後世に伝えるため、当時の若衆五、六人が古代から伝わるとされる大土地神楽を習いに行き、以後受け継いできたという。若衆が大土地神楽を習いに行ったのは、百五十年余り以前のことのように思われる。

鵜峠神楽の特徴といえるかどうか、判断に苦しむが、幕合いごとに声色《こわ》十分な御花読み上げが長々と続く。例えば次の如き文言である。

御樽は一万荷《が》、肴《さーかな》は太平洋の大鯨を一千本、酌取《しゃくとり》は大社芸妓総上げといたしまして右《みーぎ》は○○屋様よりもご贔屓《ひいき》とありまして神楽方へと下しおかれます。

まあたまた下しおかれます御花
御樽は千荷、肴はたくさん、酌取りは望み次第　右は○○屋御客山本様よりも四方剣秋信へと下しおかれまーす。
　一座高席なれどもチョト花の御礼を申し上げまーす。

　これ以上の褒《ほ》めことばのない最高の文言で、声色十分に御花読みされたら、神楽座はさぞ熱気を帯びたことであろう。何とも不思議な神楽である。
　この神楽にはもう一つ、特筆すべきものがある。それはユニークな節廻しの神楽唄と、賑やかなお囃子である。「鵜峠神楽笛旋律」を記した略譜があるほどである。吹き囃子というべきであろうか。
　とにかく鵜峠神楽は、一般的な神楽の概念では計り知れない神楽のように思える。時代の流れの中で衰退する神楽もある中で、ぜひとも残しておきたい異様な神楽である。しかし平成三十年四月現在行われていないという。

（参考資料：「大社の史話」第14号　大社史話会発行　昭和51年10月20日発行）

［大社町鵜峠《うど》神楽面　27面］（泉房子撮影　平成13年6月2日）

①久久能智命　19・0×14・0cm

②迦具土命　19・0×14・0cm

③金山彦命　19・5×14・5cm

④罔象女命《みずはのめのみこと》　20・0×14・5cm

⑤埴安命　22・0×18・0cm

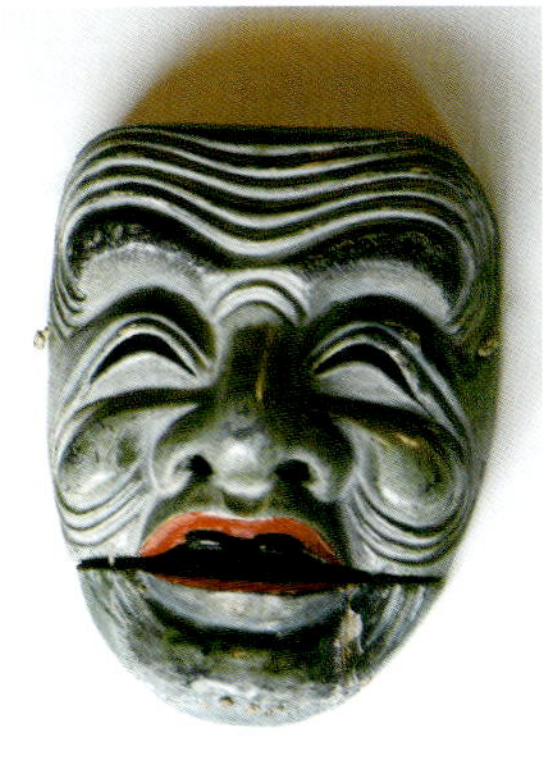
⑥末社の真（里人）　19・5×14・5cm

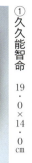

⑦手名槌 20・0×14・08cm

⑧脚名槌 21・0×15・5cm

⑨彦張 21・5×19・0cm

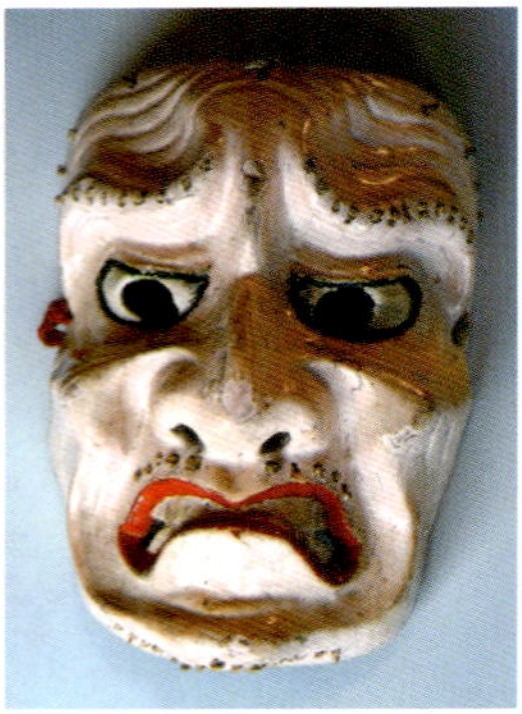

⑩武内宿禰 21・5×15・5cm

「寄進、山根屋、薫蔵」の記銘あり

⑪素尊 19・0×15・5cm

⑫姫 18・5×14・0cm

日御碕・神功皇后・稲田姫等に兼用

⑬宇受売命 23・0×17・0cm

別名「おたふく」「おててさん」

⑭田村 19・0×14・0cm

⑮田村鬼神 19・0×14・0cm

⑯不明
21・0×15・5cm 名称不明

⑰山の神
21・0×17・0cm 高さ11・5cm

「明治三十五年」の記銘

⑱大国の真
23・0×19・0cm 高さ11・0cm

⑲布津主命
22・0×17・5cm

⑳武甕槌命
21・5×16・5cm

㉑三韓の高麗
21・0×29・5cm 高さ11・0cm

㉒三韓の百済
23・0×22・0cm 高さ12・0cm

㉓三韓の新羅
24・0×24・5cm 高さ14・5cm

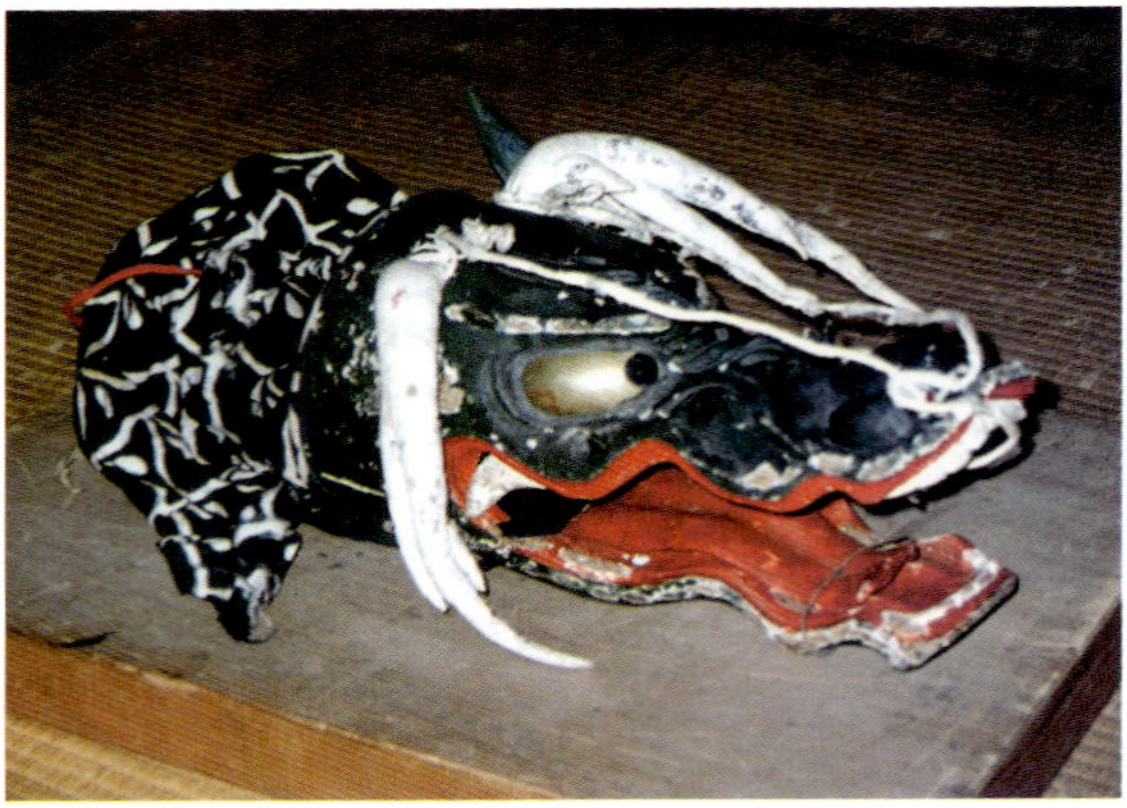

㉔大蛇 18・5×38・5cm 高さ17・0cm

㉕切目の鬼神 20・0×16・0cm

㉖切目の鬼神 22・0×18・5cm

㉗大国の真 23・0×19・1cm 高さ12・0cm

四、仮《かり》の宮《みや》神楽

所在地　島根県出雲市大社町杵築北二九五一

毎年正月の三日は、「吉兆さん」で、大社の町は賑わう。吉兆さんは、「歳徳神」や「荒神」など、大きく縫い取りした高さ一〇メートル余りもある幡旗を笛や囃子とともに、厳かな神謡に乗って担ぎ出し、各町内を練り歩く。この吉兆さんの幡旗に「八大荒神」と大きく書かれ、これが「仮の宮」のものであることを示している。

今は仮の宮神楽の資料にとぼしいのであるが、仮の宮には旧箱に「天保三（一八三二）」の銘がある。仮の宮荒神社倉庫に保管されている。仮の宮神楽は荒神をまつる神楽で、荒神社に奉納される。仮の宮には、すぐれた神楽面が現存している。資料館に十八点の神楽面と「大蛇」一点が展示されている。神楽は時代の流れに左右されるが、かつて用いられた神楽面は、れっきとして残される。貴重な文化財である。

神楽は現在「仮の宮荒神社」に奉納されている。

大荒神
（仮の宮）

［大社町仮の宮神楽面　16面］（泉房子撮影　平成13年6月2日）

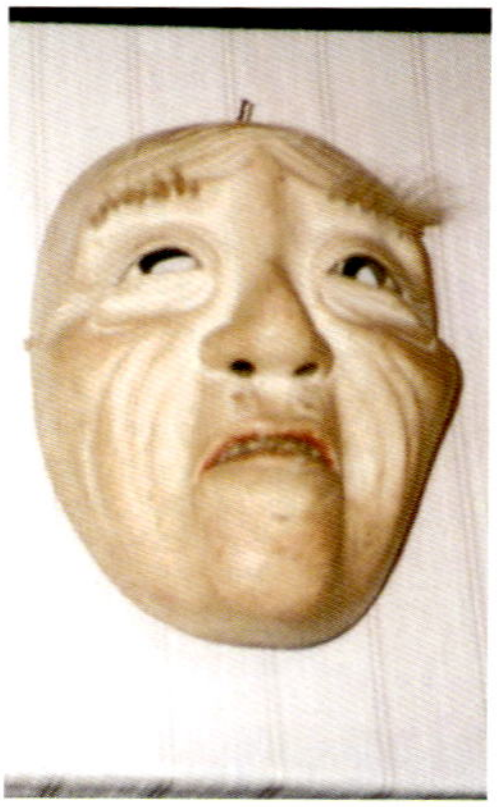

①足なづち　20・0×14・0cm　高さ8・0cm

②素佐之男命　20・5×14・5cm　高さ8・5cm

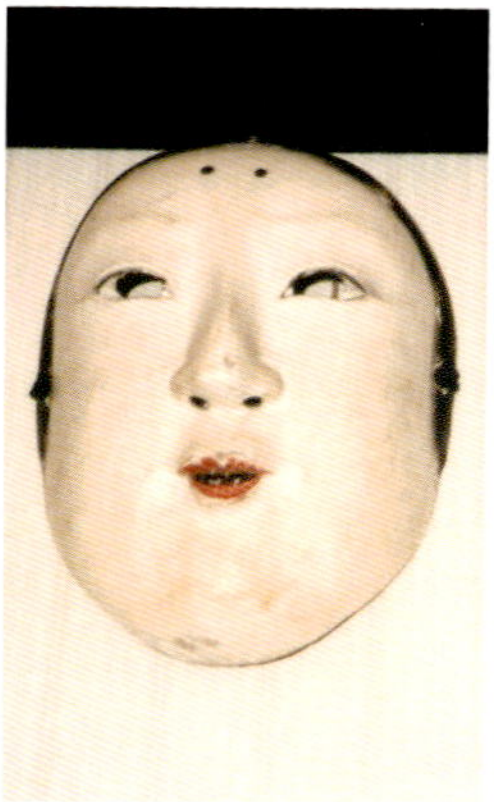

③いなた姫　20・0×14・5cm　高さ6・0cm

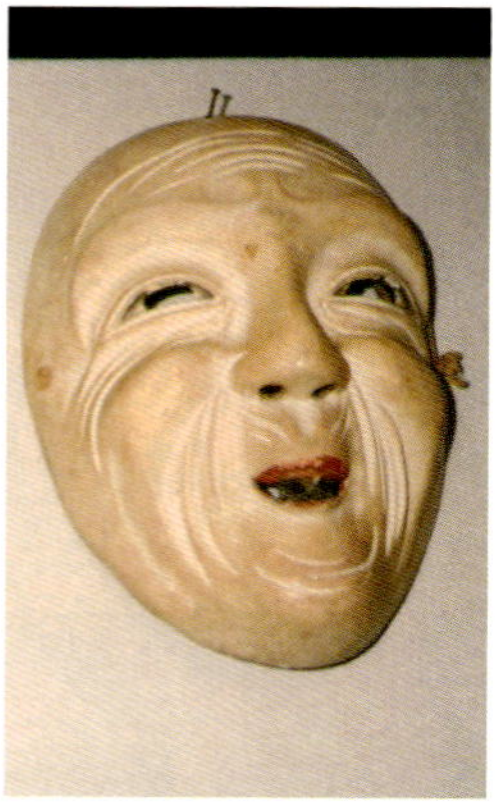

④手なづち　21・0×14・5cm　高さ8・0cm

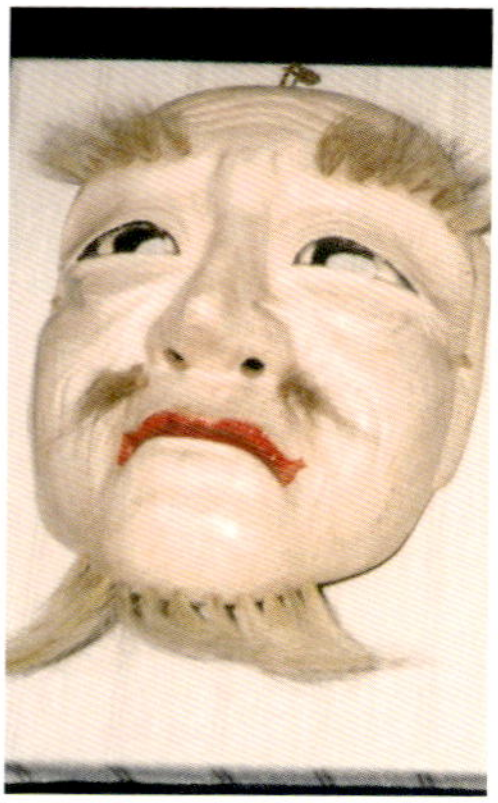

⑤おもいがねの神　21・0×16・5cm　高さ10・0cm

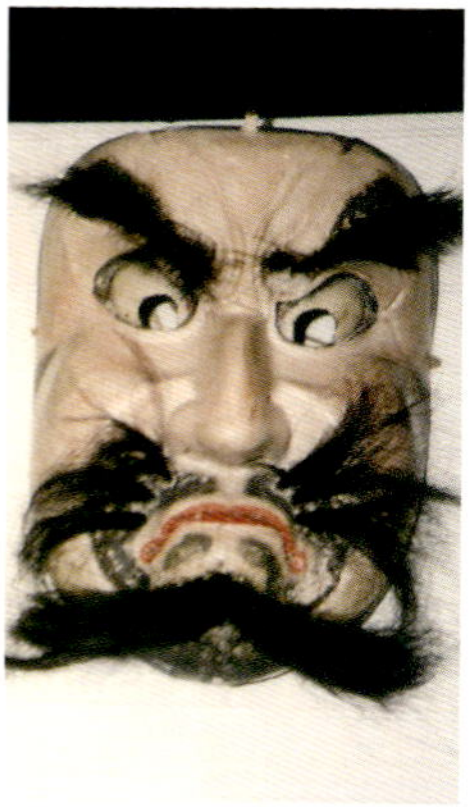

⑥わたずみの神　22・0×15・0cm　高さ9・0cm

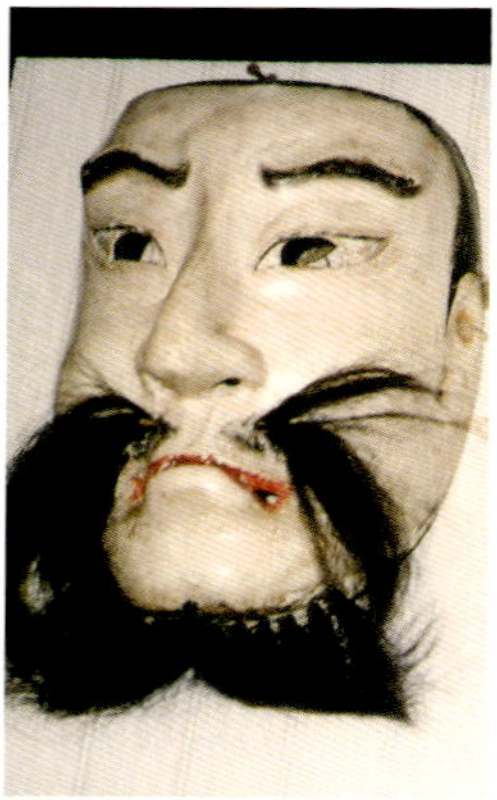

⑦くくぬちの神　20・0×14・0cm　高さ10・0cm

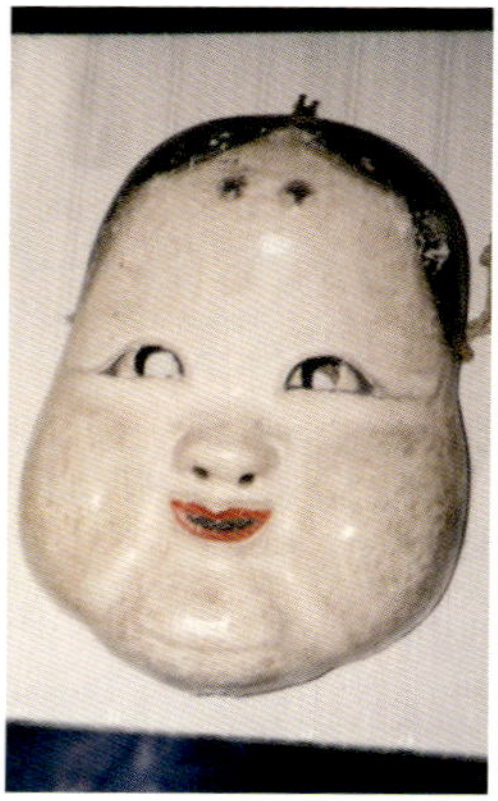

⑧うずめの命　22・0×16・0cm　高さ7・0cm

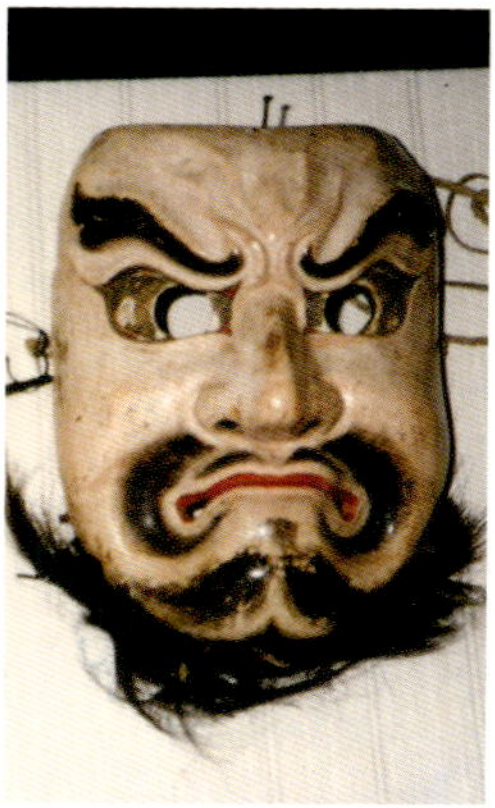

⑨坂上田村麻呂　18・0×12・0cm　高さ8・0cm

⑩みずはのめの神　19・0×14・0cm　高さ8・0cm

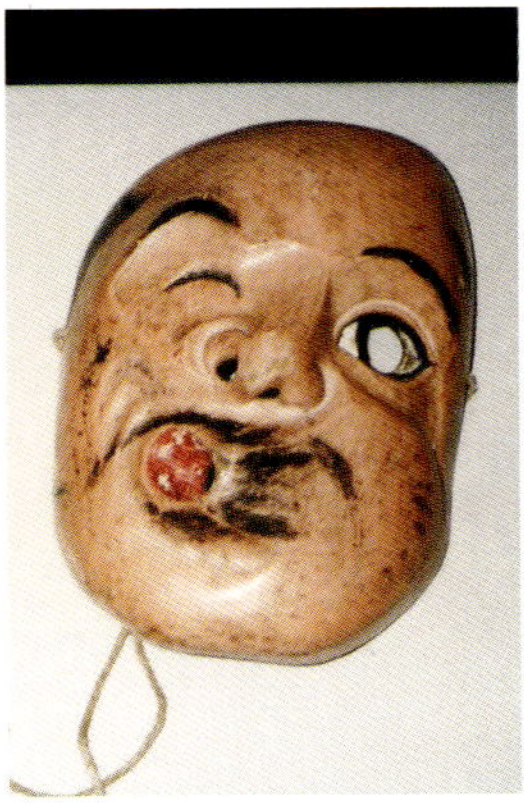

⑬さとびと　21・0×14・5cm　高さ6・5cm

⑮鬼神　21・0×16・5cm　高さ10・0cm

⑪建御雷神　20・0×14・5cm　高さ8・5cm

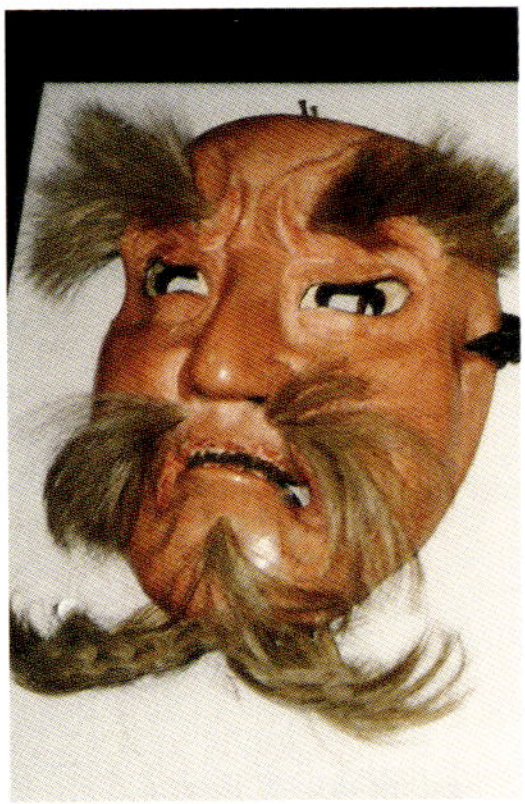

⑭竹内宿禰　20・0×14・5cm　高さ7・0cm

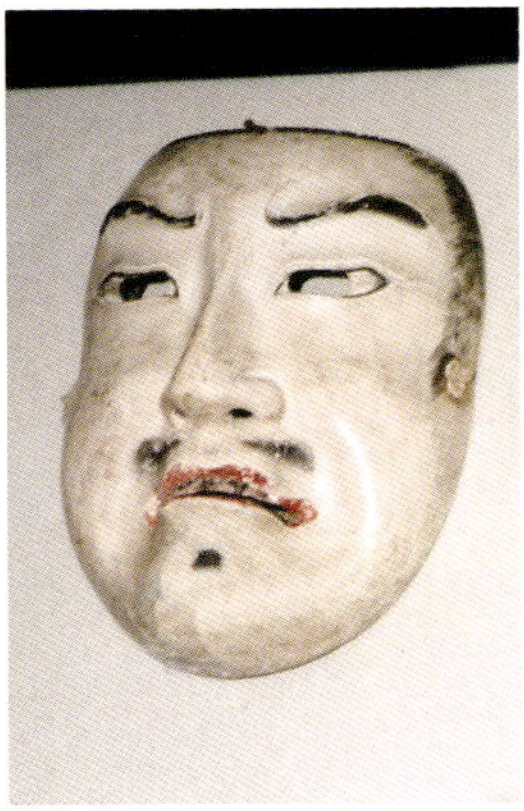

⑫かぐつちの神　19・0×13・5cm　高さ6・0cm

⑯大蛇　44・0×20・0cm　高さ25・0cm

仮の宮奉納　荒神社所有

五、鷺浦《さぎうら》のシャギリ面

所在地　島根県出雲市大社町鷺浦

シャギリは、鷺浦に伝わる正月行事である。毎年正月二日、新しい年の厄払いのために行われる。日没とともに、舞手と囃子《はやし》の一行が忌中以外の民間をくまなく訪れ、玄関で鬼の面をつけた男が、榊の枝を擦り合わせながら激しく舞う。榊の葉は、空中に舞い上がり、厄とともに落ちていく。厄ばらいである。各家々を回り終えると終わりである。

シャギリとは一般的には歌舞伎の下座音楽や祭りのお囃子を指す。毎年正月三日に大社町で行われる「吉兆さん」のお囃子もシャギリという。

シャギリ面は、男たちがこの正月行事につける面である。「本面」と「柴《しば》面」がある。赤や青、白など面長六十センチもある大きな面をつけ、浴衣姿に赤い帯を腰に結んでいるのが「本面」で、同じく鬼の面をつけ神楽衣装をしているのが「柴面」である。長老はその舞いにあわせて、鷺浦独特の正月祝の船謡《ふなうた》を歌う。

顔の何倍もある鬼面をつけて家々をまわるのが「本面」と「柴面」であるが、本面が主役で、柴面はお供のような役割らしい。本面は道中でお囃子にあわせて歯切れよく舞う。玄関前にくると、お囃子のテンポが速くなる。それを合図に「本面」と「柴面」が家に飛び込む。大声をあげながら、本面は土間で幣串を振りまわし、柴面は玄関の間に上がって両手の榊の束を力強く打ち合わせ、部屋中に榊の葉をまき散らす。散らばった榊の葉は、翌朝までそのまま置いておかれる。

鷺浦は、漁業と鉱山の村として栄えてきた。最も栄えた時代は、江戸時代から昭和初期まで、天然の良港に恵まれ、北前船の風待港や避難港としてにぎわったという。

この鷺浦のシャギリが、いつのころから始まったのか、詳しい文献は残されていない。北前船航路が姿を消し、鉱山も閉山した後は、大社町の間にはだかる山々が、鷺浦を孤独に追いやった。しかも若者が都会へ出向き、今は高齢者が半数を占めている。このため、鷺浦のシャギリは、淋しさを増している。しかしシャギリは、今も鷺浦で生まれ育った人々の間に生きている。

大社町の吉兆館には、シャギリ本面や柴面が多数展示されていて、往時の雄大でにぎにぎしいシャギリの様子を彷彿とさせる。

〈鷺浦のシャギリ面　18面〉

以下、本面十一面、柴面六面、屋台船案内役大面一面を、紹介する。（泉房子撮影　平成13年6月3日）

①シャギリ本面

23.0 × 17.0cm　高さ 12.0cm

②シャギリ本面

23.0 × 17.5cm　高さ 13.5cm

③シャギリ本面

22.0 × 17.0cm　高さ 12.5cm

④シャギリ本面

24.5 × 22.0cm　高さ 13.5cm

⑤シャギリ本面

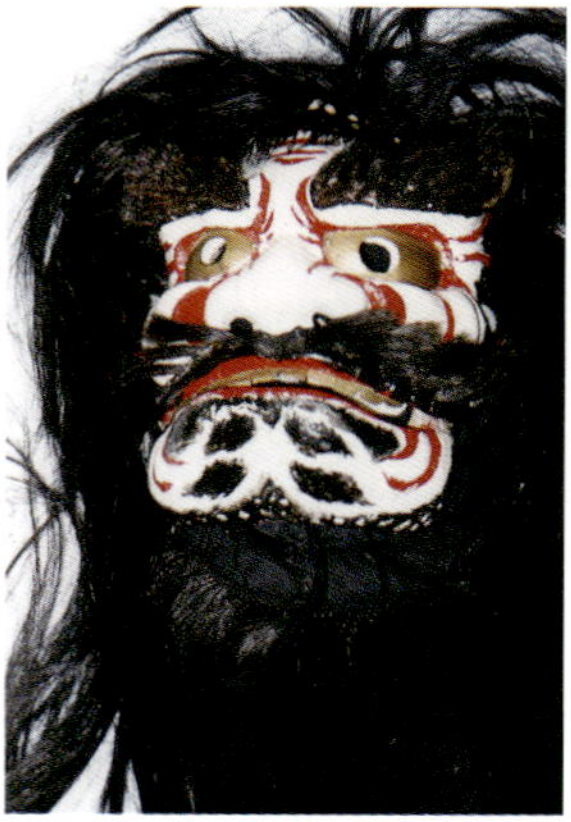

24.0 × 18.5cm　高さ 13.5cm

⑥シャギリ本面

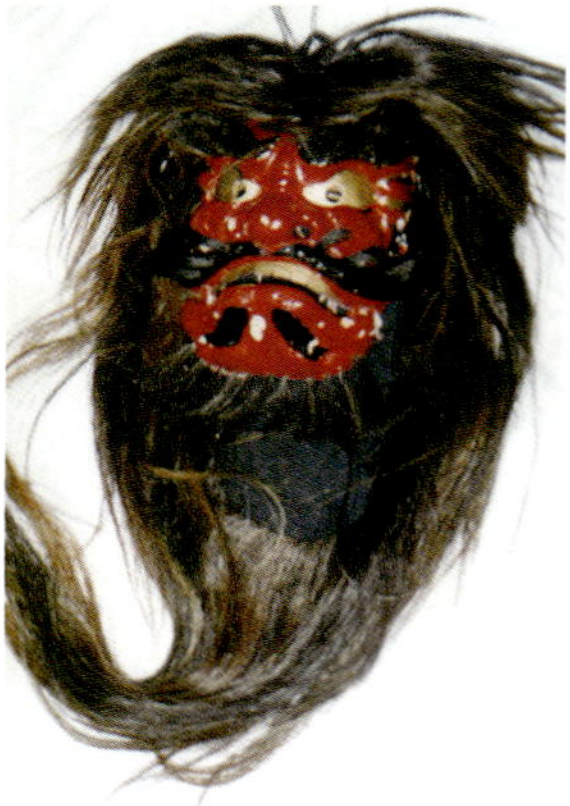

22.0 × 20.0cm　高さ 10.5cm

⑦シャギリ本面

24.5 × 21.0cm　高さ 12.0cm

⑧シャギリ本面

25.5 × 20.0cm　高さ 12.0cm

⑨シャギリ本面

23.5 × 19.0cm　高さ 12.0cm

⑩シャギリ本面

20.0 × 17.0cm　高さ 10.0cm

⑪シャギリ本面

24.0 × 20.0cm　高さ 13.5cm

⑫シャギリ柴面

24.0 × 19.0cm　高さ 12.5cm

⑬シャギリ柴面

19.0 × 15.5cm　高さ 9.5cm

⑭シャギリ柴面

24.0 × 20.0cm　高さ 21.0cm
（古形式）

⑮シャギリ柴面

20.0 × 16.0cm　高さ 9.5cm
昭和 11 年旧 9 月　高野荒木村本郷

⑯シャギリ柴面

24.0 × 19.0cm　高さ 12.0cm

⑰シャギリ柴面

21.5 × 17.5cm　高さ 10.0cm

⑱屋台船案内役大面

37.5 × 30.0cm　高さ 22.0cm

六、吉兆

㈠ 吉兆と番内

かつて出雲大社の神領だった大社周辺の地域では、正月三日、地区ごとに「吉兆《きっちょう》」という幡《はた》を立て囃子方《はやしかた》とともに出雲大社や町内を巡り、神謡《しんよう》をうたって新年の祈りを捧げる神事を行っている。この行事自体を「吉兆さん」と呼ぶ。吉兆は新年にまつる神「歳徳神《としとくじん》」（歳神）の依り代といわれる。

吉兆は、高さ十メートル余り、幅一メートルほどの錦の幡《ばん》に「歳徳神」と地名を縫い取りした山車《だし》である。正月三日の朝、各町内では、鼕《どう》、小太鼓、笛のはやしで氏神の前に立て、神謡を唄う。続いて、出雲大社、旧家を回ってから地元に帰り、町内巡行をして新年を祝う。

吉兆は、享保十六年（一七三一）の文書に「通り物」として初出する。文化五年（一八〇八）頃から「左吉兆」「吉兆」とも言われたが、今日では「吉兆」に定着している。

「吉兆」の先導をするのが「番内」で、厄年の男がなる。かつては猿田彦や鬼が務めていた。それがいつしか鬼だけが独り歩きするようになり、「番内」というようになって、今日のような姿になっていった。

ひときわ目立つ「番内」さんは、大きな鬼面をつけ、金襴の神楽衣装を着て、先の割れた青竹を持っている。吉兆神事の行列の先頭を行く「番内」さんの見事なスタイルを、吉兆館の展示で見ることができる。

㈡　吉兆館

大社町の吉兆館には、番内面や番内さんとその衣装・神楽人形・吉兆幡などがきらびやかに展示され、吉兆神事の信仰も含めてその全体を紹介している。

- 正月の民間神事に幾百年も継承されてきた吉兆幡。
- 吉兆神事とともに活動し、厄払いをする番内人形。
- 模型による吉兆行列風景。
- 無形民俗文化財、大土地神楽の人形。

大社町に今も息づく日本人の原風景として、吉兆さんにこめる大社町の人々の祈りや願いを詩情的に繰り広げ、人びとが忘れかけている心と出会う場を提供している。

以下、吉兆館の展示から番内面や番内さんとその衣装、吉兆幡・神楽人形などを紹介する。（泉房子撮影　平成13年6月3日）

吉兆館のスタンプ

①番内面　3面

吉兆館展示

②吉兆神事の行列の先頭を行く番内さん

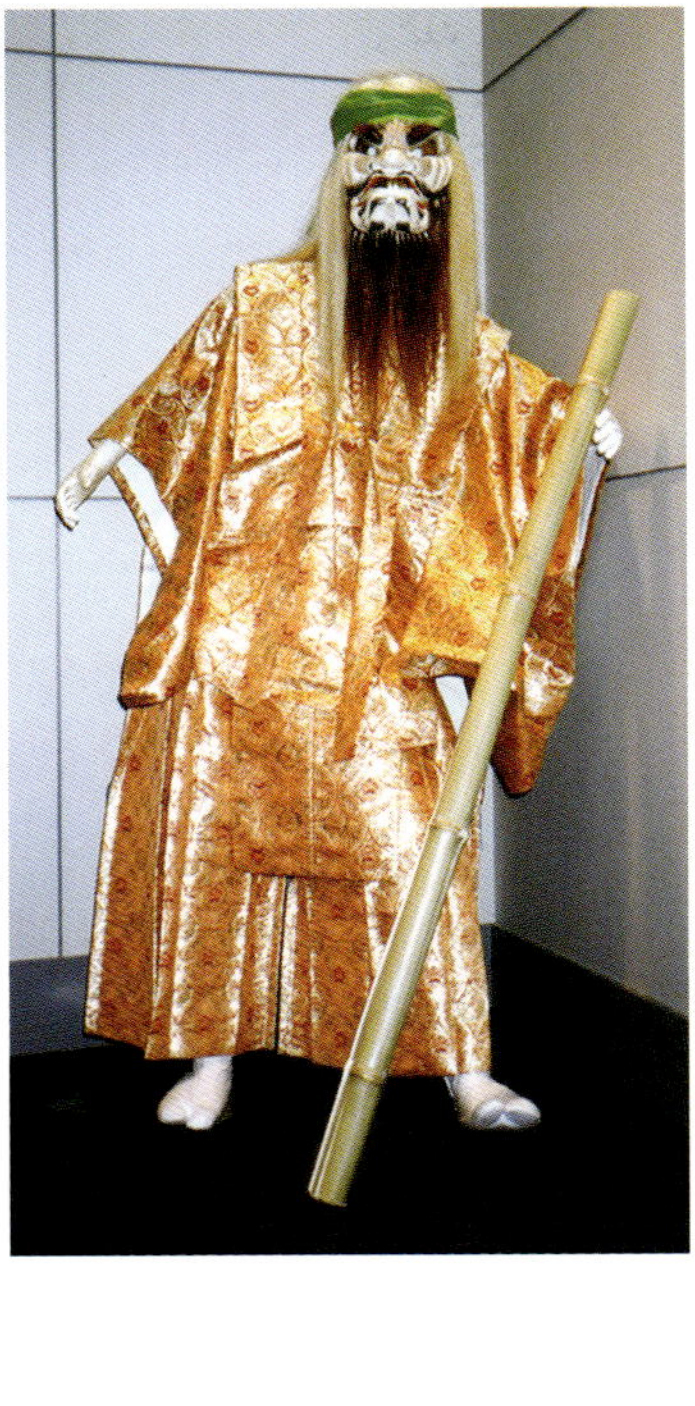

吉兆館展示

③番内さん

吉兆館展示

④吉兆神事における番内さんの衣装　2点

吉兆館展示

⑤神楽人形　たてみかづちの神

吉兆館展示

⑥吉兆神事（1月3日）の高さ6ｍの吉兆幡

吉兆館展示

大社町内に地区ごとに23本ある。

㈢ 吉兆幡について

吉兆さんは「歳徳神」と大きく縫い取りをした高さ一〇メートル・幅一メートル余りもある幡旗を立てて、各町内を練り歩く。吉兆幡の神名は、荒神・歳徳神が多い。歳徳神は正月の年神であり、荒神は出雲の古代神である。このことから、新年早々の祭り、また格別の賑わいの祭事には、年神と同時に荒神すなわち出雲の御祖を奉祭したと思われる。

次に「吉兆幡」を一覧する。

[吉兆幡一覧]

番付	地区名	神号等	寸法	材質	装備	製作年代	保管場所（所在地）
1	仮の宮	八大荒神	六〇一・〇×六〇・五（三三〇・〇×四〇・〇）	木綿・染抜	(上)注連 (下)宝珠 文字　墨書	旧箱に「天保三（一八三二）　生土御吉兆入」とあり。	仮の宮荒神社倉庫
2	〃	歳徳神	六三八・〇×九八・〇（四六九・〇×六二・〇）	緞子・黒ビロード	(上)注連 (下)宝珠 文字　金糸	明治初期	〃
3	中村	歳徳神　中村	六〇一・〇×九〇・〇（三七六・〇×五七・〇）	神紋織古金襴 黒ビロード	(上)注連・双竜 (柱)竜（下)双竜 文字　金糸	箱に「慶応二（一八六六）丙寅正月吉日」と「元治二（一八六五）乙丑正月吉日」の二種あり。	上中村倉庫
4	大土地	歳徳大御神 大土地町	六八三・〇×一三九・四（四五〇・〇×七一・〇）	緋ラシャ・黒ビロード	(上)注連・神紋 (下)竜（柱)竜 波・宝珠 文字　黒・緑　金糸 町名—金糸	明治二年（一八六九）巳十二月	手銭白三郎家土蔵

番付	地区名	神号等	寸法	材質	装備	製作年代	保管場所（所在地）
5	〃	歳徳神 大土地子供連中	二六四・〇×五一・〇（一八〇・四×二五・八）	緋・黒ラシャ	注連・神紋（上）鶴（下）亀（柱）宝尽	明治四十四年（一九一一）	〃
6	赤塚	歳徳神 赤塚村	五三九・〇×一一八・〇（三六六・〇×六一・八）	緋ラシャ・黒ビロード／一文字 茶ラシャ	（上）雲・竜（下）波・竜 文字 金糸	天保年間（一八三〇～四一）	出雲大社文庫
7	市場	歳徳神 市場町	六二四・〇×一三八・五（四〇九・〇×五七・四）	緋ラシャ・黒ビロード	神紋（上）鶴（柱）竜（下）亀 文字 白縮緬（裏）松竹梅	安政五年（一八五八）戊午年 新調 明治三十二年（一八九九）修復	前原荒神社倉庫
8	越峠	三宝大荒神	四四四・〇×六七・〇（二八七・五×四七・〇）	茶・緑地古金襴	文字 金糸	享和三年（一八〇三）癸亥六月吉日	越峠荒神社倉庫
9	〃	歳徳神 越峠町	五六二・五×九五・五（三五三・五×六四・五）	緋・黒ラシャ	（上）竜（柱）竜（下）波・竜 文字 金糸	文政三年（一八二〇）	〃
10	〃	歳徳神 越峠町	五八八・〇×一一三・五（三九一・〇×八二・五）	緋ラシャ・黒ビロード	注連（上・柱・下）竜 文字 金糸	昭和二年	〃
11	宮内	歳徳大御神 西御領分	四三五・〇×六七・〇（三〇四・〇×四六・四）	緋・黒ラシャ	（上）神紋・注連（下）宝袋・俵・鼠（柱）宝尽・鼠 文字 金糸	嘉永六年（一八五三）癸正月拵	出雲大社文庫
12	真名井	歳徳神 北御領分	五〇二・〇×一二三・〇（三四〇・〇×五七・〇）	赤綾織・黒ビロード	神紋・注連／（上・柱・下）竜 文字 黒・緑 金糸	箱に「嘉永三年（一八五〇）戊正月修 明治二四年辛卯」とあり。	真名井信徳館
13	修理免	歳徳神 修理免	四三一・〇×七一・〇（三〇九・〇×四九・五）	緋・黒ラシャ	（上）神紋・注連（下）袋・俵・鼠（柱）宝尽 文字 金糸	安政三（一八五三）丙辰	本郷公会堂
14	大鳥居	歳徳大荒神 大鳥居	四八〇・〇×七三・六（三七七・六×五四・〇）	麻	文字 紙張	旧箱に「安政四年（一八五七）丁巳」とあり。	大鳥居荒神社倉庫

15	〃	十二大荒神 大鳥居	六三九・二×九五・六（四三一・〇×五〇・八）	雲・竜紋金襴緞子	（上・柱・下）サヤ型竜 文字紙張	明治四十二年	〃
16	〃	歳徳神 大鳥居町	五四〇・〇×九六・六（三四四・〇×五五・三）	赤ラシャ・黒ビロード	（上・柱）雲・竜（柱下）竹・竜 文字 金糸	昭和六年	〃
17	馬場	歳徳神 馬場区	五七五・〇×九五・〇（四一〇・〇×六三・五）	緞子・ビロード	神紋（上・下）竜 文字 金糸	昭和七年	馬場大組倉庫
18	原	歳徳神 原町	五五三・〇×九〇・〇（三八〇・〇×五九・〇）	緋ラシャ・ビロード	神紋（上・下）竜 文字 金糸	箱に「旧馬場組 慶応元（一八六五）乙丑十月吉辰造之」とあり。	原町会館
19	下原	歳徳神 下原区	一八七・〇×四一・五（一一一・〇×三五・三）	赤ラシャ・黒ビロード	（上）鶴（下）亀（柱）松・竹・梅 文字 金糸	大正十五年一月吉日	正門西町内倉庫
20	日御碕	歳徳神	五四六・四×七六・〇（三七一・八×六三・六）	黒繻子・桜・菊・鳥 紋は朱地金襴	注連（縮緬）文字 白縮緬	明治三十二年（一八九九）	日御碕神社禊所
21	〃	歳徳神	四九五・〇×七〇・七（三六三・一×六六・七）	紺地金襴・菊紋金襴	注連（縮緬）文字 白縮緬	明治三十二年（一八九九）亥正月	〃
22	（市場）藤間家	歳徳大御神 藤間姓	五一九・〇×七六・〇（三三四・〇×五三・二）	緞子・黒ビロード	（上）注連（一文字）家紋 文字 白縮緬	安政年中（一八五四〜六〇）	杵築南一〇四八番地 藤間 亨
23	〃	佐香大明神	五一三・八×七四・六（三二七・〇×五一・〇）	緋ラシャ・黒ビロード	（上）注連（一文字）家紋 文字 白縮緬	元治元年（一八六四）甲子九月十五日新調 松尾社吉兆工夫人 平田町十助	〃

附原図

中村	五七七・〇×九五・〇		美濃紙	出雲大社の神紋と竜		上中村倉庫

十二大荒神
（大鳥居）

三宝大荒神
（越峠）

歳徳神
（日御碕）

歳徳神
（下原）

歳徳神
（赤塚）

歳徳神
（大土地）

（参考資料：「大社町史　史料編」民俗・考古資料）

七、隠岐の神楽

所在地　島根県隠岐郡隠岐の島

㈠「社家」神楽

隠岐の島には、行くのは飛行機で日本海の上を飛び、帰りはフェリーで洋上での快適な旅であった。

一般に神楽を舞う機会は、神社の祭礼の場合に奉納するが、隠岐の島では各種の共同祈願の場合が多く、個人的な祈禱のために行われることも少なくなかった。

島前・島後を合わせて四つの島からなる隠岐の島には、五つの神楽組がある。藩政時代には神楽を司る家が、島前に五家、島後には十三家あった。これらの家はみな「社家《しゃけ》」と呼ばれ、それぞれ神楽を舞うことを業としていた。当時はこれら以外には、神楽を舞うことは許されていなかった。明治になるとこの制度が廃止され、その結果今日では西郷町大字原田の村上家だけが残っているという。とにかく特徴的なのは隠岐の神楽は「社家神楽」であることである。

この「社家」ということばは、普通「神職家」の意味に解されているが、隠岐の島では意味合いを異にしている。ここでは、「神楽を司る家」のことであり、神社に専属してその神社の祭祀や管理等にたずさわる「神職家」ではなく、祭礼の場合などで神楽を司ることだけを職に

隠岐の調査に向かう（平成６年10月４～７日）。行きは出雲空港より隠岐空港へ。帰りは超大型フェリー「おきじ」で。

している家である。隠岐の神楽はこの社家といわれる特定の家に限って相伝されるしきたりで「社家神楽」といわれている。通常の神主家は、社家とは呼ばれていない。

隠岐の神楽については、まずその保持者のことから知っておかねばならない。出雲でも石見でも神楽の保持者はもともと各社の神職・社人であった。ところが隠岐ではそうでなく、これとは別の社家といわれる特別の家筋の人たちだったのである。

社家という言葉は、通常には神主家を意味するが、隠岐ではそうでなく、一社に専属しない神楽・祈禱専掌の家の称になっていた。そういう家が近世には島前に五家、島後周吉《すき》郡に七家、穏地《おち》郡に六家あって、それぞれ担当地区を明らかにし、ふだんはその地区内の民家の依頼に応えて湯立・釜祓その他の祈禱に従事し、また地区内の神社の祭典にも参向して奏楽を担当する。

そして特に大規模な祈禱、たとえば地域をあげての大漁祈願とか雨乞祈願、あるいは個人的なことであっても開運祈願とか病気平癒祈願というような依頼があるときには、島前では五社家が、島後周吉郡では七社家が、穏地郡では六社家がそれぞれ総出でこれにあたるというふうであった。その場合にはそのグループごとに序列のきまりがあって、首座を幣頭《へいとう》、次座を傍頭《ぼうとう》あるいは幣老《へいろう》、他を平《ひら》社家とし、万事は幣頭が差配してすすめるというふうにした。そういう機構のもとにここでは地区をあげての祈禱や、また個人的な祈禱が当時は年中何回となく行われていたのである。

ではそういう場合に行われる祈禱の方式とはどういうものであったかというと、これがすなわち神楽であった。つまり、ここでは神楽をするということが祈禱であり、祈禱をするためには大なり小なり神楽をしなければならないことになっていた。だからここでは、神楽というものが神社の祭りのためにあるのではなく、祭りのためにもしないことはないが、それはむしろ略式であって、本式には祈禱のためにあり、そのために発達したのが隠岐神社であったということになるわけである。

(二) 島後原田神楽（島根県隠岐郡隠岐の島町原田）

古来の社家神楽である。昭和三十七年六月十二日、島根県指定の無形民俗文化財になっている。神楽面は現在、二十面残っており、古いものでは中世末頃の作もあるという。

村上家所蔵の神楽面で、資料館に展示してあり、解説に「隠岐の神楽は社家神楽と呼ばれ神楽を舞うことを本業とした　社家に限って舞うしきたりでした。明治になって、そういう事もなくなりましたが、原田神楽はこうした伝統を守っている社家神楽の一つです」と提示され

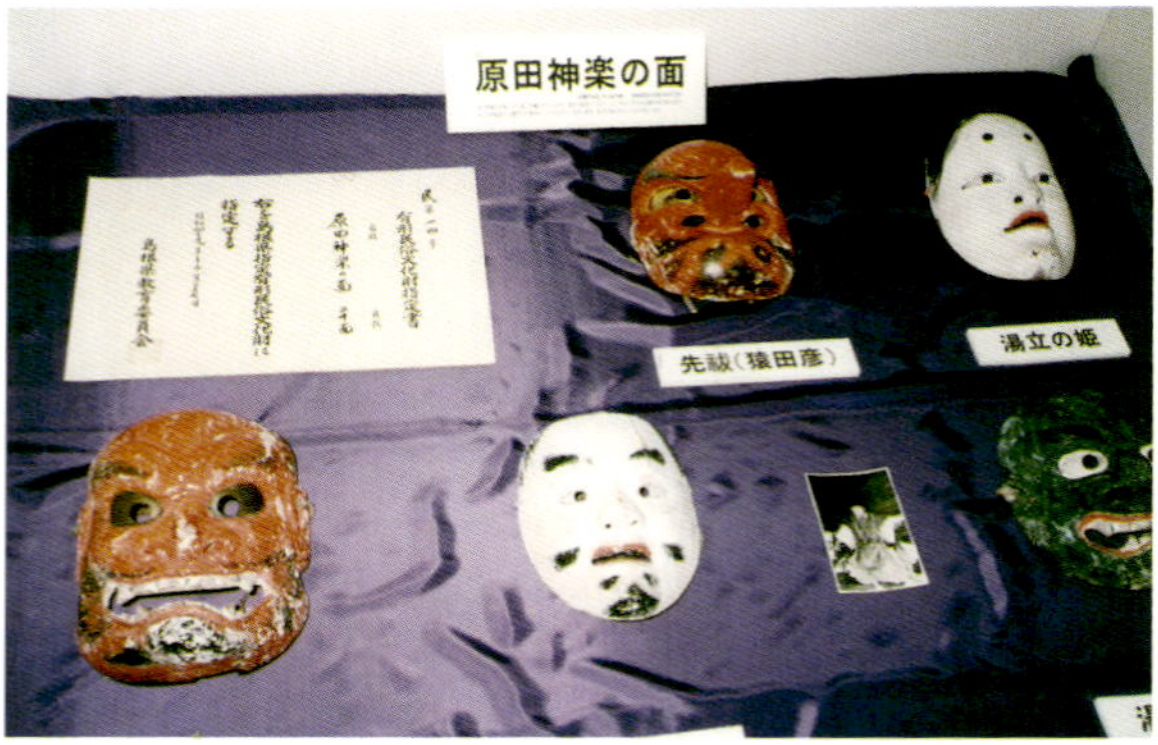

島後原田神楽の面（資料館にて）（泉房子撮影　平成６年10月５日）

ていた。近年は実施が困難となり、休止の状況が続いている。

私が隠岐の島を訪ねたのは、平成六年十月四日だった。神楽面をつぶさに拝観したいと思って訪ねたが、神楽面十八面は資料館に展示中であったため、近くに置いて計測等はできず残念だったが、全体像は把握することができた。しかし運よく郷土芸能祭が大大的に行われて、特に「蓮華会舞」を見る機会に恵まれたことは幸運であった。

島後原田神楽の詳しい解説として、石塚尊俊著『山陰の民俗芸能』から「島後原田神楽」を紹介する。（島根県文化財愛護協会発行　平成16年）

〔機会〕島内各神社の例祭で舞うほか、神社の新築・病気の願立・雨乞・豊年の祈願などに舞う。

〔保持者〕島後原田神楽保存会

〔演目〕雨乞や大漁、豊年祈願、病気平癒祈願の時に行う神楽を「御注連《おしめ》神楽」といい、通常の例祭のときに行う神楽はこれを「儀式三番八乙女神楽」という。前者は後者に比べて演目が多く、時間的にも長い。御注連神楽は大きく言って前座・儀式三番・式外能（入れ舞とも）・注連行事の四部から成り、それに岩戸・切部をはさむ。前座は寄せ楽・神戸舞・盃・祓式・入申・意趣舞・花舞・四方堅の八段、儀式三番は先払・湯立・随神（弓八幡とも）の三段で、つぎに岩戸をはさみ、続いて式外能が鹿島・愛宕・荒神・天神の四段でつぎに切部をはさみ、最後に注連行事として御戸開・祝詞・御神酒供・玉蓋・御神託の五段を舞う。儀式三番八乙女神楽はこのうち「岩戸」がないこと、玉蓋をつらないで舞うこと、御戸開きの時間が御注連神楽では朝神楽に行うのに対し、宵に行うことなどが異なる。

〔衣装〕狩衣・烏帽子・裃・千早・襷・大口・赭熊・天冠・紋付・角帯・白布など

〔採物〕四手・中啓・鈴・御幣・剣・弓矢・刀・榊など

〔特徴〕島前神楽と共通した面もあるが、異なった面も少なくない。例えば神楽はいわゆる祭り神楽としてより、むしろ祈禱神楽として大きく発達しており、現在では必ずしもそうではないが、土地の氏神祭で舞うことよりも、むしろ個人の病気平癒祈願や雨乞・大漁祈願などで舞うことを主としていたことなど島前神楽と共通している。また神楽を舞う範囲が一間四方という狭い範囲であることも共通し、原田神楽では二畳分の敷板を用いて、常時携行してその上で舞う。また社家神楽の伝統を継ぎ、旧社家の村上氏が保持者の中心に立っている点も、島前神楽と同様に隠岐神楽の伝統を守るものである。また「岩戸」と「切部」のあいだに挿む演劇風の舞いを、別に「入れ舞」と称し、いわば軽視していることや、演劇舞としては未完成のものである点なども、本土の神楽とは大きく異なっている。しかし一方で、原田神楽では所作・楽ともに緩やかであり、島前神楽とは全く違うといってよい。またその衣装も島前神楽に比べると古風で素朴である。

〔沿革〕詳細は未詳だが、近世以降島後には十三の社家があり、うち旧周吉郡七社家により相伝されていた社家神楽を、明治以降の神社制度の改正により、旧社家村上氏の一族が受け継ぎ、社家の伝統を守り今日に至っている。

㈢　島後原田神楽の神楽面　18面（展示中の撮影のため、計測不可）（泉房子撮影　平成6年10月5日）

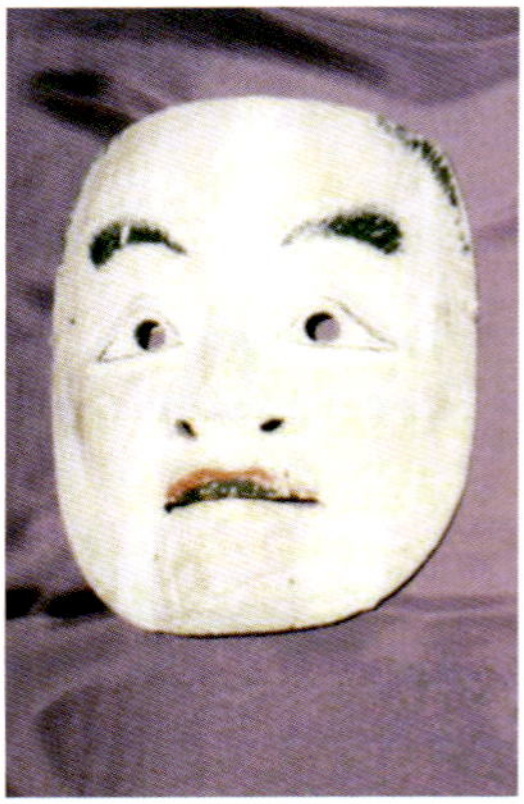

①鹿島の神

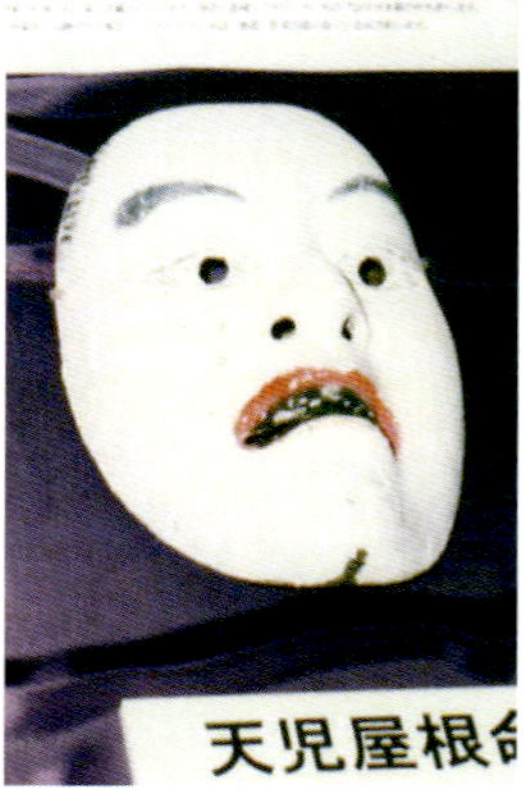

②天児屋根命

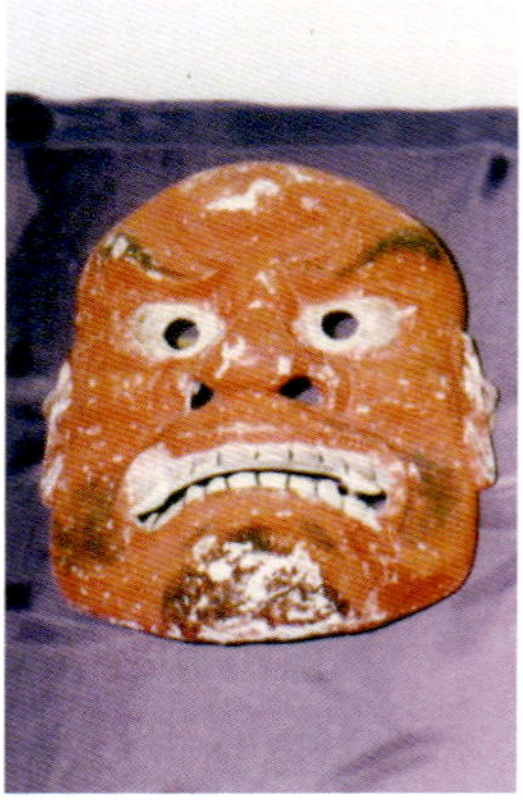

③手力男命

④はらいた

⑤随　神

⑥随神の鬼

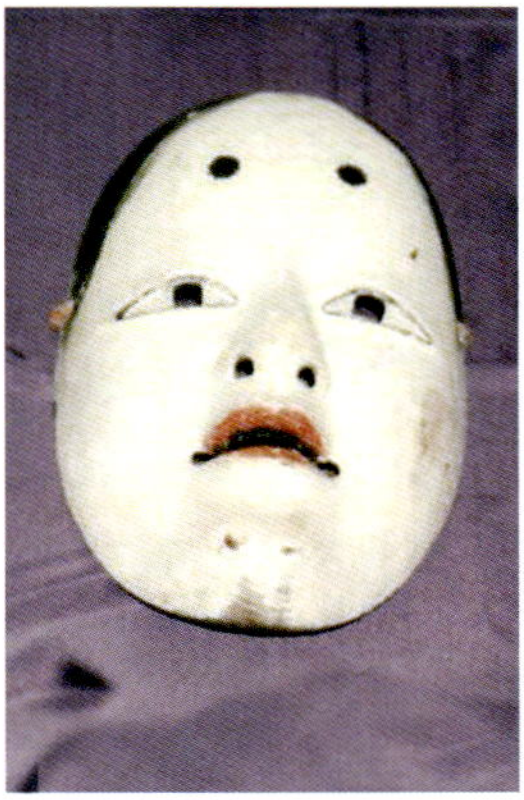
⑦湯楯の姫

⑧湯楯の鬼

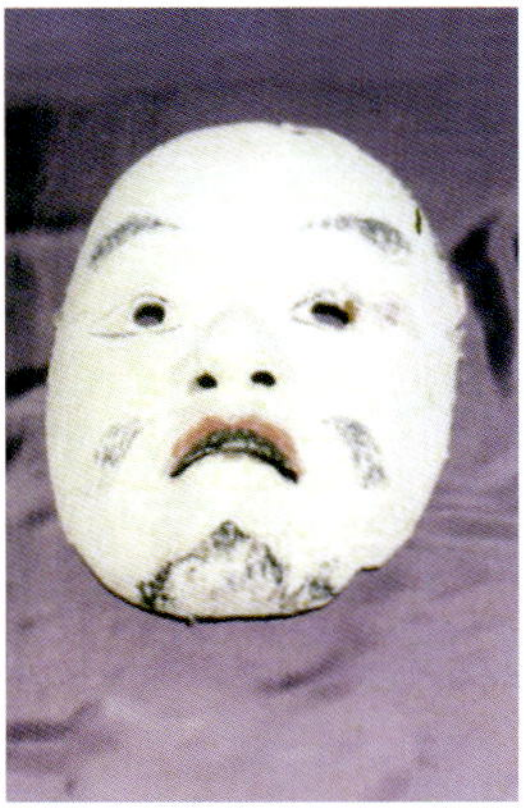
⑨天　神

⑩松王丸

⑪愛宕の鬼

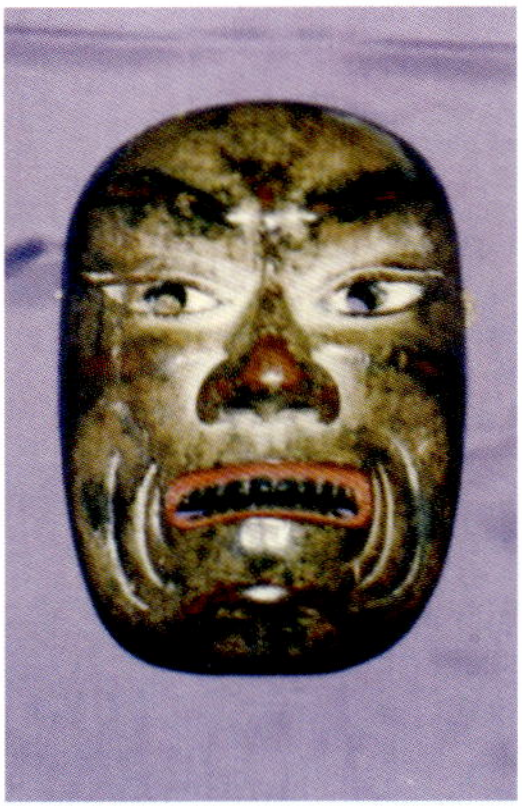
⑫子守荒神の爺

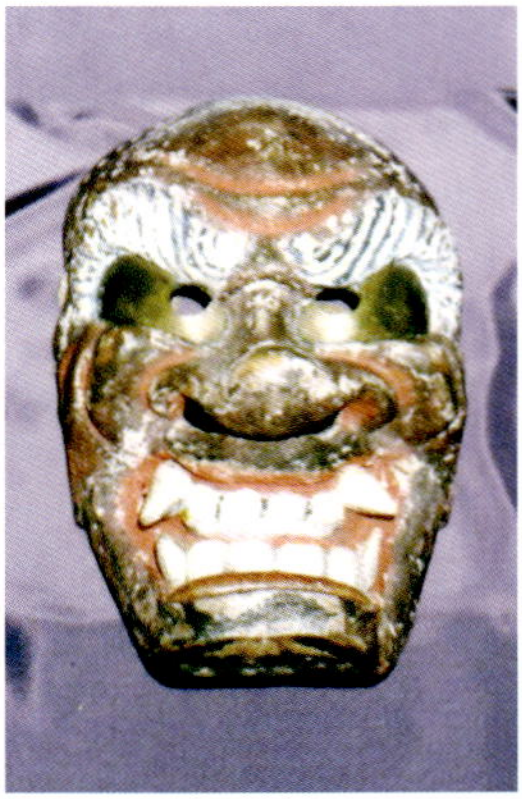
⑬鹿島の鬼

⑭天鈿女命

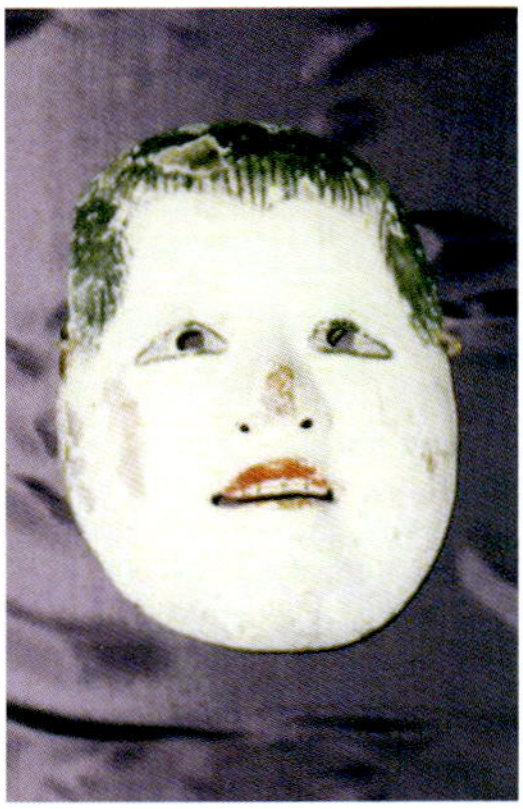
⑮子守荒神の子

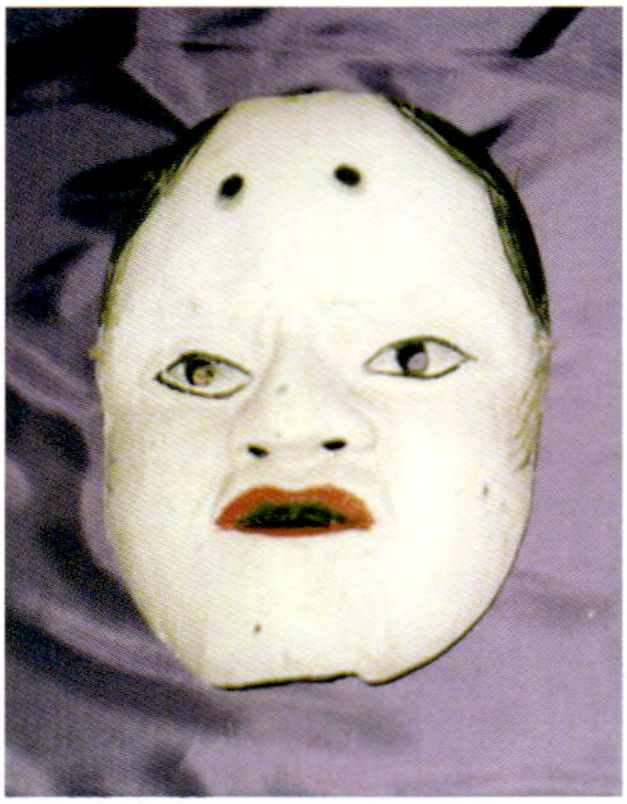

⑯子守荒神の婆

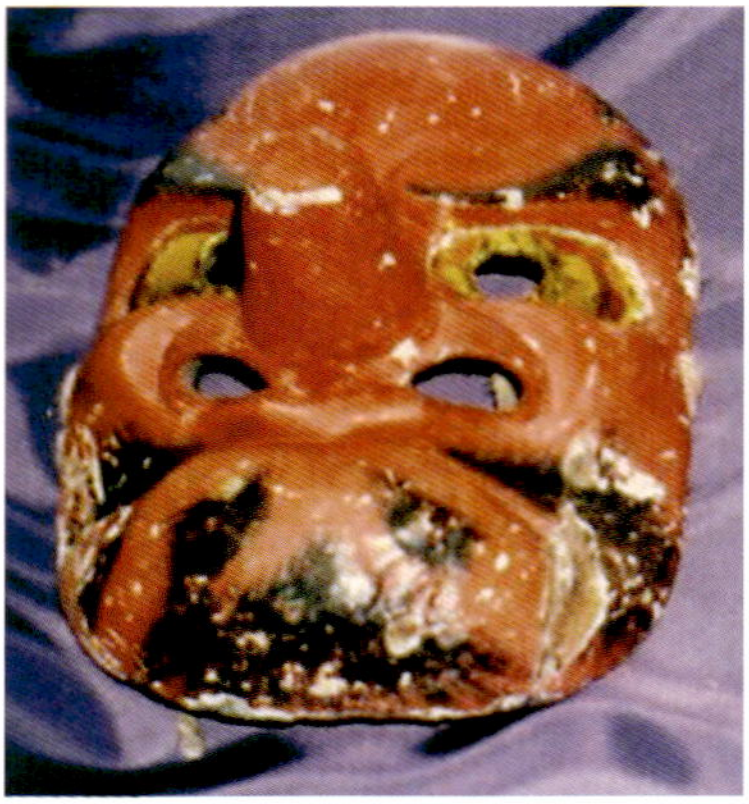

⑰先祓（猿田彦）

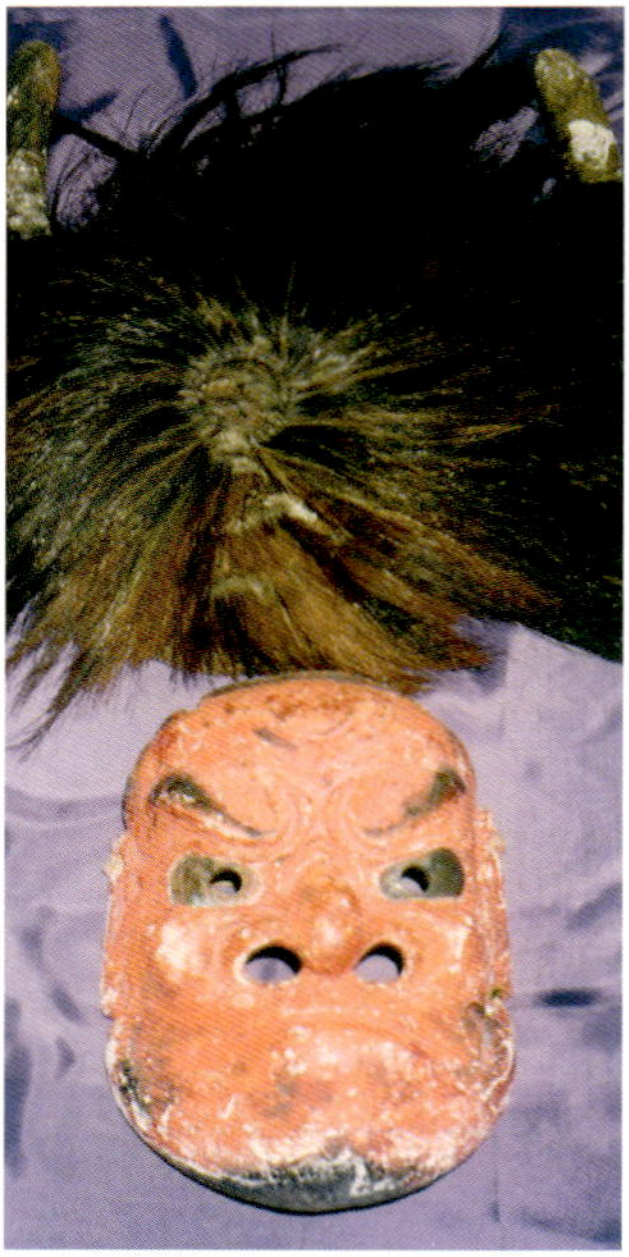

⑱切　部

八、隠岐国分寺蓮華会舞《れんげえまい》

所在地　隠岐郡隠岐の島町池田字風呂前国分寺
演舞の機会　毎年四月二十一日に奉納
指　定　国指定重要無形民俗文化財
昭和五十二年五月十七日

(一)　七種の舞

蓮華会舞は、西郷町池田の真言宗の古刹禅尾山国分寺に伝来し、毎年四月二十一日の御影供《みえいく》の時に公開される。御影供とは、真言宗の宗祖空海の忌日に行われる法会のことである。空海没後七十五年の延喜十年（九一〇）三月二十一日、京都の東寺において始められた。

山陰地方では、麦節供の六月十五日のことを「蓮華の日」と言っていたようである。蓮華会舞は、古くは「蓮華の日」の頃の法会の時に舞われていたものが、いつの頃からか御影供の日に舞われるようになったようである。

現在は本堂の前に広さ二間半四方、高さ四尺ほどの仮設舞台を作って、舞が公開される。蓮華会舞の前に僧侶や演舞者が本堂から舞台へ進み、舞台下を三周する。これを行道という。この後で舞が行われる。舞の種類も古くは数多くあったようであるが、現在は次の七曲が受け継がれている。

〈眠り仏〉菩薩面をつけた子ども二人と獅子一頭の舞、滑稽な無言仮面劇のような舞である。

〈獅子舞〉獅子頭に布製の胴体部をつけた用具の中に二人が入って舞う。眠り仏が退いてから登場する。

〈太平楽〉腰に刀を差し、顔には紅、白粉を塗った子ども四人の舞。舞、調子共に雅楽に通じるものがある。

〈麦焼き舞〉還城楽ともいう。翁面をつけた一人の舞。麦作の様子を表現しており、農耕儀礼を風流化したものと思われる。

〈山神貴徳〉二人舞。山神は右手に、貴徳は左手に鉾を持って、二人が左右逆な踊り方をするのが特徴的である。

〈竜王〉しらけ舞ともいう。一人舞。頭上に竜のついた面、踊り等、異国的なものを感じさせる。

〈仏舞〉白手拭いの上に菩薩面をつけた二人の舞。ゆったりとした優雅な舞である。


奈良〜平安時代にかけて、日本には中国・朝鮮・インド等東洋諸地域から多くの音楽が伝来し、宮廷を経て日本各地に広がり、寺社芸能や民俗芸能として受け継がれた。蓮華舞もこのような芸能の一つであろうが、「麦焼き」「眠り仏」など、独特のものがある。長い年月をかけて、隠岐という離島の風土の中で育てられた、独特の趣のある舞である。

曲目の名からみると、山神貴徳・竜王・太平楽などからその源流を舞楽に発しているのではないかと思われる。特に竜王面は舞楽の蘭陵王を踏襲する切顎である。

眠り仏

郷土芸能祭（西郷町町民体育館にて）
（泉房子撮影 平成６年10月５日）

麦焼き舞（還城楽）

麦焼きの面
（桃山時代の作　島根県有形民俗文化財）

右上／隠岐国分寺 蓮華会舞（竜王之舞）
（国指定重要無形民俗文化財）
右下／竜王の面
（桃山時代の作　島根県有形民俗文化財）
左上／竜王の面 隠岐国分寺所蔵
（島根県指定有形民俗文化財）

仏 舞

仏舞古面
（推定 14 世紀頃の作　国指定重要有形民俗文化財）

㈡　蓮華会舞の面

1　眠り仏　一対

唐美人といわれる下ぶくれの頬をしている。彫りは浅いが面奥が深く、立体感が感じられる。「眠り仏」の名の如く、眠は薄く開かれている。推定制作年代は、十二世紀頃。

2　麦焼き

「還城楽の翁面」ともいう。肉取りが優れていて、額・顎の皺の彫りに美しい流れがある。推定年代十五世紀頃。

3 竜王の舞

舞楽面「蘭陵王」を模したもの。巨鼻・巨眼の突出目で、頭上に竜をのせている。切顎。制作年代は十六～十七世紀。

4 仏舞　一対

日本人的な丸顔で、彫りは少し深く、写実的に作られていて、立体感がある。制作年代は十四世紀頃。

（参考文献：「隠岐の文化財第2号」（昭和60年発行　隠岐島前教育委員会、隠岐島後教育委員会）

【謝辞】

島根県大社町の大土地神楽をはじめとして、鵜峠神楽・鷺浦のシャギリ面、仮の宮神楽等の調査に当たっては、故勝部正郊氏（山陰民俗学会会長）他、大社町の教育委員会のご指導をいただいた。また隠岐島の調査に関しても、前記勝部正郊氏および教育委員会・谷口義治館長様のご配慮をいただいた。ここに心からお礼申し上げます。

第三章　岡山県・備中神楽

一、備中神楽

所在地　岡山県高梁市（成羽町・備中町など）西部一帯に広がる神楽の総称
時　期　十一月ごろから二月ごろまでの間
指　定　国指定無形民俗文化財　昭和五十四年二月三日

㈠　神楽社と神楽太夫

岡山県西部一帯に伝わる神楽を総称して、備中神楽という。氏神の大祭や産土《うぶすな》荒神の式年祭などに奉納される。

備中神楽は、神楽太夫と呼ばれる専門の神楽師によって演じられる。岡山県神社庁登録の神楽大夫は三百人を超え、神楽社は二十を超えるという。神楽熱の高さを示している。北山社の神楽がほとんどである。

大国主命の「国譲り」や須佐之男命の「大蛇退治」などの演目が有名である。他に「岩戸開き」「猿田彦舞」「吉備津」「五行」などが、神楽社の人々で奉納される。一社六人で構成される。備中神楽は五人以下では成り立たず、七人以上は多いとされている。

江戸時代、成羽町（現高梁市）出身の国学者「栗林国橋」の創案により、能・狂言・歌舞伎の所作を基に当時の江戸文化を背景とし、民衆に親しまれる神楽が完成し伝統芸能となった。

神楽は江戸時代までは、それぞれの神社の社家（神職）が演じる「社家神楽」であった。しかし明治の初め、明治政府の神仏分離と廃仏毀釈、併せて神社の国家神道化によって、神職による社家神楽は廃絶した。その一方で氏子たちに神楽が伝授されていく。民衆の手に渡った神楽は、次第に隆盛に向かい、各地に神楽社が設立され、今日の「備中神楽」に引き継がれる。

神楽舞も高度の所作が要求され、相当の熟練が要求される。舞の基本は、頭の動かし方、扇子や御幣の使い方、腰を一定に下げ中腰で舞う。頭から足の先まで決まりの型がある。

神楽衣装は、神事舞には神職の式服を用いるが、古代衣装などは求めがたく、江戸時代に使用しなくなった陣羽織や日本刀を取りいれるなど工夫を凝らしている。大別すると、千早《ちはや》・狩衣《かりぎぬ》・陣羽織・鎧《よろい》・袴《はかま》が基本的な衣装である。

神楽面は、面打ち師が一面一面手作りする。動きやすく軽くするため、桐材を使用している。面の数は、ふつう一社で二十数面を有している。現在使用されている面の大半はカラー塗料を塗り、ラッカーで上塗りしたものである。大胆でカラフル、個性的なものが多い。

採り物は神の「依り代」であり、紙と竹で作る。毎回新しいものに作りかえる。使った「御幣」は神のおかげがあるとして、希望者が持ち帰る。

(二)「荒神神楽」

備中神楽は元来、集落で荒神を勧請して行う行事である。荒神の御魂をやわらげ、五穀豊穣を祈り、家内安全を願う。古くは神殿《こうどの》を田中に設けて、大々的に行ったが、近年は民家の一部屋をあてる場合が多い。

神楽の行われる日は夕暮れ近くになると、神主と当夜の人及び集落で主だった人々が、荒神社ら神楽殿（神殿）に御魂を移す。御魂移しの行列には、先頭を太鼓がゆく。その打つ音が村人たちに神楽の開始を告げる。

備中神楽は、このように荒神を勧請して行うので、一名「荒神神楽」ともいうが、荒神は最初は同族神として祀られ、次第に集落単位程度の地縁社会の民間信仰に広がっていった。氏神のような大きな社殿には祀られていないが、最も身近な神の一つである。荒神は三宝荒神の略称で、元来は竈《かまど》の神様である。

三 備中神楽の演目

神楽を舞う舞台は、後方に幕を張り、この幕の前にもう一つ小幕を張って、そこを出入りの所作に使用する。

演目は、それぞれの集落によって若干違いはあるが、大体次のとおりである。

修祓い、指紙の舞、榊舞、動座加治、鎮座加治、御祓い、祝詞奏上、導きの舞、猿田彦の舞、神能（天岩戸開き、国譲り、八重垣、吉津津舞、三韓、五行神楽）、剣舞、布舞、蛇舞、託宣、退下祝詞、神送り、当開き。

神楽の中段は、誕生神話に基づく「神代神楽」である。江戸末期の国学者栗林国橋によって、「天岩戸開段」「大国主命の国譲の段」「須佐之男命の大蛇退治の段」の三部作にまとめられた。演劇形態として極めてうまい脚色がされた。現在ではこの三段が大衆に人気があり、簡単に行

備中神楽「大蛇退治」
（神楽民俗伝承館展示写真）
（泉房子撮影
平成12年7月10日）

う神楽ではこの神代神楽に重きがおかれている。

神楽の前段は神事で舞台を清める「榊の舞」、神々の先導をつとめる「猿田彦の舞」などである。

「猿田彦」の舞は、二人あるいは四人で舞う。猿田彦の面、赤熊、黒の筒袖の上に白千早を着て、さらに赤の胸当てをし、裁着《たっつけ》をはいて刀をさす。両手に扇子を持って現れ、やがて刀を抜く。「ミサキありや」「ミサキなし」などの問答があって、薙刀に換え、最後に扇子を開いて舞いおさめる。見るからに勇壮で、極めて見ごたえのある舞である。

次に「天の岩戸」「国譲り」「八重垣」について概要を記す。

○天の岩戸 —— 天児屋根命と太玉命が烏帽子・舞衣の上に陣羽織を着、扇子と白幣とを持って現れ、名乗りをあげて正面に並んで座る。思兼命が同様の装束で幣と扇を持って現れ、ひとしきり舞って太玉命と問答、天鈿女命が舞衣の上に白千早をまとい、扇と鈴を持って現れ、お神楽を奏する。手力男命が陣羽織で幣と扇を持って現れ、名乗り、岩戸が開くと天照大神が出現、一同平伏。

○国譲り —— 武甕槌《たけみかづち》、経津主《ふつぬし》の両神がつれ舞いで稲掛けの浜に着いた熊、大国主命の大黒舞、両神神問答、事代主命の鯛酌りの舞、武経両神が鎧をまとって現れると、そこへ武御名方神が同じ姿で現れて渡り合い、ついに降伏。

○八重垣——素戔嗚尊の一人舞。翁、媼が出て尊と問答、稲田姫の一人舞、尊が出て姫とのつれ舞、酒つくりの所作があって大蛇が出現、尊がこれを退治する。

「五行神楽」は、太郎・次郎・三郎・四郎と五郎王子との問答を主とし、春夏秋冬のうち土用十八日ずつを五郎にあたえておさめるという舞。

「蛇舞」は藁蛇《わらへび》による託宣行事。

二、美星町備中神楽を訪ねる

美星町（現井原市）は岡山県の西南部に位置する、吉備《きび》高原にひらけた町である。標高五〇五メートルの龍王山を中心に、二十八の集落が起伏のゆるやかな台地に点在している。岡山市や倉敷市など、岡山県中枢都市への通勤圏内でもある。

美星町はその名のとおり、星の美しい町である。立派な「美星天文台」もあり、広く活用されている。その他美星町ならではの多彩なイベントも多い。その昔ひとすじの流星がこの村に近づき、空中で三つに分かれて落ちた。これを神さまの使いと信じてそこに神社を建てたという「星の郷」伝説も伝えられている。

こんな星の輝く美星町なのに、私が訪ねた神楽の夜は、すさまじいほどのどしゃぶりであった。神楽は仮設された神殿《こうどの》で催され、神事や「猿田彦舞」を終えた頃までは雨に見舞われなかったが、次第に雨あしが強くなり中止せざるを得なかった。

私は雨にぬれながらしばらく雨宿りしたが、止む気配はなく、神楽は本殿の神殿で再開された。仮設の神殿から移動した観客で超満員となり、私ははじめ正座した足をくずすスペースもなく、長時間正座しっぱなしで過ごした。足の痛さが、今も忘れられない。

美星備中神楽（泉房子撮影 平成12年7月10日）

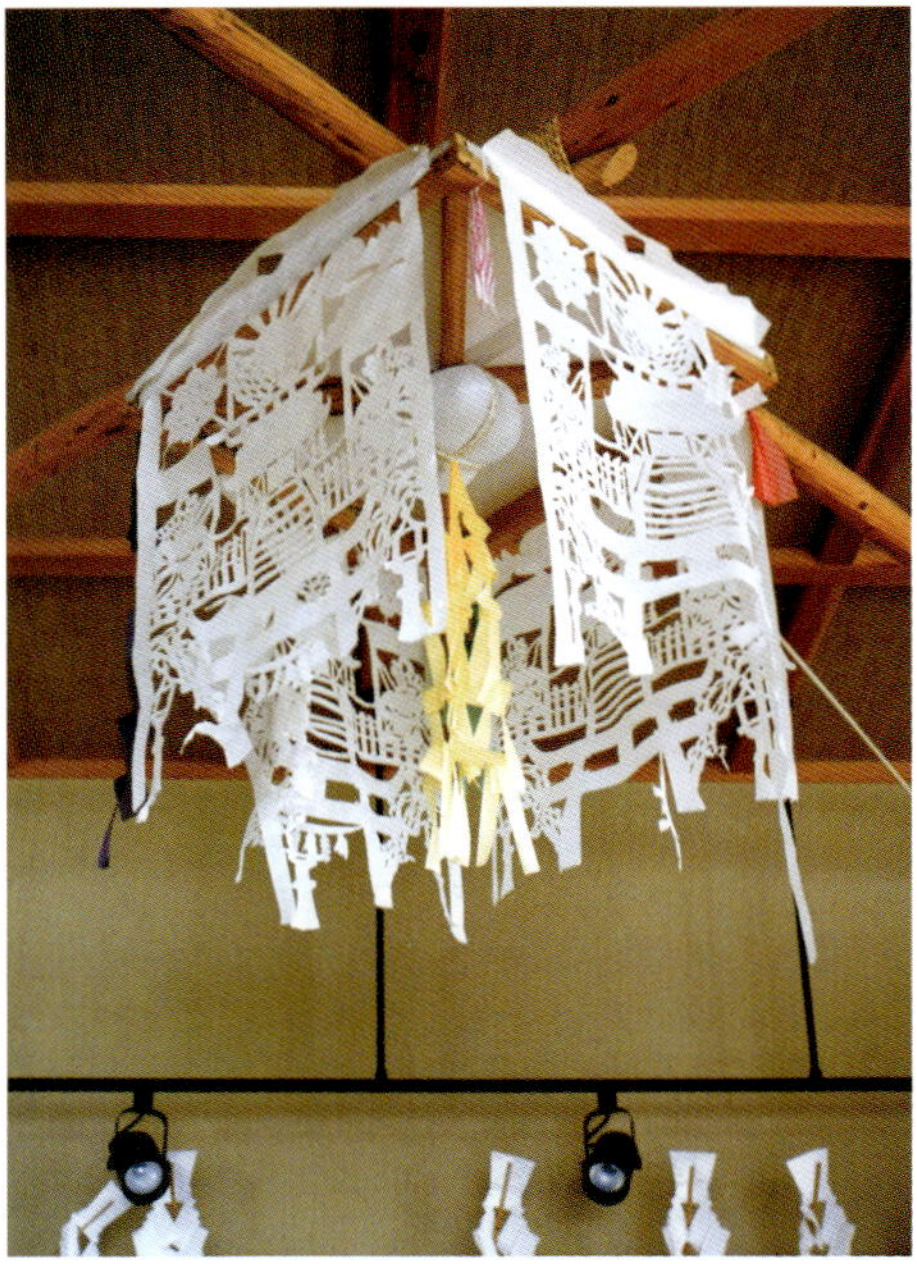

神殿に吊るされた白蓋《びゃっかい》

神主によって切紙されたものを木の枠につけて網で天井に吊り上げてある。切紙細工としても立派な作品で一枚の紙に朝日の昇る姿や神社本殿・鳥居など、上から順に配して切られ、色彩をほどこしている。

絵馬（三村信介作）重要無形民俗文化財　備中神楽

右から
天太玉《あめのふとたま》の命
思兼の命
天鈿女の命
手力男の命
天児屋根の命

平成10年９月５日(土)
案内板　入場料500円

神楽衣装陣羽織（展示中）

備中神楽衣装

高千穂神楽など宮崎県内の神楽に比べると、神殿で一度に舞う神々の数が多く、動きも活発で所作も大きい。演劇性が高く、娯楽的要素が強い神楽だと思う。特に驚いたのは、「猿田彦舞」である。宮崎県内の神楽では猿田彦は、「道行き」の先導役で一人。先頭に立って神楽宿に案内する神幸役である。そして神話の世界へと導く役割の「彦舞」が最初に舞われる。もちろん静かな一人舞である。備中神楽では、「猿田彦舞」と呼ぶれっきとした派手な舞があり、「岩戸開き」「大蛇退治」と同列の神楽として、位置づけられている。

赤の鎧《よろい》に鼻高面、白のシャグマ(頭髪)をかぶり、裁《た》っ着け袴をはき腰に刀を差している。両手に扇子を持って、軽快に舞う。通常二人で舞うが、四人のこともあるという。恰好《かっこう》よく威勢よく、神殿に舞い出す。私は予想もしなかったこの派手な舞に驚き、カメラのシャッターさえ押し忘れた始末である。刀を抜いて、剣の舞になり真剣をもって東西南北に追い払う。

現在の広義でいう神話劇は、文化・文政時代(江戸時代後期)、備中神楽の中興の祖といわれる国学者栗林国橋によって編じられたとされる。すでに中世期に荒神のまつりに行われていたはずであるが、その後出雲の佐陀神社のものを参考にしたといわれる。今は専門の神楽団が組織され、より芸能化している。

「猿田彦舞」に次いでちょっと驚いたのは、神楽を見るのに入場料がいることであった。入口の看板にもその旨「入場料五〇〇円」と明記してある。宮崎県内の場合、入場料をとる所はないが、焼酎二本を奉納したり、三千円程度を受付で奉納したりする。もっとも、ただで見物する衆も大勢いる。

次に大切に保存されている神楽面を紹介したい。展示されている神楽面もあるが、他の面は袋に入れてあり、そのつど出し入れする。傷んでいる面は少なく、殆ど無傷で美しい。神楽民俗伝承館に展示されている資料として、神楽衣装や「大蛇退治」の模型などを先述したが、次のように高千穂神楽・出雲神楽・石見神楽の「神楽面」の比較も掲示されている。

神楽民俗伝承館（泉房子撮影 平成12年7月10日）

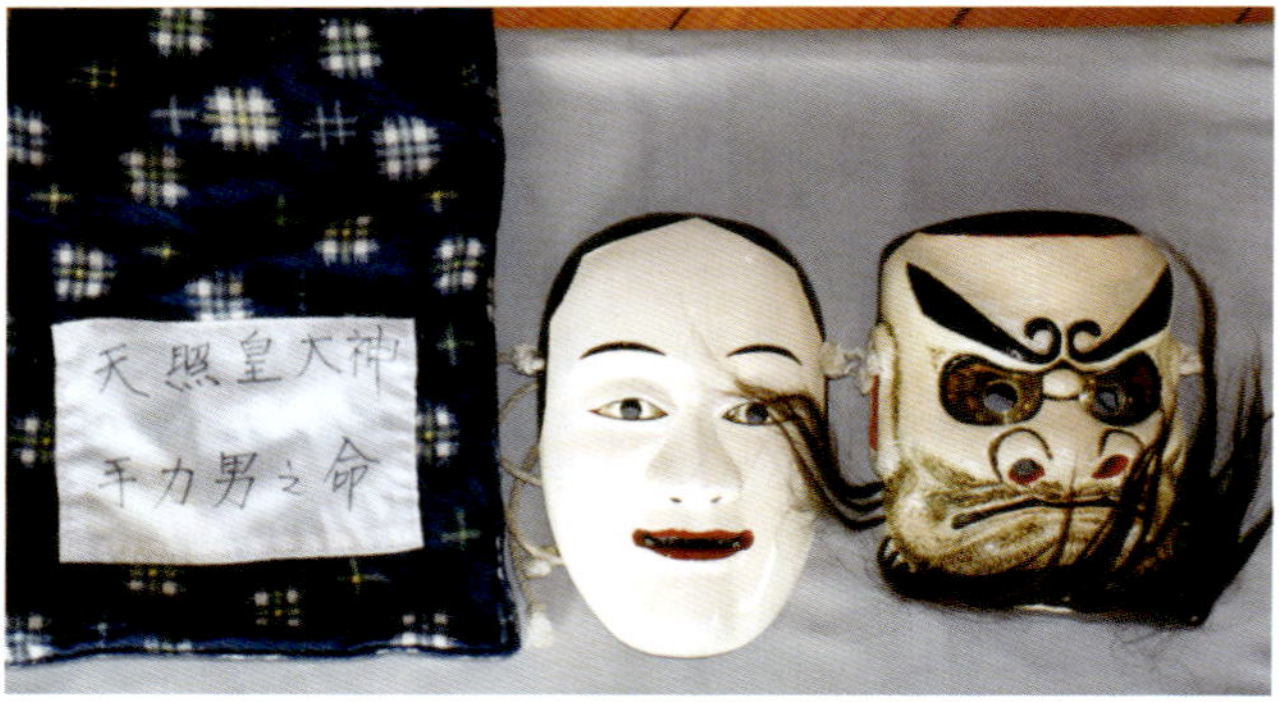

「岩戸開き」に用いられる神楽面
手力男命と天照大御神。その面を入れて保管する袋

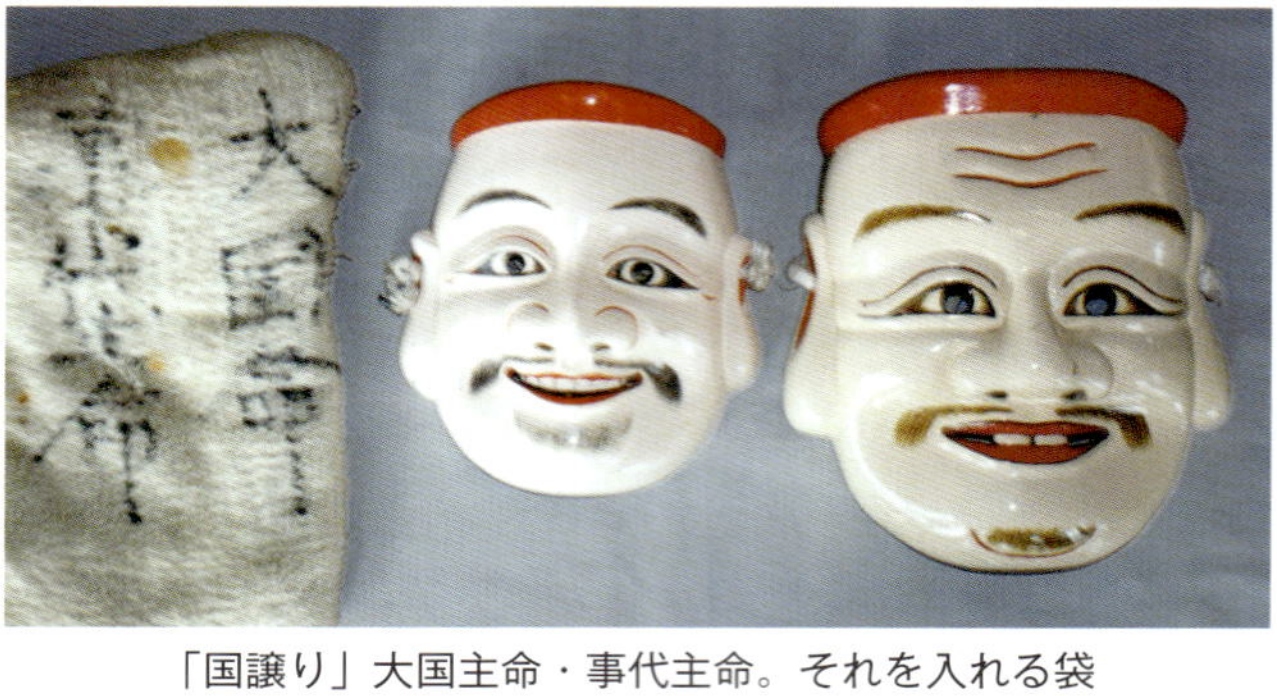
「国譲り」大国主命・事代主命。それを入れる袋

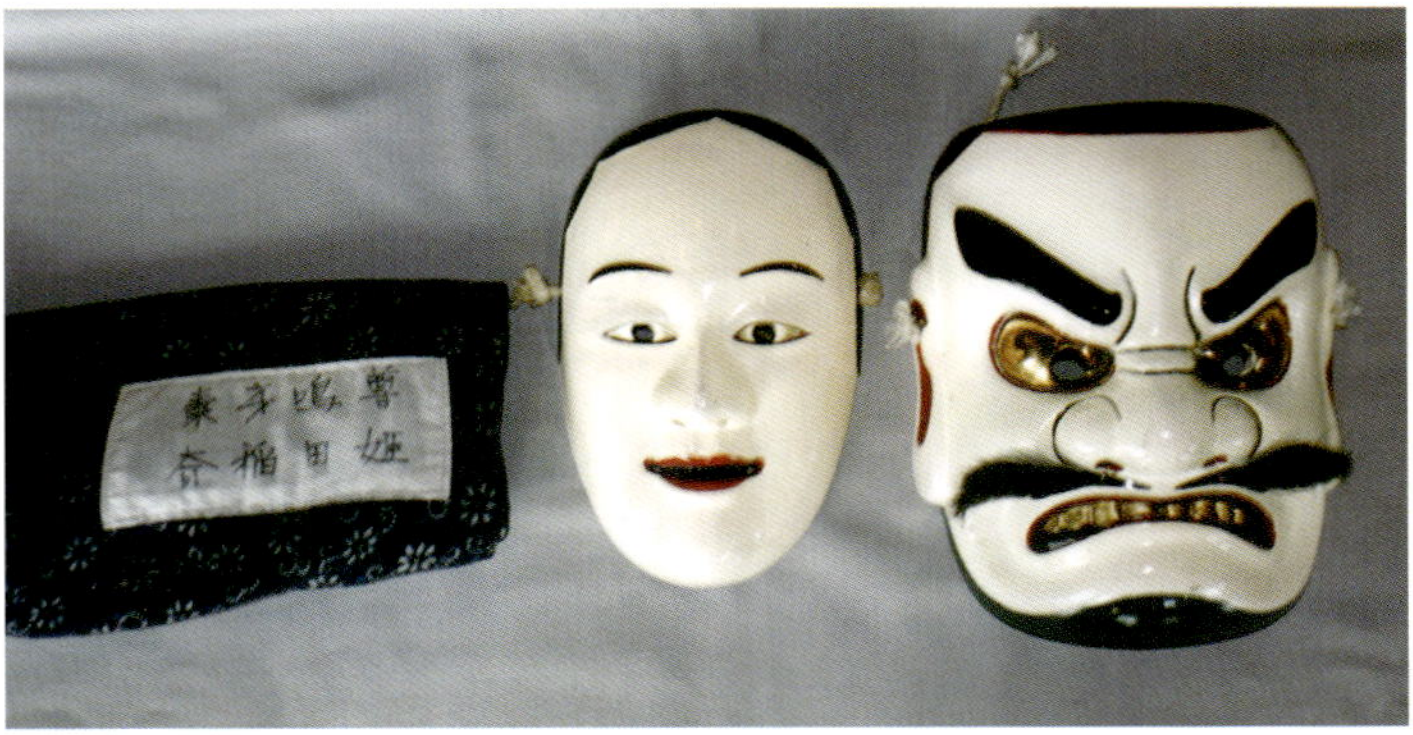

「大蛇退治」素戔嗚命・奇稲田姫《くしいなだひめ》。それを入れる袋

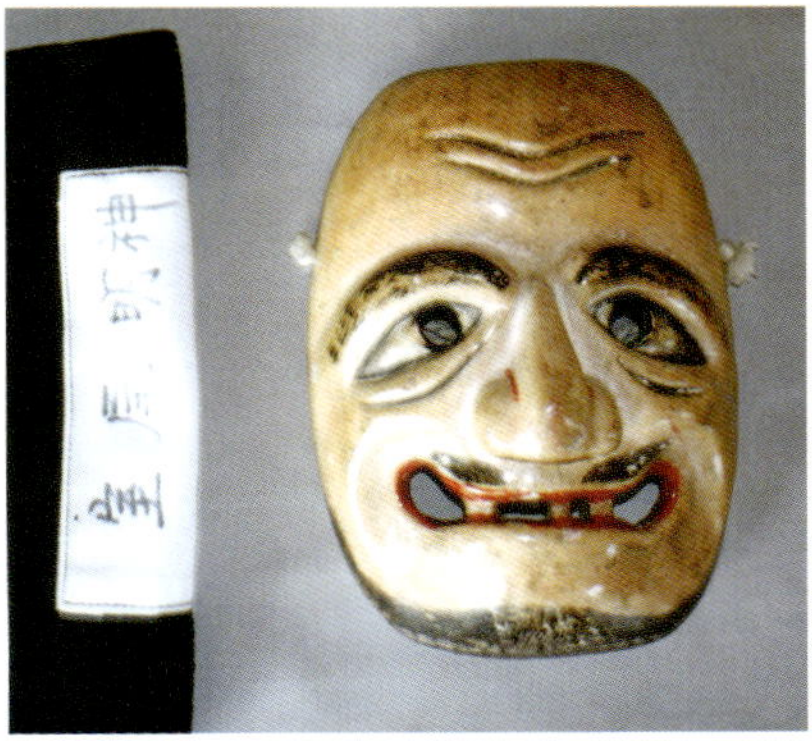

「大蛇退治」室尾《むろお》の命

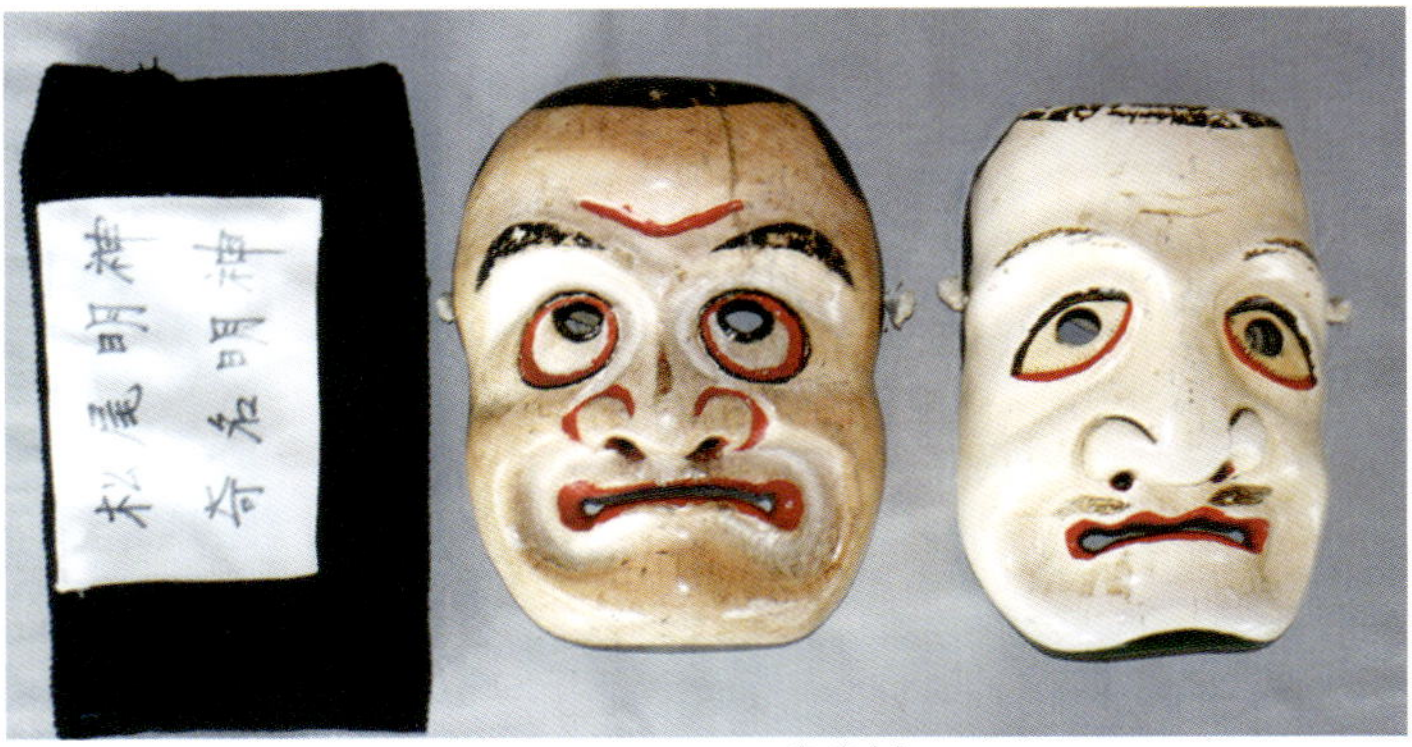

「大蛇退治」松尾の命と木名玉《きなたま》の命と袋

三、備中神楽　神楽面（泉房子撮影　平成12年7月11日）

備中神楽北山社の神楽面（泉房子撮影 平成12年7月10日）

素戔嗚の命「大蛇退治」

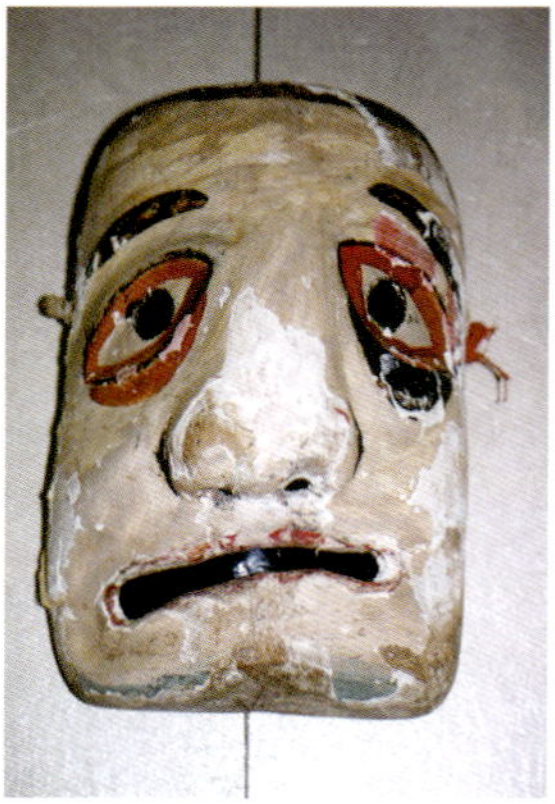

松尾明神「大蛇退治」

天照大御神「岩戸開き」

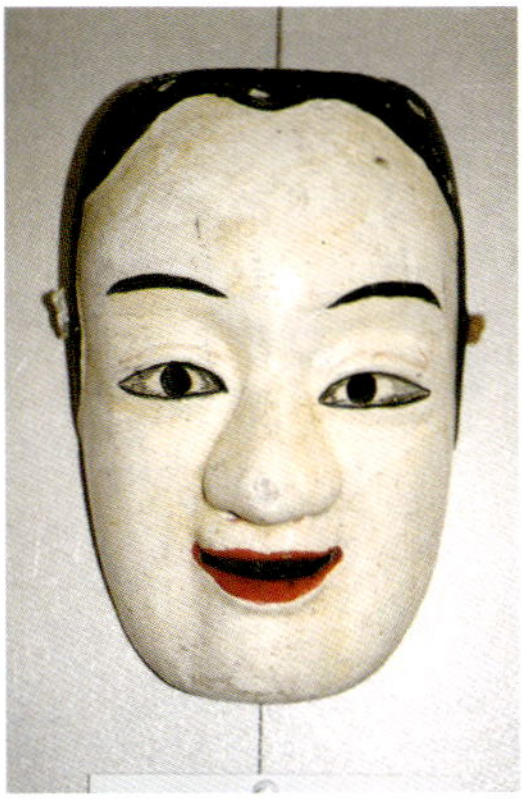

猿田彦舞の「猿田彦の命」

無銘　20・8×14・5㎝
4人の猿田彦舞に備えて4点の猿田彦面がある。

「岩戸開き」思兼の命　23・0×18・0㎝

「岩戸開き」手力男の命　18・0×14・5㎝

「岩戸開き」天照大御神　21・0×23・5㎝

「岩戸開き」天児屋根の命　19・0×14・0㎝

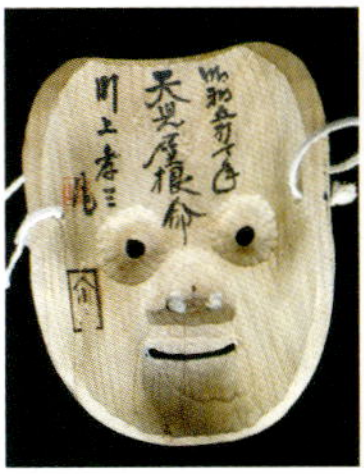

［墨書銘］
昭和五拾壱年
天児屋根命
川上孝三
作　〈川上〉

「岩戸開き」天児屋根の命　19・0×14・0㎝

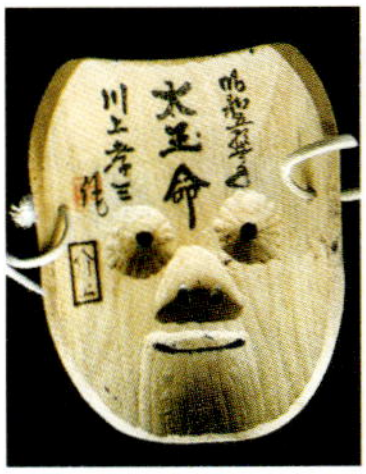

［墨書銘］
昭和五拾壱年
太玉命
川上孝三
作　〈川上〉
天児屋根の命と併せて「岩戸両神」という。

［備中神楽　神楽古面］

「国譲り」建御名方《たけみなかた》の命　無銘

23・7×19・0㎝

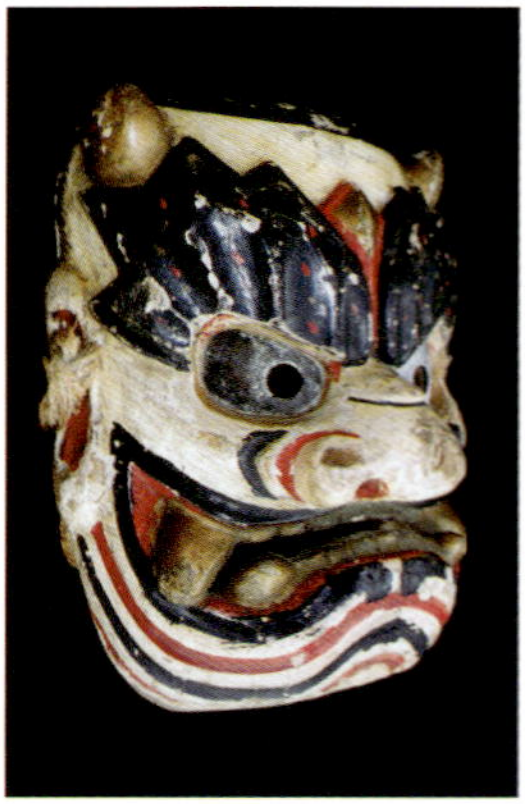

寄贈　井原市　松本公士

伝承では明治期の作

21・0×18・5㎝

「国譲り」建御名方の命

24・5×21・0㎝

［陰刻銘　田邉　聖祐］

「国譲り」大黒（大国主の命）

23・5×21・5㎝

［陰刻銘　聖祐］

「国譲り」恵比須（事代主《ことしろぬし》の命）

19・5×17・5㎝

「国譲り」武甕槌《たけみかづち》の命

20・0×14・5㎝

「国譲り」経津主《ふつぬし》の命 20・0×15・0cm

「国譲り」稲背脛命《いなせはぎのみこと》 18・0×18・0cm

「五行幡割り」修者堅牢神《しゅうじゃけんろうじん》 チャリ面

現在は使用されていない。

「五行」万古大王《ばんこだいおう》 21・0×15・0cm

「五行」修者堅牢神 20・5×14・5cm

「五行」五郎王子 20・5×15・6cm

［陰刻銘］古川巧作

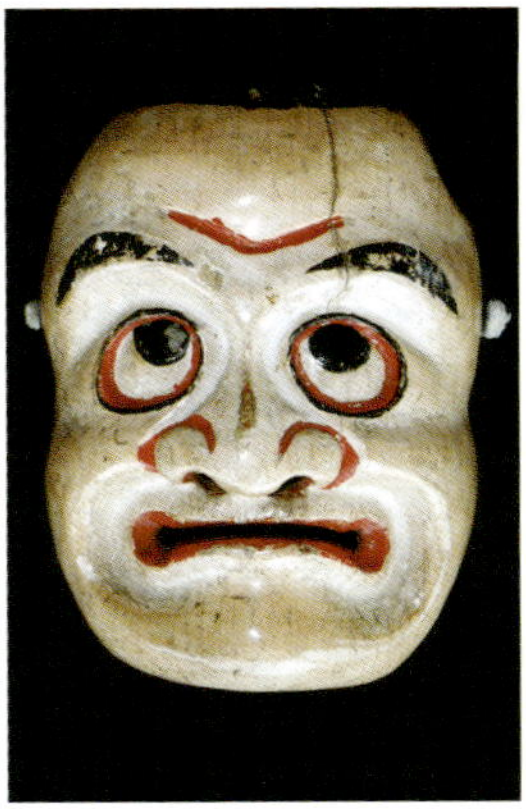

「大蛇退治」木名玉の命 21・5×15・5cm

「大蛇退治」足名槌《あしなづち》の命（翁） 21・2×15・0cm

部分撮り（横顔）

「大蛇退治」手名槌の命（嫗《おうな》）
20・0×13・0cm

［墨書銘］
□□
□　山口
□
北山

「大蛇退治」小蛇《こじゃ》
18・5×13・2cm

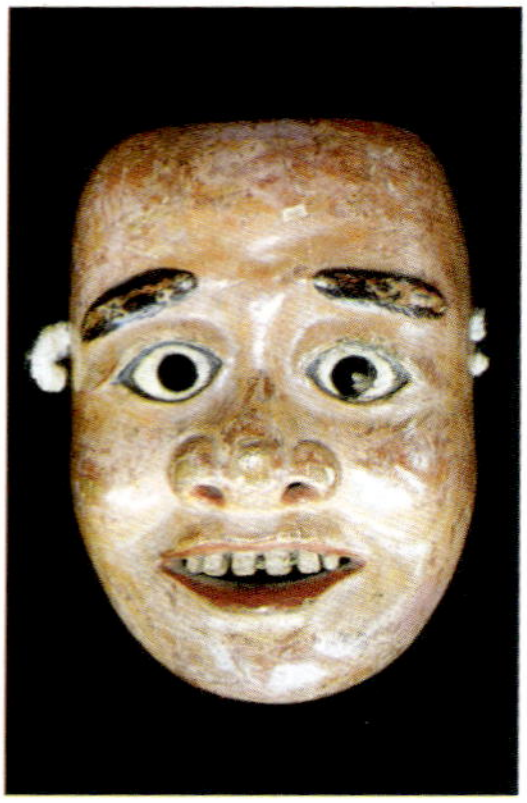

「大蛇退治」素戔嗚の命
23・0×18・5cm

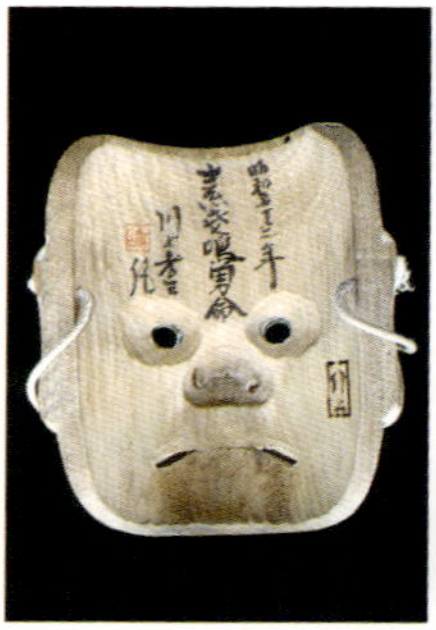

［墨書銘］
昭和五十三年〈川上〉
素戔嗚男命　焼印
川上孝三
［印］作

「大蛇退治」松尾の命
20・5×13・5cm

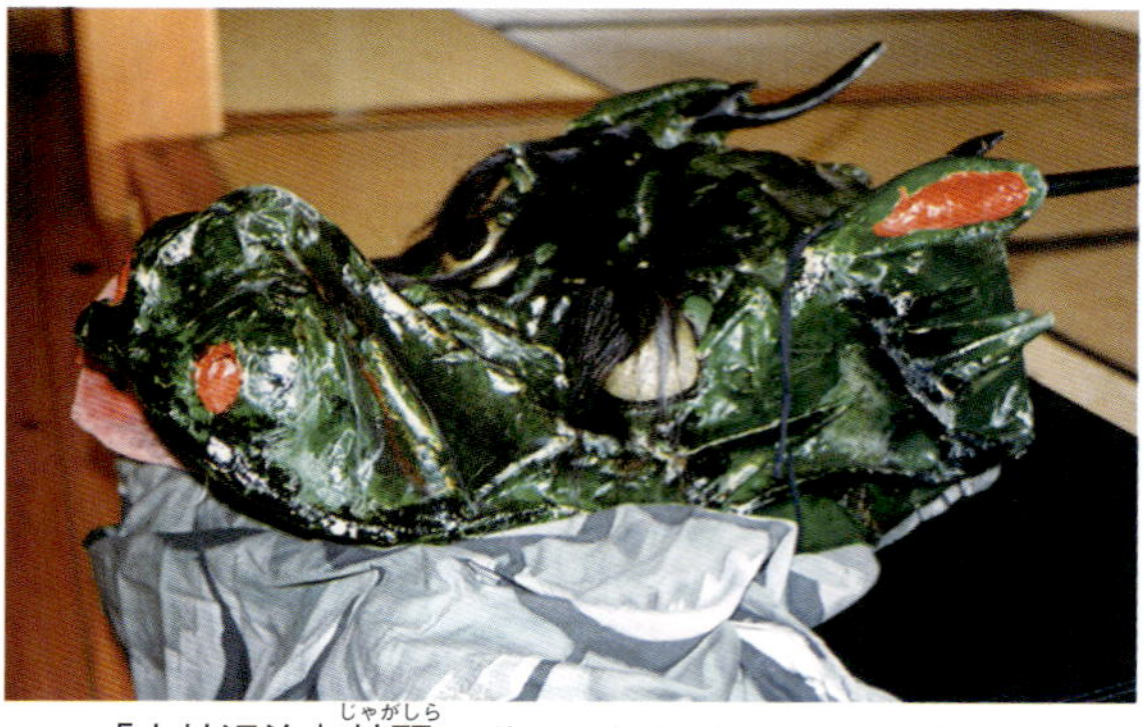

「大蛇退治」蛇頭《じゃがしら》　張子・蛇ばらをつけて用いる。

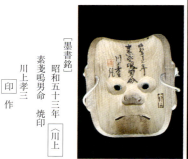

「大蛇退治」室尾の命　20・0×14・5cm

松尾明神のテゴニン（手伝い人）

室尾の命の横顔

「大蛇退治」奇稲田姫　21・3×13・5cm

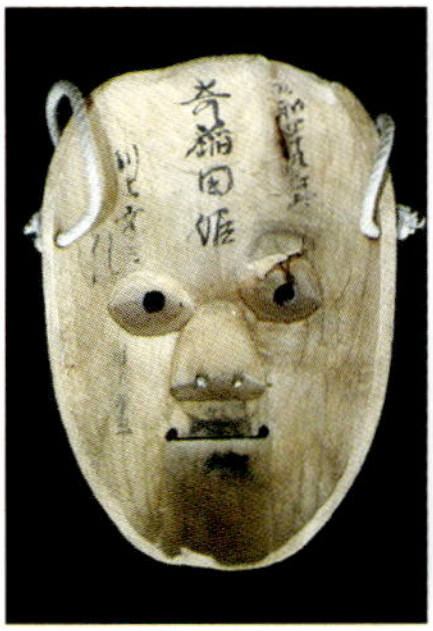

［墨書銘］
昭和四十九年
奇稲田姫
川上幸三
作

「大蛇退治」奇稲田姫　21・3×13・5cm

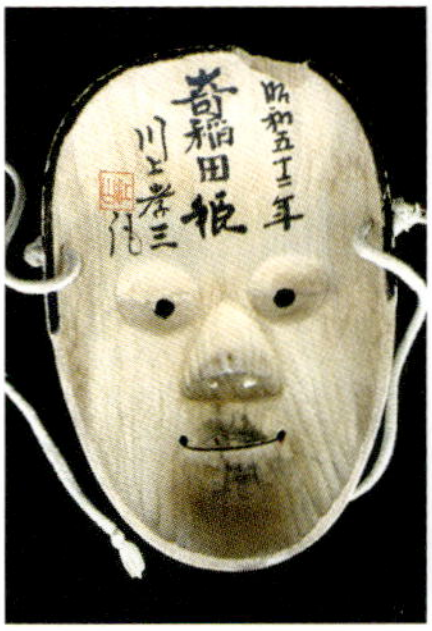

［墨書銘］
昭和五十二年
奇稲田姫
川上幸三
印
作

第四章

福岡・筑前神楽

一、社家神楽から氏子の神楽座へ

――筑前神楽と「珍楽社」――

福岡県は筑前、筑後、豊前の一部と、それぞれに有数の神楽地帯である。「筑前神楽」は、国名を冠した呼称である。本来、筑前国一帯で舞われた神楽である。

福岡県は江戸時代まで、筑前・筑後・豊前の一部の三国に分かれていた。このうち里神楽は、筑前と豊前に分布し今日まで伝わっている。旧御笠・早良・志麻・怡土《いと》郡の各神楽は、福岡藩が統制しており、それぞれ神楽費を支給していた。旧福岡藩内に残されているのが、筑前神楽の系統に属する。

筑前の神楽の歴史は古く、福岡県旧玄海町・旧大島村（いずれも現宗像市）の宗像大社には、応安八年（一三七五）の記録に「人長舞《にんじょう》」「内侍舞」「阿知女作法」のほか、九種の採物神楽として、榊・幣・杖・篠・弓・剣・鉾・杓・葛の舞が舞われている。これらはすべて、社家（神官）による神楽である。

筑前地方では、神楽はすべて神職が司るものであったが、明治の制度改正によって、神職は舞わなくなり、代わって一般の農民の神楽となった。筑前地方では、福岡県那珂川町山田の伏見神社で社家による神楽が廃止される中で、明治十三年（一八八〇）、那珂川町の当時の神職であった酒井出雲守、吉次飛騨守から伝授されたものを、「珍楽社」という神楽座を組織して、復興継承したとされている。氏子の神楽座である。源流は、もと那珂川町が属していた旧那珂郡の社家神楽にあるといえる。

昭和二十五年（一九五〇）に発布された「文化財保護法」により、神楽は「無形文化財」として保護の対象となり、那珂川町伏見神社の岩戸神楽は、昭和二十九年十二月十三日付けで、神楽としては県下で最初の「福岡県無形文化財」に指定された（昭和五十年、法改正により「県指定無形民俗文化財」に変更）。

この神楽は楽手が烏帽子・狩衣・袴姿に威儀を正して拝殿右側に並び、舞方が神楽命和理《かぐらみことわり》（曲名）の種類によって翁とか、荒神、鬼などの面をつけて素手であったり、弓や矛を持ったりして楽手の音につれて舞うものである。神楽命和理は降神の舞い、祓の舞い、能形式の舞いに大別され、全部で十八種類の舞いがある。なかでも代表的な舞いである「岩戸」には思兼命《おもいがねのみこと》、天宇受売命《あめのうずめのみこと》、天手力男命《あめのたぢからおのみこと》、素戔嗚尊《すさのおのみこと》が出現し、六曲屏風を天の岩戸に見立て、その中に天照大神として御神鏡が隠してある。天宇受売命が舞い、天手力男命が岩戸を開いてあかあかとロウソクに照らされた御神鏡をとり出す。これが広く古代神話として知られる岩戸開きの場面である。

この神楽が近世社家神楽の形を正確に伝承したのは、舞台の配置から楽手の位置、銅拍子、笛・太鼓の拍子、舞手の衣装、所作、演技・歌・問答に至るまで詳細に記した記録があり、そのとおりに演出されてきたことによるものである。

珍楽社ができて以後、県内では筑前全体に招かれて、各神社で神楽を演じた。舞所は神社の拝殿か、境内の神楽殿でその広さいっぱいに舞う。近世筑前神楽の演目と台本を記したものの一つに、宝永元年（一七〇四）の序文をもつ、直方多賀神社の大宮司青山敏文がまとめた「御神楽本末《もとすえ》」がある。

現在この系統の神楽として、糸島市高祖《たかす》の「高祖神楽」（県指定無形民俗文化財）・同市二丈の「福井神楽」（糸島市指定無形民俗文化財）・福岡市城南区田島の「田島神楽」（市指定文化財）・鞍手町の「六嶽神楽」（町指定無形文化財）・篠栗町の「大祖神楽」・飯塚市の「撃鼓《げっこ》神社の神楽」・桂川《けいせん》町老松神社の「土師神楽」などが現存している。

以下これらの「筑前神楽」について、調査可能な時点で神楽面を主に、番付などについて記していきたい。

二、伏見神社の岩戸神楽

所在地　福岡県筑紫郡那珂川町大字山田字茶屋の前
時　期　主として七月十四日の夜、祇園祭のヨド（前夜祭）に境内で舞われている。演目を「命和里《みことわり》」と名付けて、十八番が伝承されている。
指　定　福岡県指定無形民俗文化財　昭和五十一年四月二四日
神楽面　十面

伏見神社

㈠　伏見神社と「珍楽社」

明治の新政で神職世襲が禁ぜられ、近世の社家神楽が消滅するのを惜しんだ氏子たちが、まだ神楽の舞える神職が残っているうちにその指導を受け、神楽を演じようとしたのが氏子の神楽座である。この氏子による神楽座で早い時期のものが那珂川町山田伏見神社の、岩戸神楽保存会「珍楽社」である。昭和二十五年（一九五〇）に発布された「文化財保護法」により、神楽は「無形文化財」として保護の対象となり、那珂川町伏見神社の岩戸神楽は、神楽としては県下で最初の「福岡県無形文化財」（現在は「福岡県指定無形民俗文化財」）に指定された。神楽は、伏見神社境内で催される。

伏見神社について『福岡県神社誌』は次のように記している。

「祭神　神功皇后・素盞嗚男命・武内宿禰・淀姫命・大山祇神

社伝　欽《きん》明天皇の御宇、肥前国佐賀郡川上大明神（祭神淀姫命也）の託宣に依り此地に鎮祭し後（年代不詳）山城国伏見御香宮（祭神神功皇后也）を勧請合祭し、伏見大明神と称し奉れり。素盞嗚男命は天正年中博多市街兵火に罹《かか》り櫛田祇園の社にも火災の及ばんとするより、祇園の御神体（素盞嗚尊也）は当社に遷し奉り博多住民も此の地に避難移住せり。其の後、博多市街再興のとき、御神体は当社に鎮祭のまま博多に遷さざりしと言う。武内大臣合祭のことは不明なり。本社従前は轟ケ岡に神幸ありしも今絶えたり。慶安元年までは社辺なる儺《なか》河《がわ》前岸の地にありしを時の地頭津田市之丞茂貞（筑前国主、黒田家の臣也）今の地に社殿を造営し同年八月十六日遷座鎮祭せり。」

この地区は、神功皇后の伝説が種々残っており、伏見神社も神功皇后と住吉明神を合祀している。当神楽の起源の詳細はわからないが、黒田長政が筑前に入国して、当社の祭祀を盛んにし、吉次飛騨守、酒井出雲守を神官として明治維新に及んだ。神楽も、神官のみによって演じられ、ただ、楽士として村人の列座を許したのみであった。

(二)　岩戸神楽十八番「命和理《みことわり》」

伏見神社の岩戸神楽は、十八の演目があり「命和理」と呼んでいる。この神楽が近世社家神楽の形を崩さずに伝承されてきたのは、舞台の配置から楽手の位置、銅拍子、笛・太鼓の拍子、舞手の衣装、所作、演技・歌、問答に至るまで、細かに記した記録に従って演出されてきたことによる。珍楽社ができてからは明治末期が全盛期で県内全体、わけても筑前全体に招かれて神楽を演じた。現在の福岡市田島神楽、糸島市の高祖神楽などがこの系統に属している。

岩戸神楽の「命和理」の十八の演目は、神宮・祝詞《のりと》・多久佐・四神・榊・高所・両刀・相撲・荒神・敷蒔・天神・**問答**・**事代**・御弓・**猿田彦**・大山・**磯羅**・**岩戸**である（ゴシックで記したのが演劇的面神楽）。

神楽は、面をつけずに神楽歌を歌い、採り物（依代《よりしろ》）を持って舞う舞神楽と、面をつけて多数の神々が出て劇をする面神楽に分けられる。後者は天の岩戸・天孫降臨・神功皇后などの物語が展開していく。岩戸神楽の名は、岩戸の前で天鈿女命《あめのうずめのみこと》が舞ったのが神楽の濫觴《らんしょう》（起源）と伝えられていることに由来する。平成六年の上演演目は、次のとおりであった。

1　大山　舞人四人、狩衣、千早、毛頭《けがしら》、各太刀と鈴をとる。約十分。

2　両刀　舞人一人、狩衣、千早、毛頭にて太刀二本をとる。約十分。

3　祝詞　舞人一人、衣冠、扇小御幣、饌米《せんまい》を持つ。奉納の祝詞を奏上する。

4　敷蒔　舞人二人、狩衣、千早、毛頭にて、折敷各二個に米を一面にならして容れて持つ。折敷の米をこぼさないように舞う。約十二分。

5　荒神　舞人一人、狩衣、千早、白襷、脛当、鬼面にて、左手に黄色の幣を持つ。注連縄をかけた桶と杓を持ち、水をまく所作をする。また、地域の赤ん坊を鬼に抱かせ、無病息災を願う。約十三分。

6　相撲

舞人三人、行司役一人で毛頭、狩衣にて大御幣（一間の竹に幣をつけたもの）を持つ。相撲役は二人で、白襷、白鉢巻。今行われている相撲の型は、㈠山返り（背負返し）㈡枝返り（腕返り）㈢谷返り（腹返り）㈣雲返り（横返り）㈤風返り（車返り）の五種。一型ごとに翁神前に向かい、大御幣を持って祓《はらい》をする。相撲が終わり、行司の翁入り。二人鈴幣を採り、左右前後往反して舞う「四方切り」。拝礼して入る。

この神楽では「荒神」および「問答」で、鬼が出現し、この鬼が子どもをさらう場面がある。鬼は参拝に来た子どもを誰彼なしに抱きかかえて、神殿の内部に入る。この鬼に抱かれた子どもは病気をせずに、丈夫に育つという言い伝えがある。

㈢　伏見神社「岩戸神楽」神楽面　10面（泉房子撮影　平成14年6月1日）

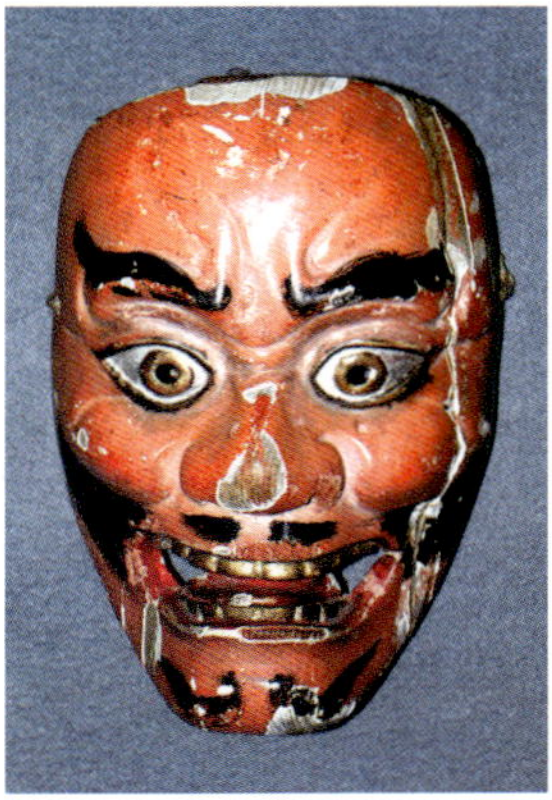
①手力男命　20・9×14・8cm

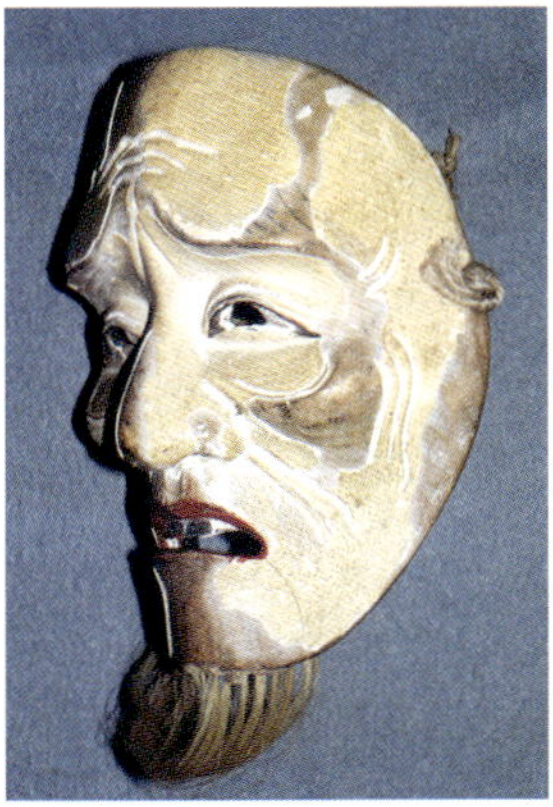
②武内大臣　20・0×15・1cm

③素盞嗚男命　先祓命　22・1×15・5cm

④綿津見神　黒鬼　26・8×18・9cm

⑦思兼命　16・1×15・1cm

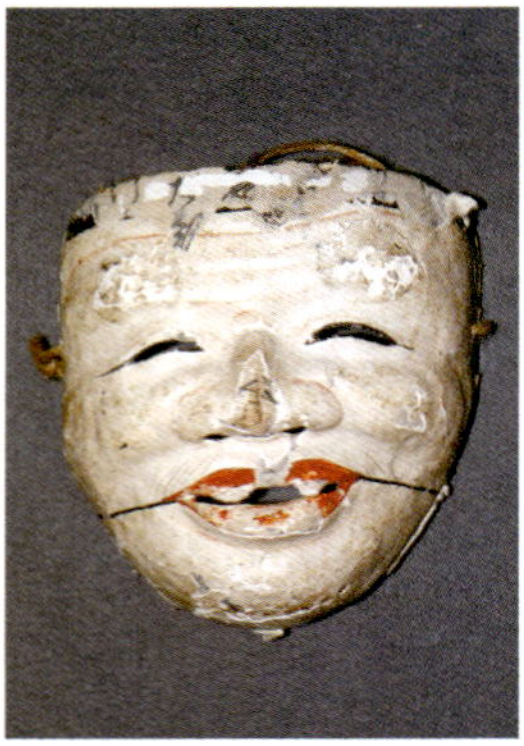

翁面の特徴「切り顎」

⑨豊姫命　19・8×13・5cm

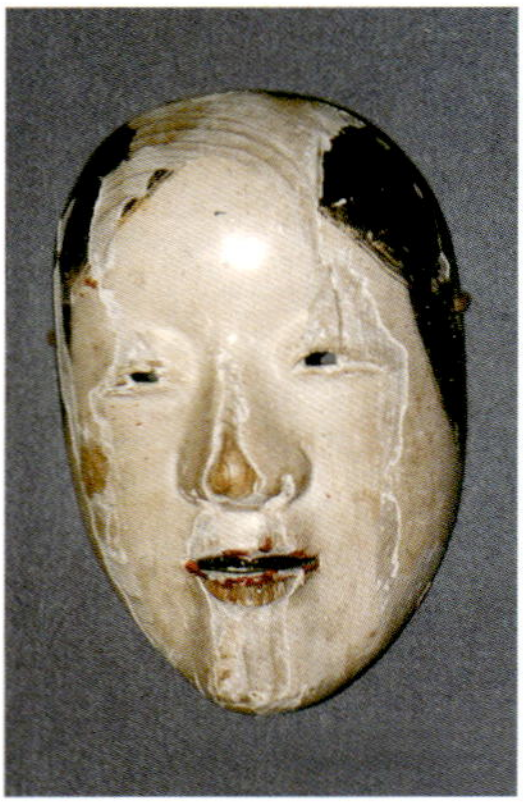

⑤鈿女命　20・1×13・7cm

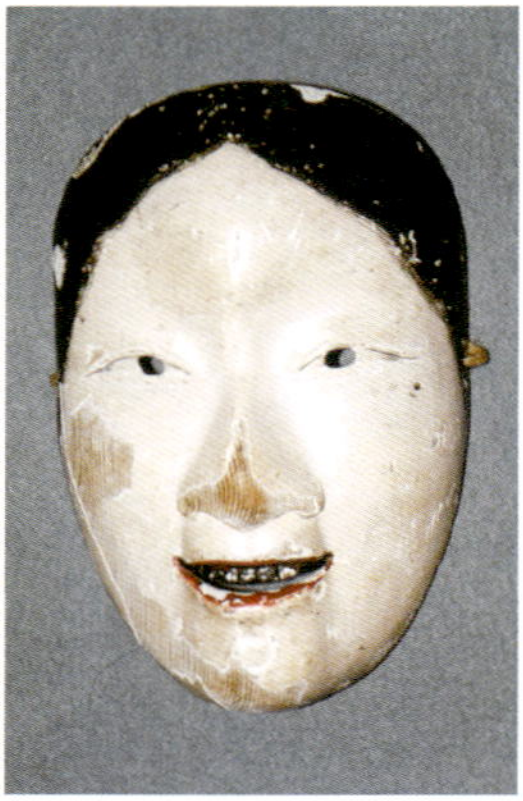

⑧赤鬼　24・7×19・0cm　紙製？

⑩志賀大明神（磯羅＝三韓）　16・3×13・2cm

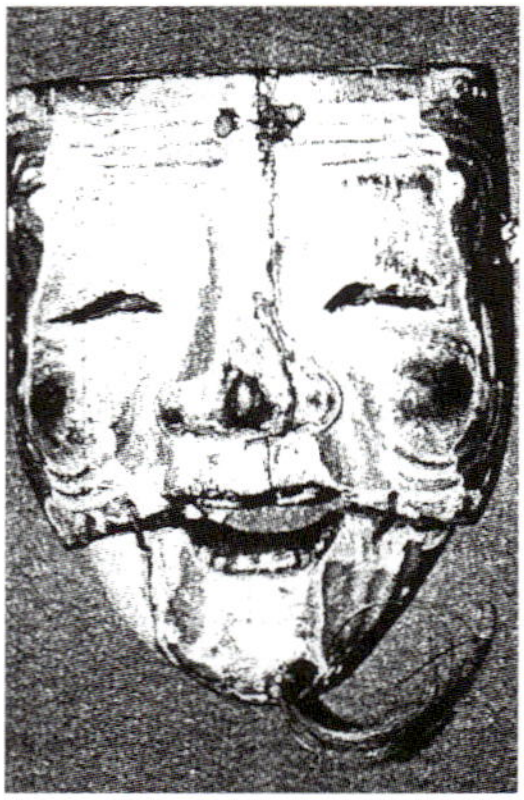

⑥天児屋根命　20・0×15・1cm

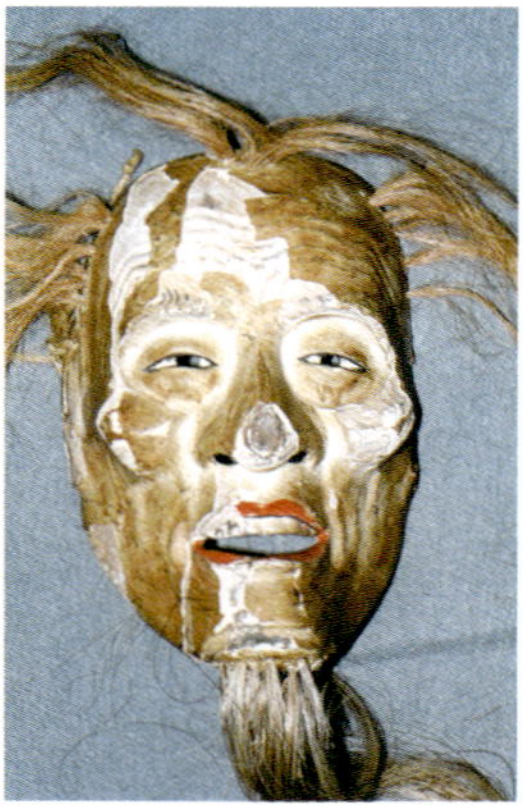

［裏面］朱書き「石王兵衛」作者名か。

三、高祖《たかす》神楽

所在地　福岡県前原市大字高祖
時　期　四月二十六日の春季大祭と十月二十六日の秋季大祭で奉納
指　定　福岡県無形民俗文化財　昭和五十六年
神楽面　十五面

(一) 高祖神社と高祖神楽

高祖神社は、古くは怡土《いと》郡の総社としてまつられてきた。祭神は三柱で、中座にヒコホホデミノミコト（日向第二代）、左座に玉依姫、右座に気長足姫《おきながたらしひめ》（神功皇后）である。文献では、「三代実録」という史記に元慶元年（八七七）タカソヒメ神と記されている。この神が高祖神社の祭神といわれている。

ヒコホホデミノミコトが活躍する「海幸彦と山幸彦の神話」に、海神《わだつみ》から満珠と干珠を授かる話がある。高祖神楽では『磯羅』という舞いで、この話を題材にした神楽も演じられている。これからも祖霊神を祀る地方の神楽の特徴がうかがえる（高祖神楽保存会）。

神楽は、地元高祖地区の氏子、高祖神楽保存会によって伝承され、昭和五十九年から夜神楽の奉納も行われている。四月二十六日の春季大祭と十月二十六日の秋季大祭で奉納される。

戦国時代の豪族であった高祖城主、原田種親が京都守護のため上京した時、能神楽を郷里に

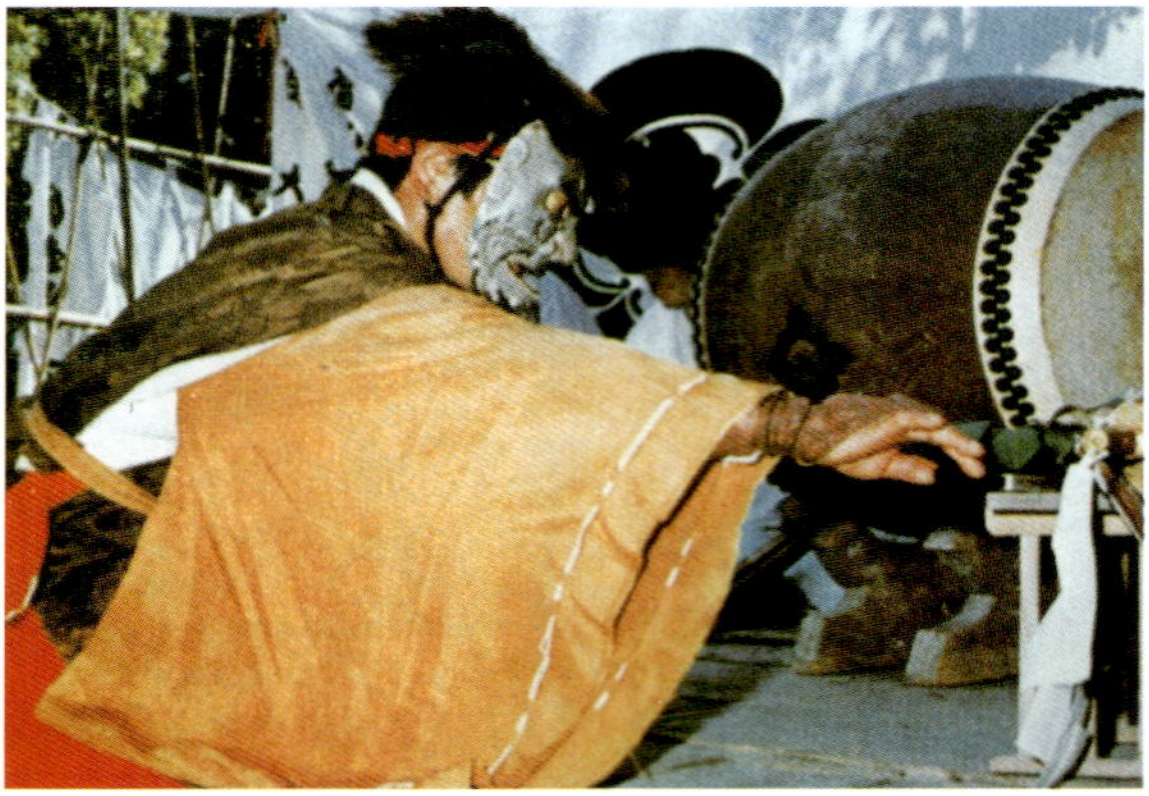

岩戸開き
（高祖神楽保存会撮影）

伝えたとされる。高祖地区の氏子に守られながら、民俗芸能としての伝承形態をよく残している。昭和五十六年（一九八一）福岡県指定無形民俗文化財に指定された。

高祖神楽は「里神楽」であり、神楽の系譜の中で「出雲流神楽」、または「神能型神楽」と呼ばれる種類に属する。もっとも里神楽は時代とともに変化し、分化しているので、その原形については不明である。

神楽は、地元高祖地区の高祖神楽保存会によって伝承され、昭和五十九年から夜神楽の復興も、保存会、地元行政区で行われている。現在まで神楽奉納のために使用された神楽面、用具などは新調し、従来のものは前原市立伊都歴史資料館に収蔵、保存されている。

(二) 高祖神楽の演目

明治期には二十三番の演目があったが、現在は十三人の神楽師の奉仕で、十番程度しか舞われていない。演目は道具を使い素面で舞う採物神楽と、面をつけて舞う面神楽の二種類である。相撲のように二人が組み合って曲芸的な演技をする「神相撲」は珍しい演目の一つである。長崎県壱岐、平戸の神楽の演目の一つである。

磯良《いそら》
（高祖神楽保存会撮影）

高祖神楽を案内して
いただいた長谷川清之氏
（泉房子撮影　平成11年11月19日）

演目は現在、神供・高処・笹舞・国乎《くにうけ》・蟇目《ひきめ》・敷蒔《しきまき》・磯良・神相撲・両剣・問答・岩戸開きの十一演目である。他に祝詞神楽、四神御《み》幣《くら》、阿良加微《あらかび》、多久佐、御剣、御弓、玉島、おのころ島、蛇退治、天孫降臨、龍宮などの演目がある。

登場する神々の名前は、次のとおりである。

- スサノオ（須佐之男）
- アメノウズメ（鈿女）
- タヂカラオ（手力男）
- タケウチノスクネ（武内大臣）
- シカノスミヨシ（志賀住吉）
- トヨヒメ（豊姫）
- オオクニヌシ（大国主）
- コトシロヌシ（事代主）＝恵比寿
- アラブルカミ（荒振神）
- タケミカヅチ（建御雷神）

㈢ 高祖神楽の神楽面　15面（泉房子撮影 平成11年11月19日）

神楽面は十五面、健在である。タヂカラオ・アメノウズメ・オモイカネ・スサノオなど、それぞれの面は、天孫神を演じるために不可欠のものである。神楽面の中には、裏面に「仁和元年三月廿日」（＝平安時代八八五年）の墨書銘のある「須佐之男尊」の古面がある。この仁和元年の墨書銘は、神楽面の常識をはずれて古く、今一度確認すべきではないかと思われる。

オオクニヌシは「国乎の舞」に登場し、タケミカヅチとの会合の末、無血の国譲りを行う役《やく》所《どころ》である。荒振神は、恐ろしい形相の鬼たちである。東・西・南・北を司る。また、「問答の舞」では参拝鬼と呼ばれ、禍々《まがまが》しい存在ではなくなる。この鬼に抱かれた子どもは、鬼のように頑丈に成人するとの俗信があり、大変人気のある演目である。「お宮詣り鬼」とも呼ばれ、幼児がいる家では、この神楽を見に出かける。

①須佐之男尊　21・1×16・5cm

［裏面の墨書銘］仁和元年三月廿日

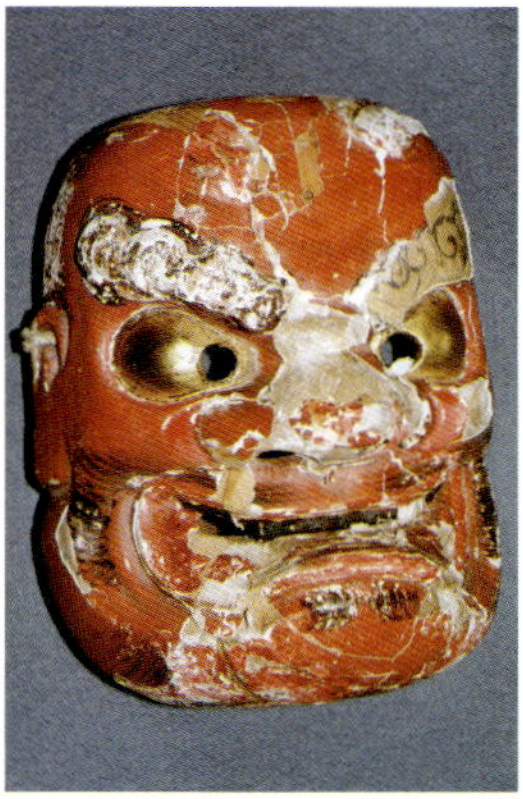

②建御雷神 21・0×16・9cm

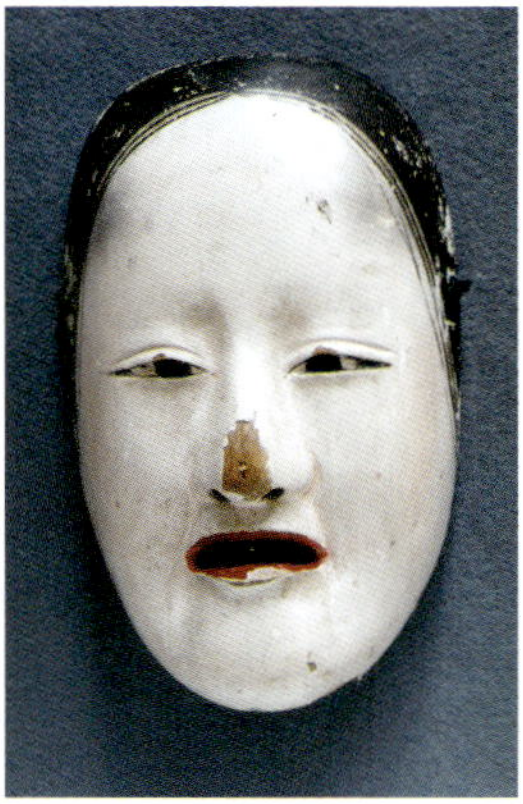

③天照大神？ 20・7×12・8cm

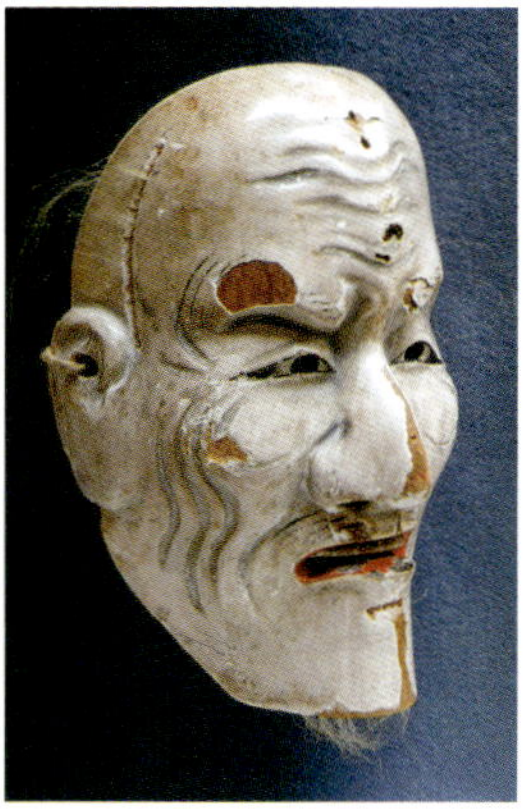

④思兼神 20・5×14・8cm

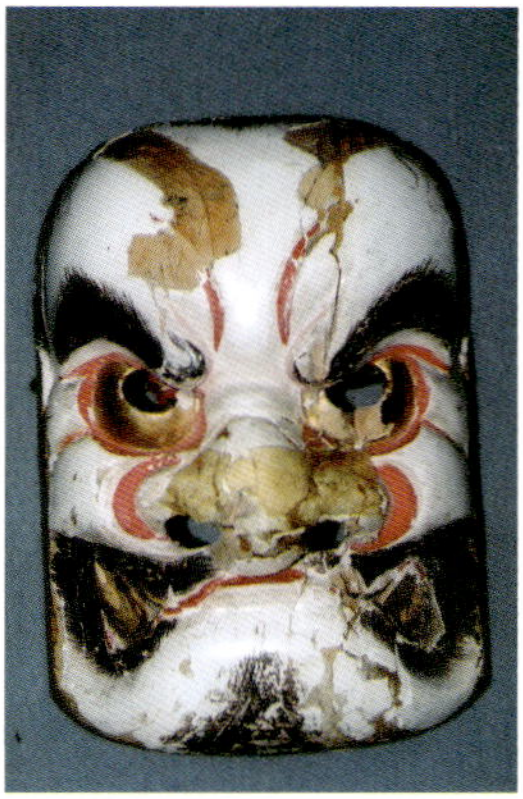

⑤手力男神 22・7×15・9cm

⑥荒振《ぶる》神（南方） 23・5×16・3cm

⑦荒ぶる神（西方） 22・2×17・5cm

⑧荒ぶる神（東方） 25・1×18・3cm

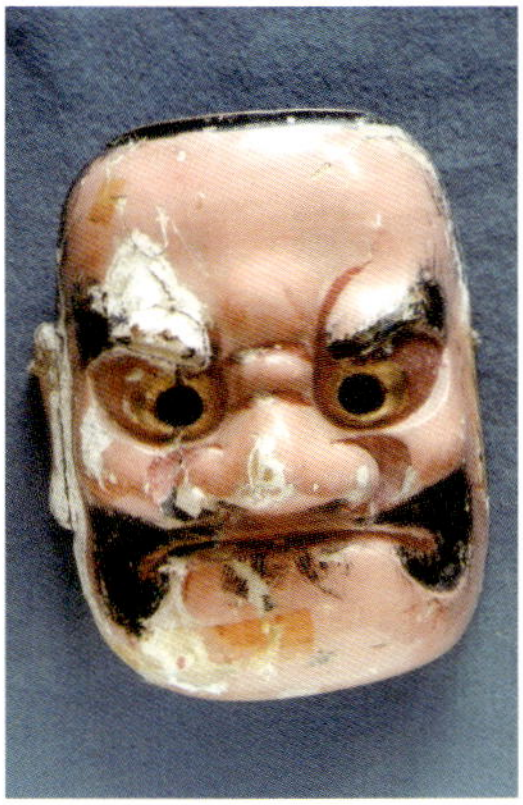

⑨大国主命 21・2×16・8cm

⑩天宇受売命 20・8×12・8cm

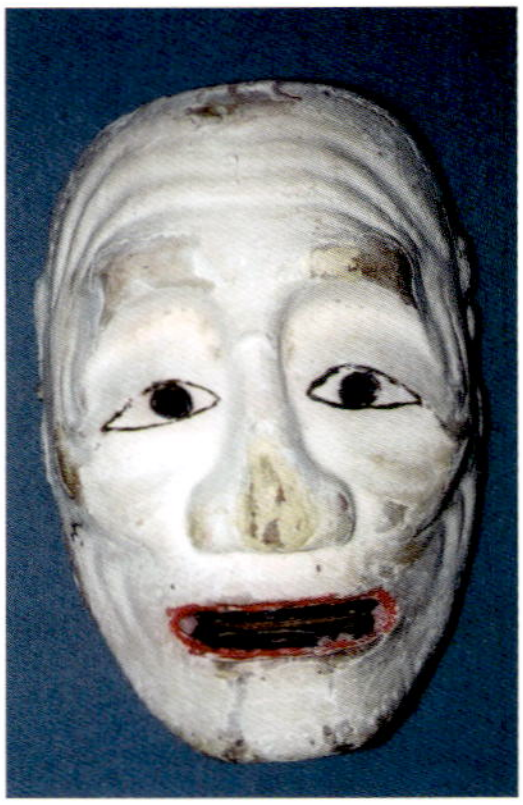

⑪天児屋根命? 20・8×14・9㎝

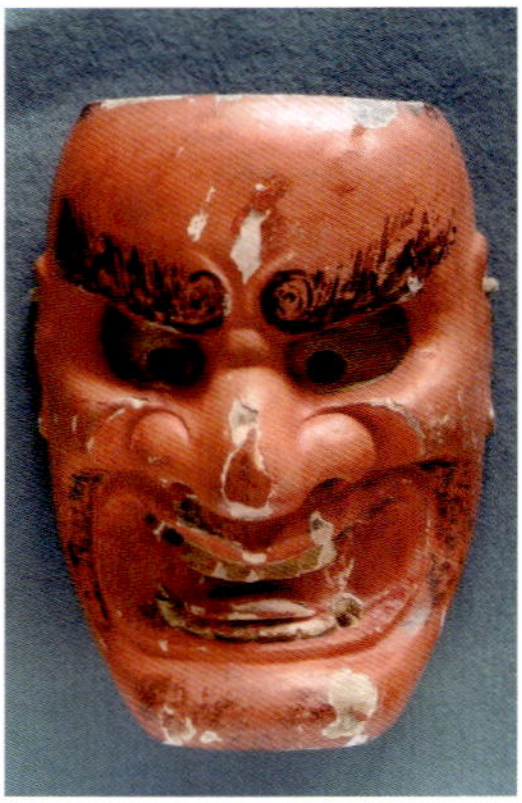

⑫荒ぶる神（中央?） 22・6×17・1㎝

⑬事代主神 18・8×14・0㎝

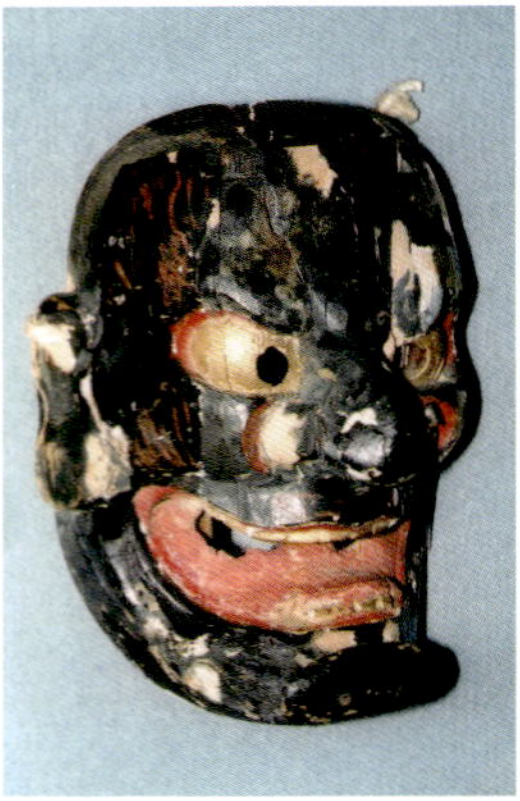

⑭荒ぶる神（北方） 22・2×17・5㎝

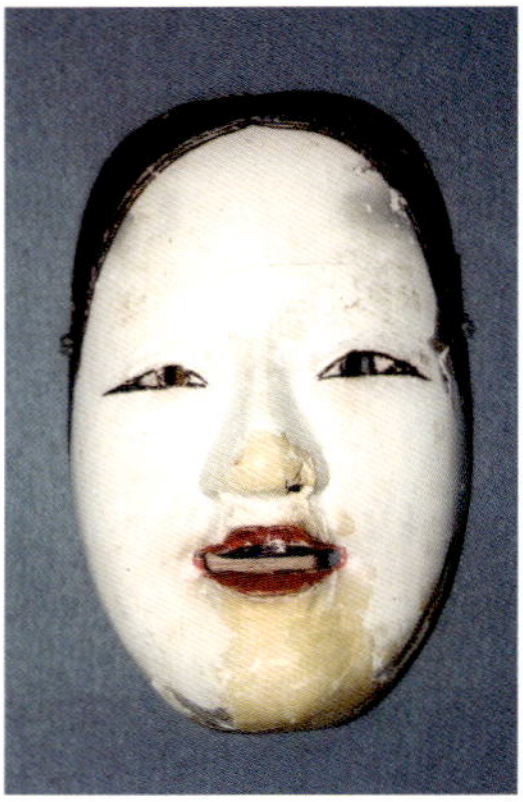

⑮豊姫? 20・5×12・9㎝

四、福井神楽

所在地　福岡県糸島市二丈福井
奉納日　毎年五月の第二日曜日。白山神社の春の大祭
指　定　糸島市指定無形民俗文化財 平成十一年一月
神楽面　二十面

㈠　福井神楽の由来

保存会資料によれば、福井神楽は時の宮司河上清音の代明治二十年十二月に、白山神社の氏子青壮年の中より希望者十一人をつのり、筑前国田島郷より神楽師を迎え発足したのが始まりである。二丈町役場生活環境課水道係の瀬戸さんの祖父は当時楽士をされていた。その頃、田島神社から神楽師がきて、タチコト（詞章）や舞を教えたという。それ以前は、神楽というよりは「一神舞」が白山神社の祭りで行われていたと思われる。

毎年五月五穀豊穣、家内安全、無病息災、大漁祈願のもとに白山神社に奉納されていたが、明治の終わりころ途絶えて、大正十四年五月、発足時の子弟により復活し、昭和三十二年ごろまで奉納を続けていたが、神楽師が老齢化したためやむを得ず中断した。

その後、昭和四十八年一月、福井区民二百世帯が一丸となって福井神楽保存会を結成し、元神楽師も厳冬の中高齢にもかかわらず熱心に指導され、現在の神楽師二十四人で保存育成に努

白山神社（右）と「村社」の石碑（左）
（泉房子撮影 平成14年6月1日）

めている。

福井神楽は、糸島市文化財専門委員会の答申を得て、平成十一年一月糸島市指定無形民俗文化財として指定を受け、伝統芸能の保存継承とその発展のため更に充実を図ることになった。現在は毎年五月の第二日曜日に福井白山神社の春の大祭に奉納している。

なお、明治二十年十二月に発足したときの「福井神楽次第」と「大神楽根帳」が伝わっている。

絵馬堂の絵馬（昭和17年9月吉辰奉納）
（泉房子撮影 平成14年6月1日）

［福井神楽次第］（明治20年12月中旬調製）

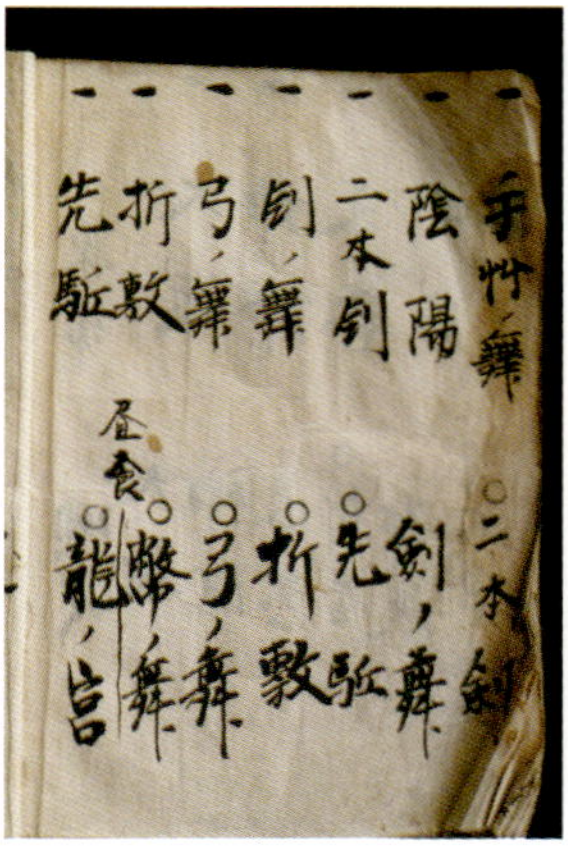

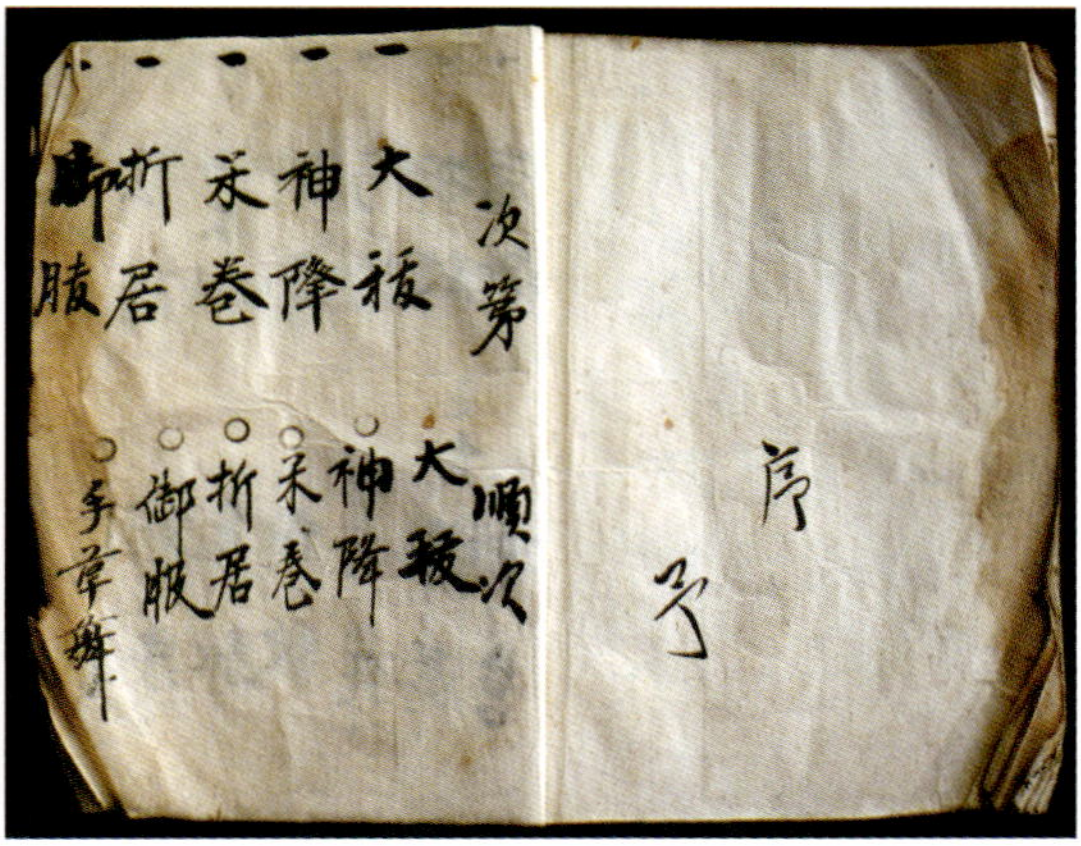

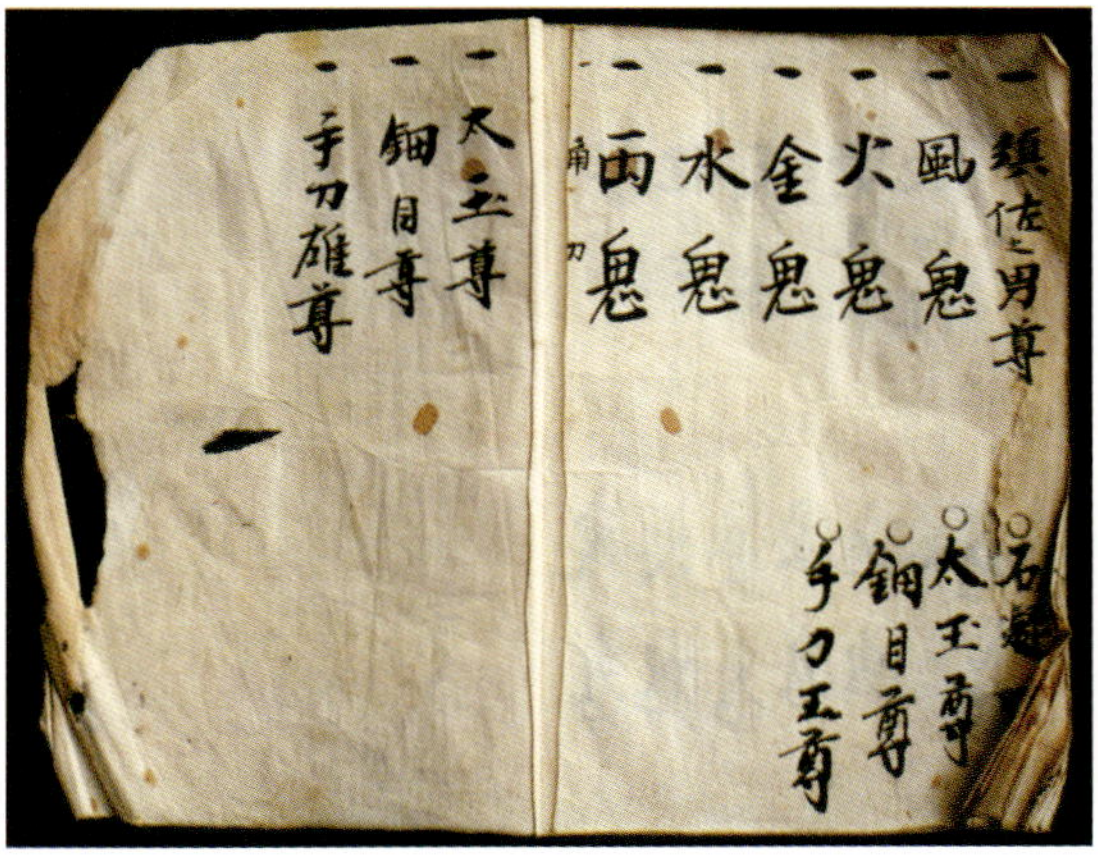

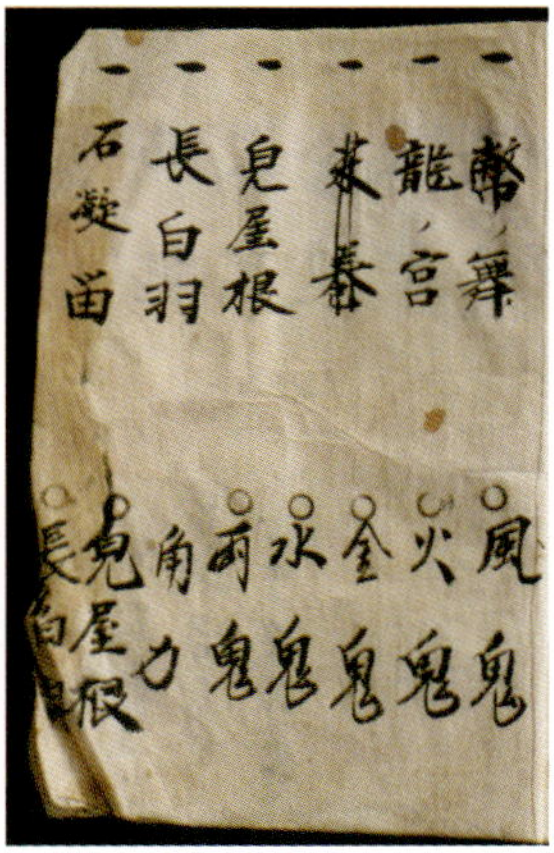

「福井神楽大神楽根帳」（明治20年12月中旬調製）（縦23・9㎝×横30・3㎝〈半折15・2㎝〉）

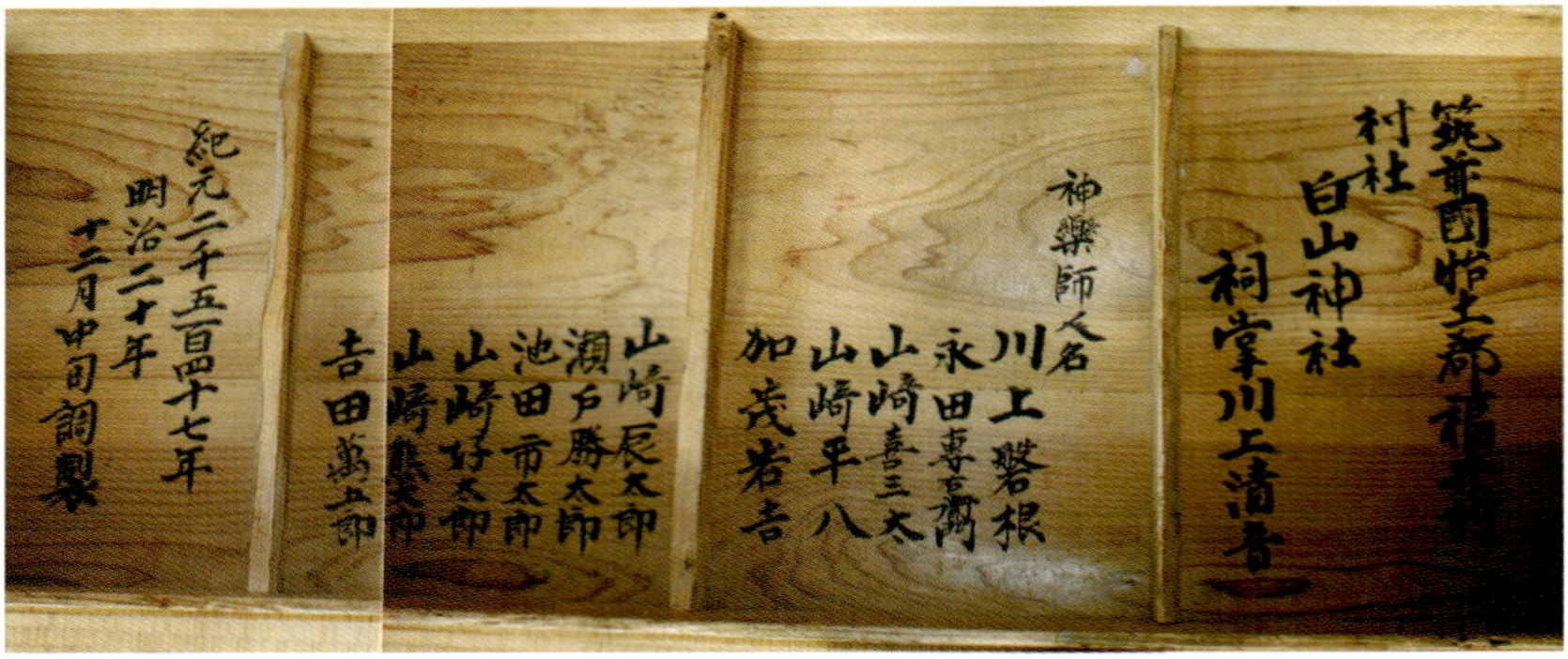

長持の箱蓋に書かれた墨書

①

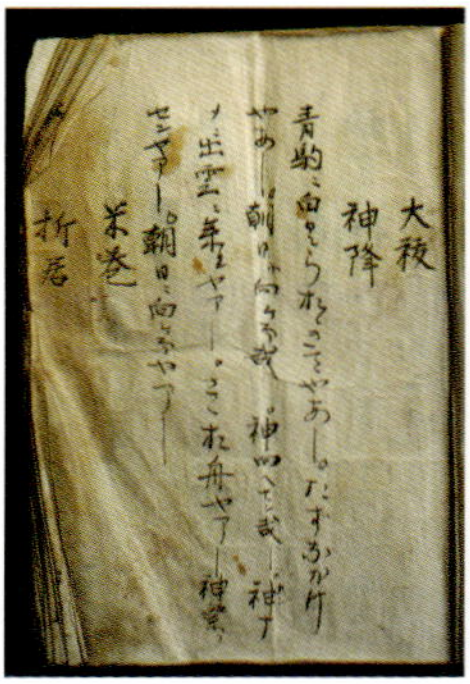

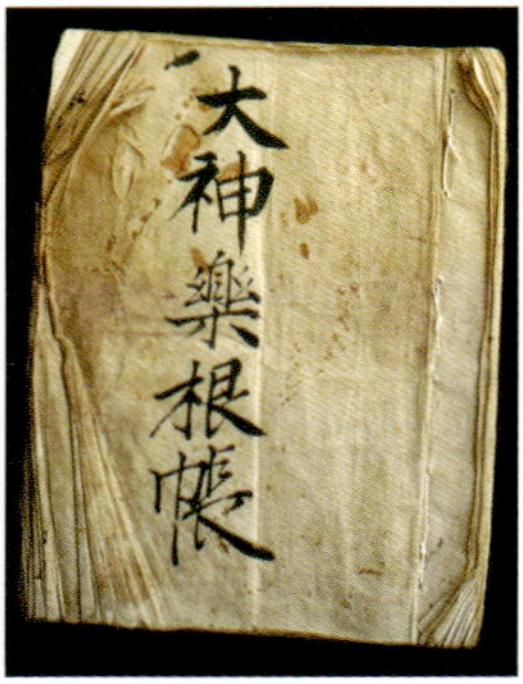

「大神楽根帳」の記録

①	②	③	④	⑤	⑥	⑦
大祓 神降	東方 南方	西方 北方	東方 南方	西方 北方	中央 中央	風神

⑧	⑨	⑩	⑪	⑫	⑬
豊姫	いそら	石凝留 天津児屋ノ尊	風鬼 火鬼	金鬼	水鬼

他に、
- 児屋根矛の舞
- タチカラヲノ尊
- 先駈
- 神主
- 折敷
- 神降
- 手草の舞
- 四本剣
- 金山彦乃尊
- 長白羽
- 鈿目尊
- 幣舞

など

③ ②

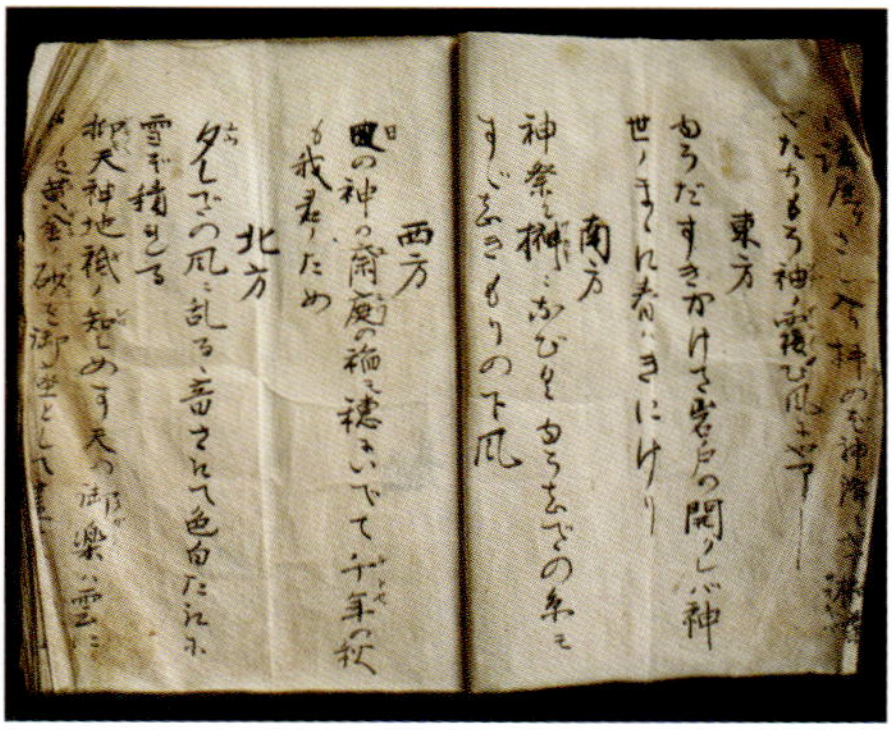

⑤ ④

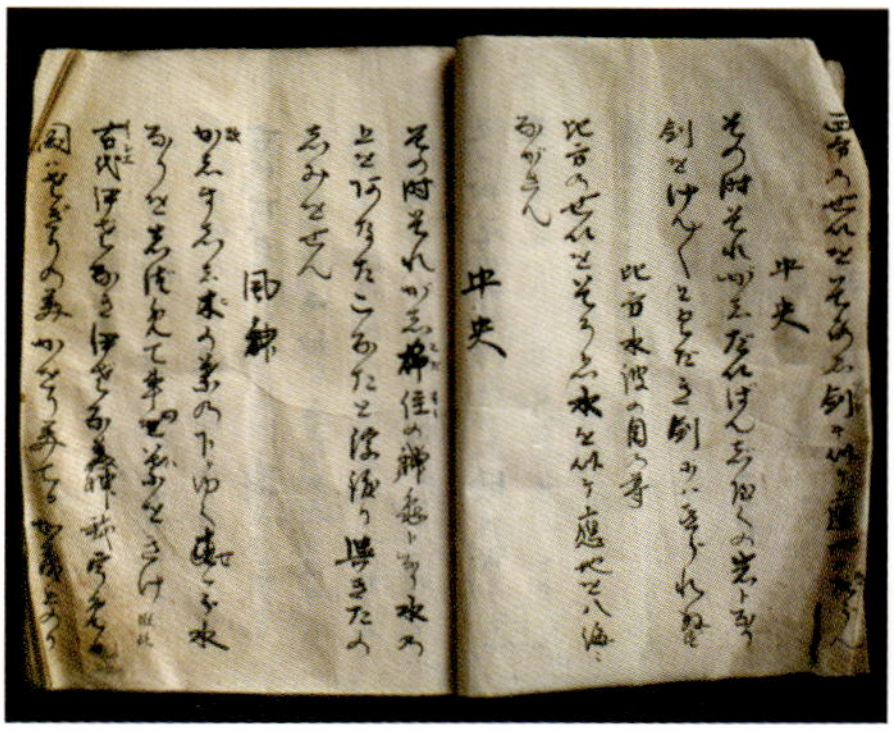

⑦ ⑥

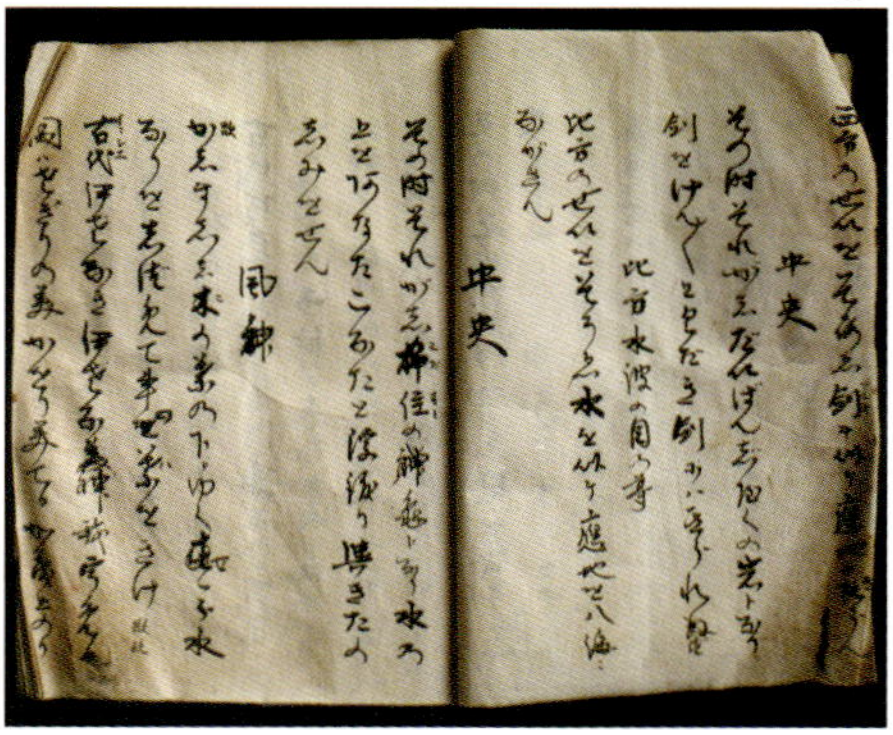

⑨ ⑧

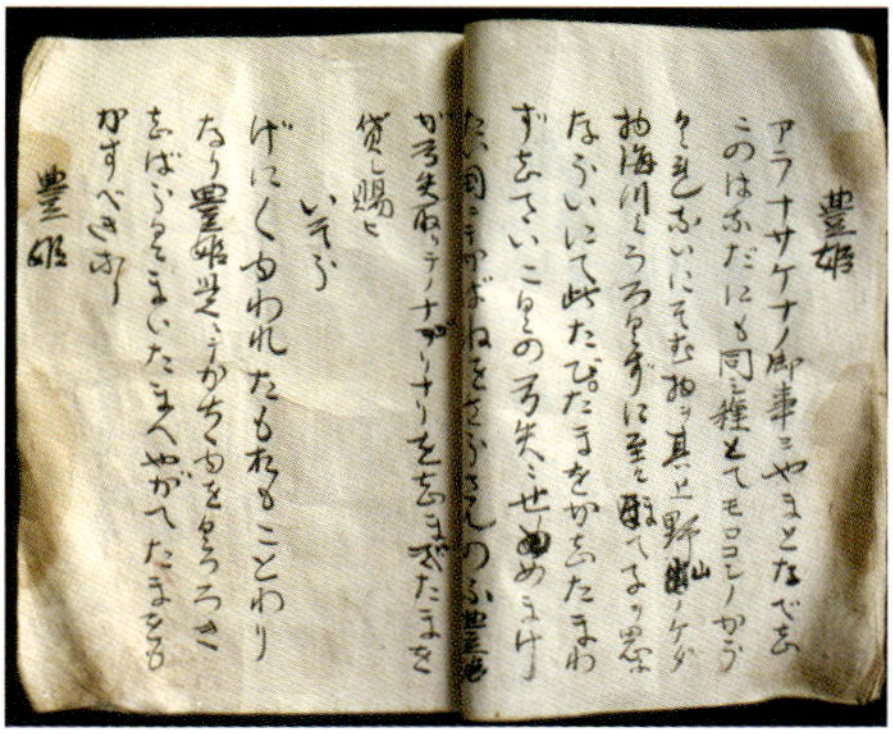

⑪ ⑩

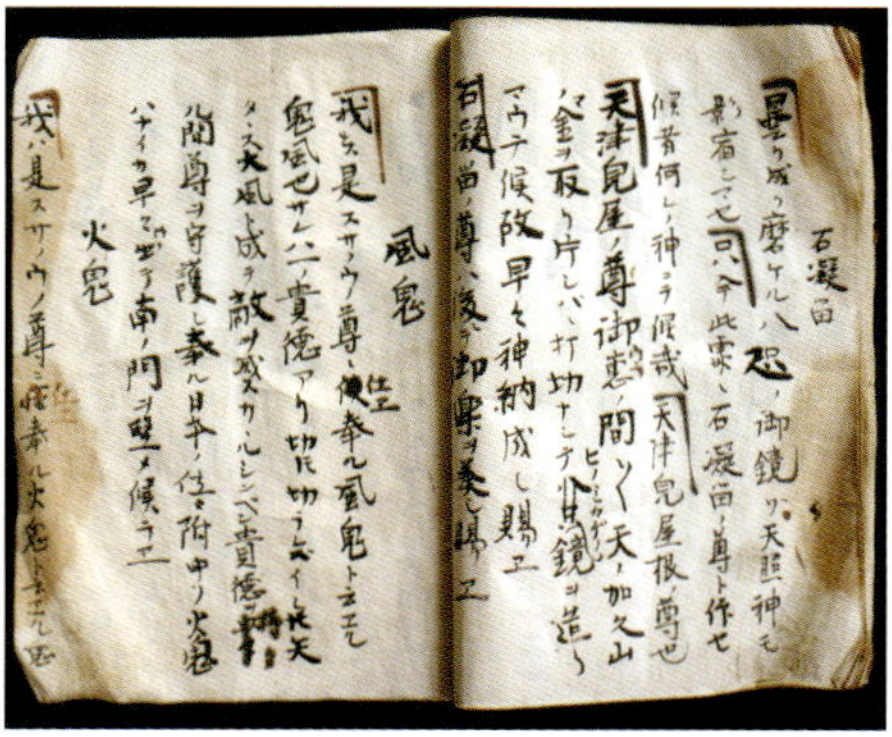

⑬ ⑫

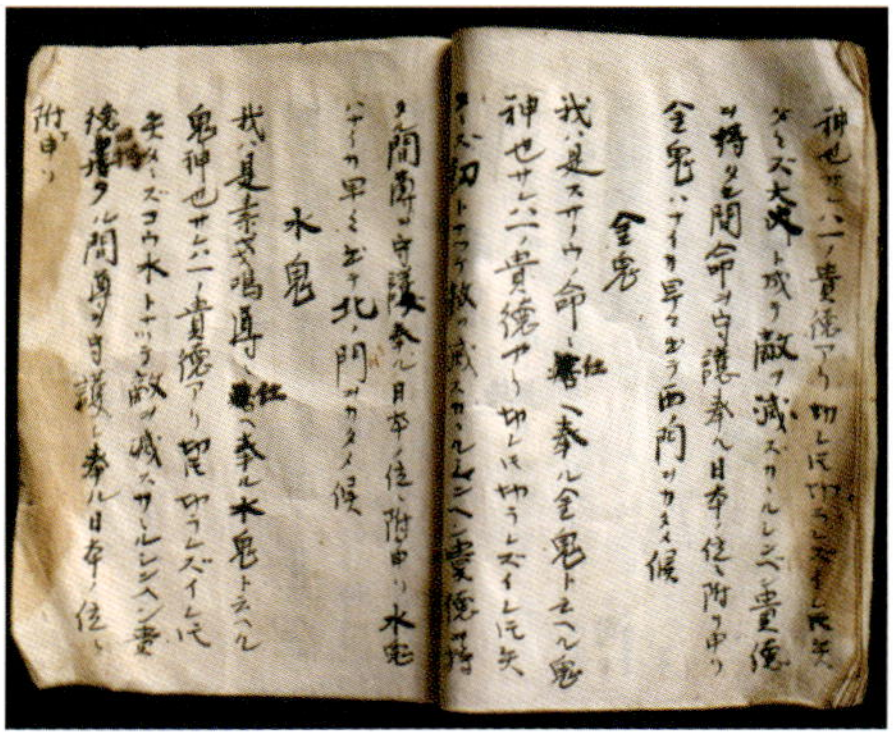

㈡ 福井神楽演目

平成十四年五月十二日に福井白山神社に奉納されたときの福井神楽の演目は、以下の二十三番である。〇印は面舞で十四演目、その他は採物舞で九演目である。

順番	演目	舞の内容説明
1	神降	岩戸の中に天照大神を迎える
2	米巻	中央東西南北を米で清める禊祓いの舞
3	手草の舞	榊による露祓いの舞
4	二本剣	中央の神　波児安姫の尊
5	四本剣	東西南北中央の神々争い。四季を分けて争いを仲裁する
⑥	駈先神主	天孫降臨の神々の御先祓いの舞で天下泰平、国家安全、五穀豊穣、氏子繁昌を祈願する舞
7	折敷	五穀豊穣を祈願し、四方をかけて舞う
8	弓の舞	天下泰平、国土守護の舞
9	幣の舞	四方清めの舞
⑩	鯛釣り	余興の舞
⑪	素戔嗚尊	天照大神の弟神
⑫	風鬼	素戔嗚尊に仕える鬼神（常闇となり悪魔神が出没する舞）
⑬	火鬼	素戔嗚尊に仕える鬼神（常闇となり悪魔神が出没する舞）
⑭	金鬼	素戔嗚尊に仕える鬼神（常闇となり悪魔神が出没する舞）
⑮	水鬼	素戔嗚尊に仕える鬼神（常闇となり悪魔神が出没する舞）
⑯	両鬼	素戔嗚尊に仕える鬼神（常闇となり悪魔神が出没する舞）

順番	演目	舞の内容説明
17	神角力	神代の力比べを楽の音に合わせて勇壮に舞う
⑱	天津児屋根の尊	天の岩戸の前に八百万の神を集めて大御神を岩戸から出すために、祝詞を奏上する舞
⑲	長白羽の尊	梶の木麻を植えて白にぎて、青にぎてを造る舞
⑳	石凝留の尊	真金から造った日の御影の鏡を奉納する舞
㉑	太玉の尊	真榊に玉や鏡にぎてを取り付けて岩戸の前に捧げる舞
㉒	天の鈿目の尊	大御神を岩戸から出すために、岩戸の前で滑稽に舞う
㉓	手力王の尊	力自慢の手力王の尊が岩戸を押し開き大御神を誘い祭る舞

弓の舞には甲冑《かっちゅう》をつけて舞ったり、豊前神楽の駈先《みさき》をとり入れるなど、異色の神楽である。二十三番を四時間近くをかけて舞う。

㈢　神楽面　20面（泉房子撮影　平成14年6月1日）

①駈先神主　24・3×17・5cm

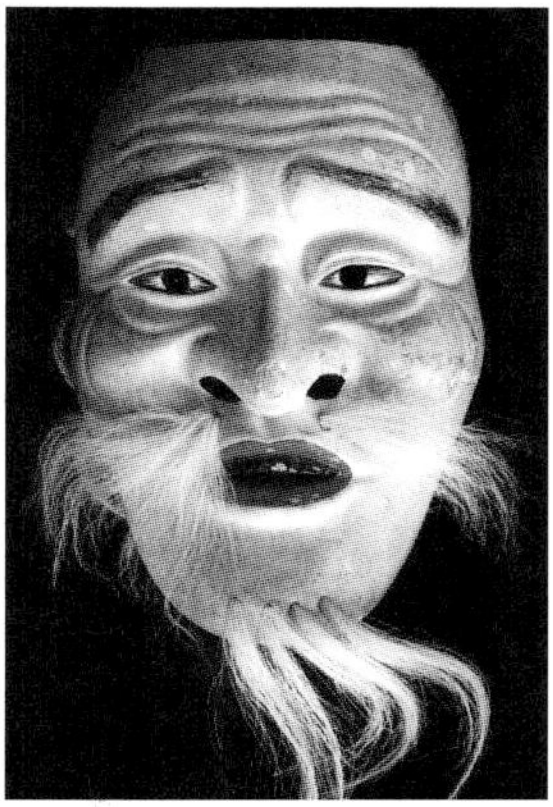

②鯛釣り　21・5×14・3cm

③素戔嗚尊　21・2×17・5cm

④風鬼 21・8×16・0cm

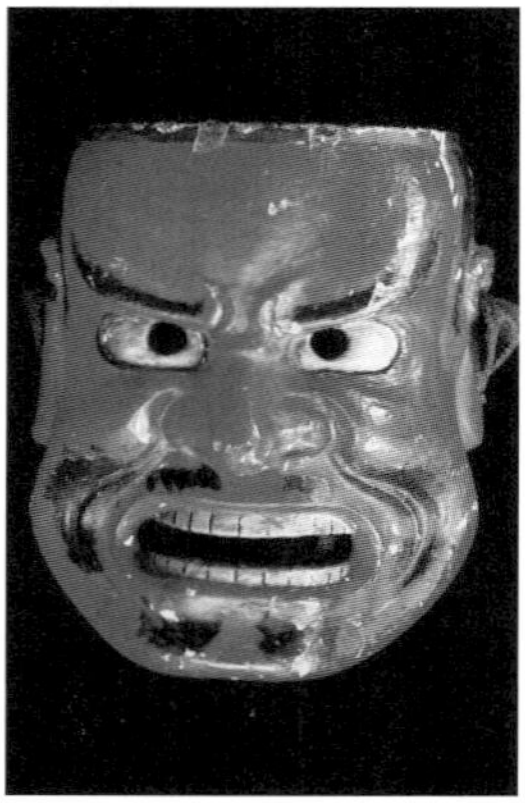

⑤火鬼 21・0×17・0cm

⑥金鬼 22・0×16・8cm

⑦水鬼 22・0×17・5cm

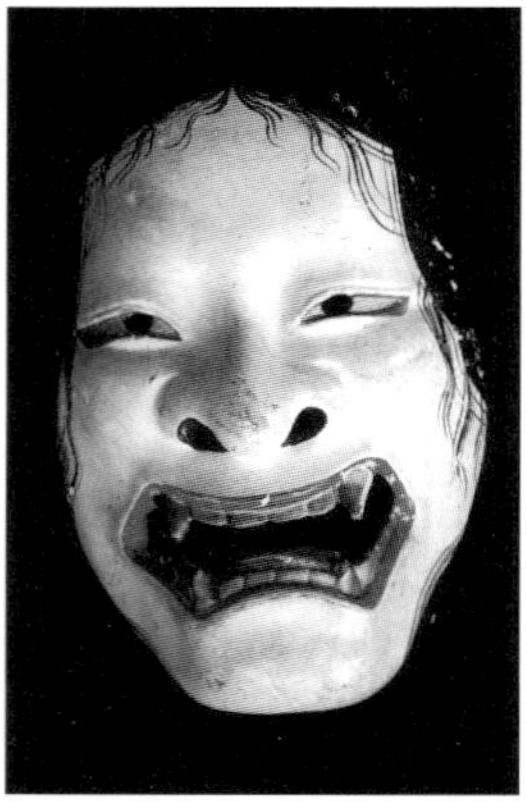

⑧両鬼 22・0×15・0cm 女面

⑨両鬼 22・0×16・8cm 男面 ※金鬼と共用

⑩天津児屋根の尊 22・3×15・3cm

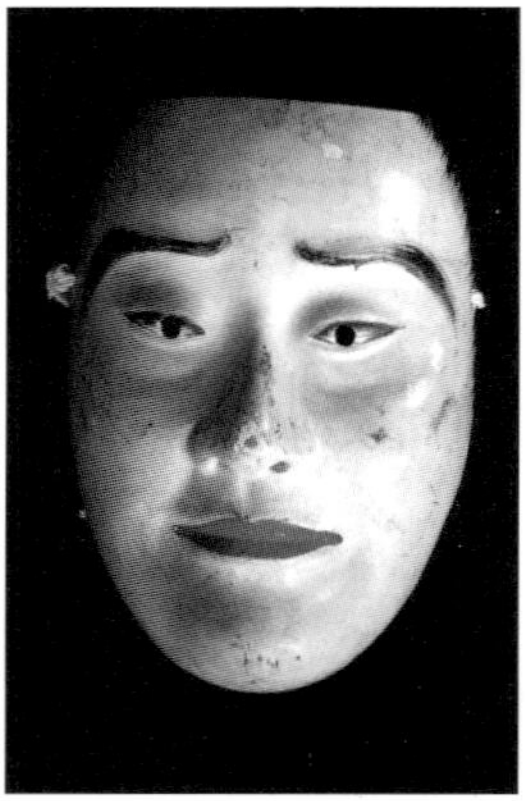

⑪長白羽の尊 21・0×14・0cm

⑫石凝留《いしこりどめ》の尊《みこと》 21・5×14・0cm

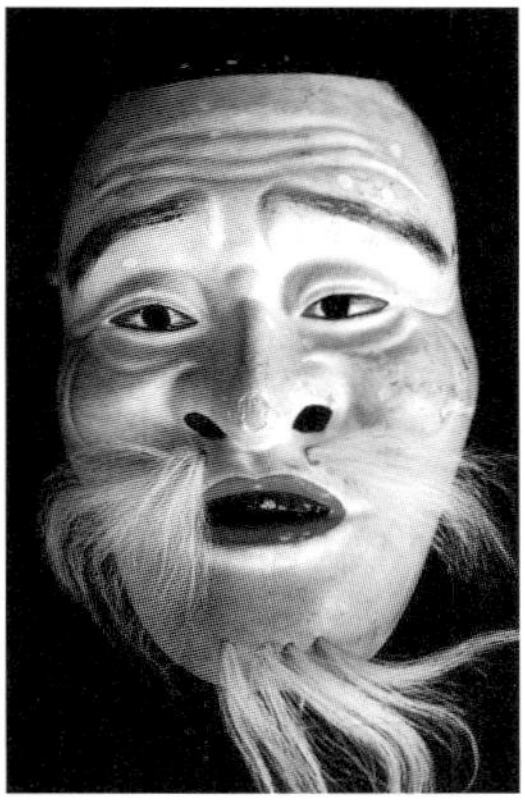
⑬太玉の尊命　21・5×14・3cm

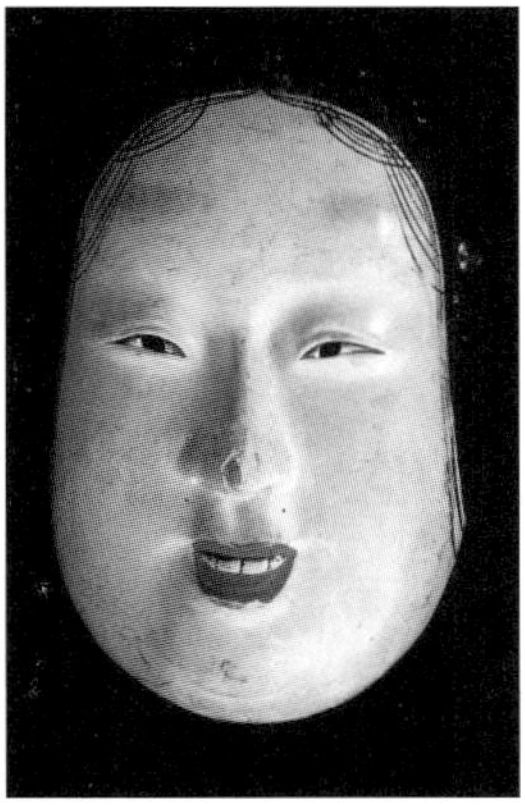
⑭天の鈿目の尊　22・0×13・8cm

⑮手力王の尊　22・5×17・2cm

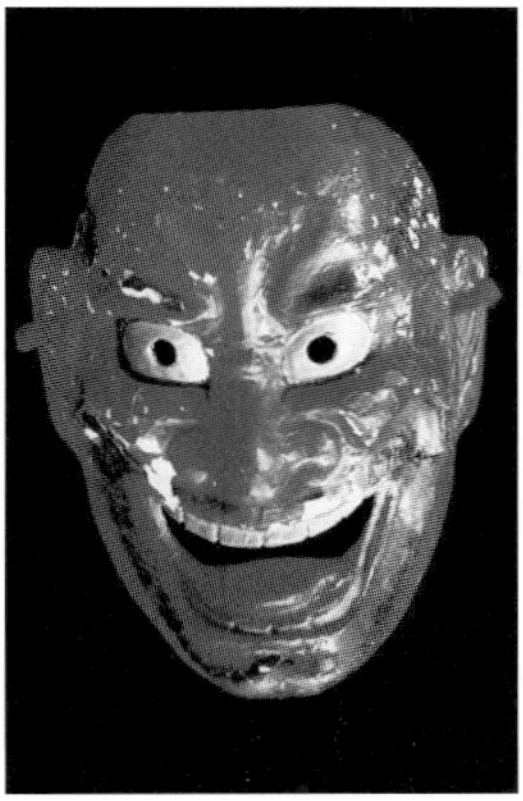
⑯磯　良　21・5×17・5cm

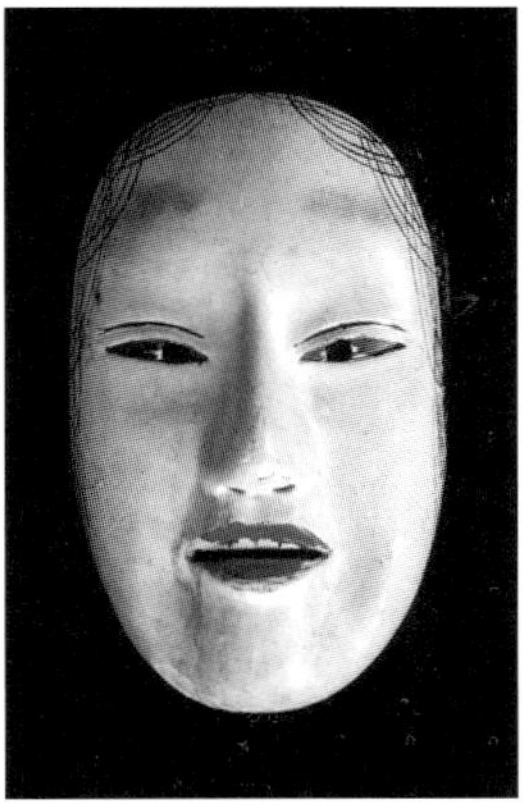
⑰鈿目の古面？　21・0×12・7cm

⑱天照大神？　22・3×13・0cm

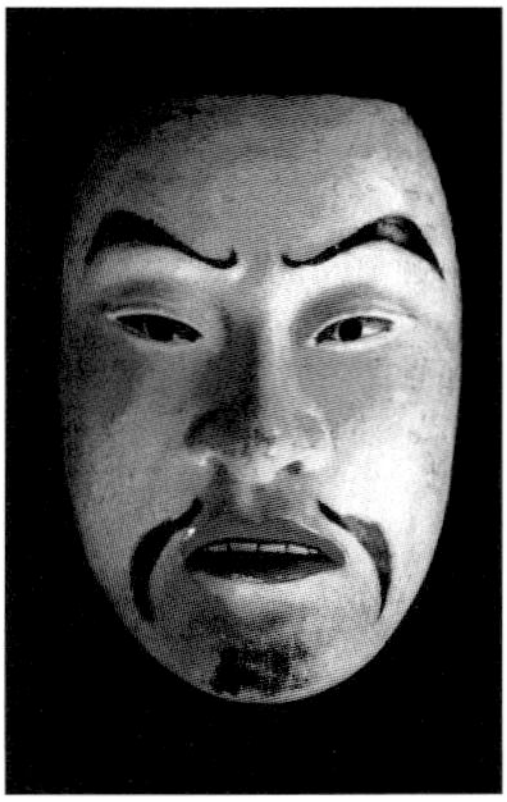
⑲石凝留の古面？　21・2×14・0cm

⑳不　明　21・0×14・5cm

五、六嶽《むつだけ》神楽

所在地　福岡県鞍手郡鞍手町大字室木
時　期　奉納　六嶽神社など十七神社で春と秋の二回
指　定　鞍手町無形文化財指定 昭和四十六年三月三十一日
神楽面　十一点

(一) 六嶽神社と六嶽神楽

六嶽神社は、宗像三女神田心姫命《たごりひめのみこと》・湍津姫命《たぎつひめのみこと》・市杵島姫命《いちきしまひめのみこと》の降臨神話を持つ六嶽の山麓にある。六嶽神楽は現在、室木区の六嶽神社と八尋区の十六神社で、春と秋の年二回定例的に奉納されている。

神楽は、榊の舞・五行の舞(平手の舞・幣の舞)・弓の舞・剣《けん》の舞・粂の舞・天神の舞・鹿島神大己貴《かしまのかみおおなむち》・前駆警蹕《ぜんくけいひつ》の神・猿田彦神・四神の舞・天鈿女命の舞・手力雄命の舞・事代主の舞である。

【面を着けて舞う神楽】

○天鈿女命の舞
○四神《しじん》の舞
○事代主命《ことしろぬしのみこと》の舞
○手力雄命の舞

天鈿女命（舞手１人）

猿田彦命（舞手２人）

○前駆警蹕の神
○鹿島神《かしまのかみ》大己貴《おおなむち》
○猿田彦命

【面を着けないで舞う神楽】

○榊《さかき》の舞
○五行
(イ)平手の舞
(ロ)幣の舞
○弓の舞
○剣の舞
○粂の舞
○天神の舞

演目は以上のとおりであるが、その中で直《ひた》面の採物神楽の割合が多いのが、六嶽神楽の特徴である。着面の神楽は、大己貴（大国主命）の国譲りや、天孫降臨、天の岩戸開きなど、神話を題材にした演劇的な神楽である。しかし劇としてのストーリーの面白さより、舞の美しさ、優雅さがこの神楽の魅力である。

衣装は、神職が祭りの際に着用するものと同じで、烏帽子、毛頭、白衣、袴、狩衣、白足袋を着ける（毛頭は、動きの激しい神楽や面をつける神楽で、烏帽子の代わりに着ける）。また、道具は楽方が、太鼓、笛、鐘。舞手は面、刀、鈴、弓矢、鉾、扇等を使う。

(二) 「御神楽本末」と「近世御神楽目録」

鞍手地方の神楽の起こりは、直方《のうがた》多賀神社(直方市)の祠官であった青山大炊頭敏文が、長清公の参勤交代の折に京都伏見に滞在して、御所内侍所の御神楽を公家より直伝し帰郷して鞍手郡内の各祠官の家に伝えられたものから派生した。六嶽神楽も、その一つである。

近世筑前神楽の演目と台本を記したものに、宝永元年(一七〇四)、多賀神社の大宮司青山敏文がまとめた「御神楽本末《みかぐらもとすえ》」がある。青山は寛文十一年(一六七一)生まれ。元禄四年(一六九一)に直方妙見社(多賀神社の前身)の神主となったが、若くして荷田春満《かだのあずままろ》に師事して吉田神道を学んで、西国における国学・神道の首唱者となった。「御神楽本末」は、原本は多賀神社には保存されておらず、その伝本とみられるものが宇美八幡宮と香椎宮に伝えられている。

「御神楽本末」は、その内容が「里神楽目録」と「近世御神楽目録」の二部に分かれている。「里神楽」は初めての用語である。

その演目に御幣・五行・太刀・榊葉・猿女衢舞曲《ちまた》・勧請・韓神・弓・惣角・小竹葉・手草・鳥名子・逆鉾・磐戸・湯立の十五曲をあげているが、このうち、五行と猿女衢舞曲(猿田彦神＝降臨)には、享保十一年(一七二六)にこれを加えた、と青山自身の注記が施されている。そこで、この二曲を除いた十三曲のうち、御幣・太刀(剣)・榊葉・弓・小竹葉(篠)・逆鉾の六曲が採物神楽である。そして、勧請・韓神・惣角・手草・鳥名子の五曲は神楽歌と思われる。残る二曲の磐戸と湯立は、序文にあるとおり、里神楽の演目として加えられたものであるが、あとから加わった五行・猿女衢舞曲とともに、単なる舞・歌とは異なる、神々の問答を伴った演劇風の神楽である。

つまり「里神楽目録」にあげられた十五曲をその内容から分けると、六曲が採物神楽、五曲が神楽歌、そして四曲が演劇的神楽ということになる。

これを成立の順序から見ると、宝永元年（一七〇四）以前からのものが採物神楽と神楽歌で、それに演劇的神楽の磐戸と湯立を加えて「御神楽本末」が成立し、享保十一年、あらたに五行・猿女衢舞曲が加えられて、演劇的神楽四曲が整えられたということになる。それは同時に神楽番付の成立にもつながる。

これが次の「近世御神楽目録」になると、五行・降臨・龍都・大蛇・異国・磐戸・湯立の十九曲があげられているが、あらたに御降臨・龍都・大蛇・異国（三韓）・盤戸が加えられて、半数に近い八曲までが演劇的神楽になっている。そして神楽歌が採物神楽に吸収されて、全体が採物神楽と演劇的神楽の二種類に整理されている。これは「里神楽目録」以後の、近世の里神楽と考えてよいであろう。

平成八年、継承者の舟津加津美の指導を受けて、三種類の神楽を復活させた。現在は六嶽神社神官芝田章氏と芝田博志氏の指導を受けながら、舞方・楽人併せて二十五人が、春は六嶽神社、秋は十六神社で年二回定例の神楽を奉納している。

なお青山大炊頭敏文が直伝を受けたのは、宮廷神楽であり、それをそのまま庶民が舞うこと

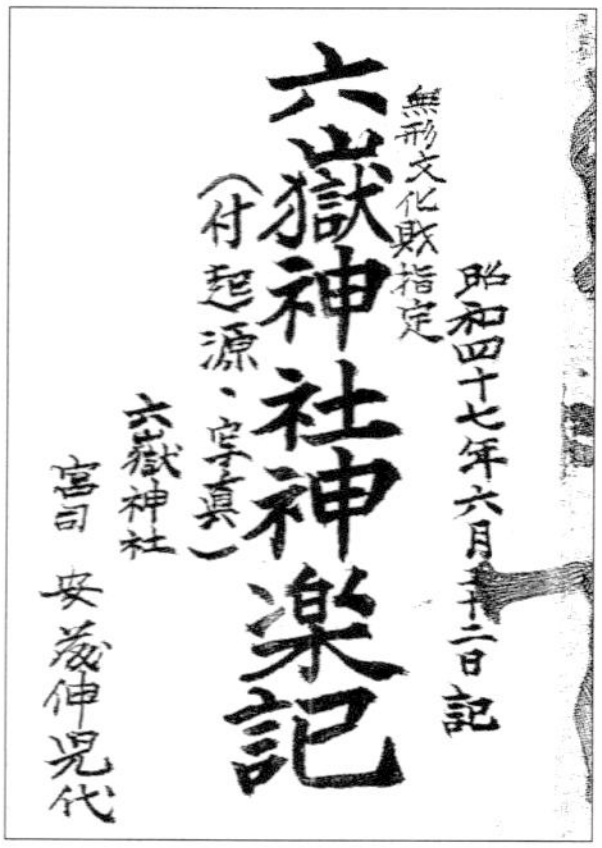
無形文化財指定
六嶽神社神楽記
（付起源・写真）
昭和四十七年六月二十二日記
六嶽神社
宮司　安藤伸児代

「六嶽神社神楽記」表紙

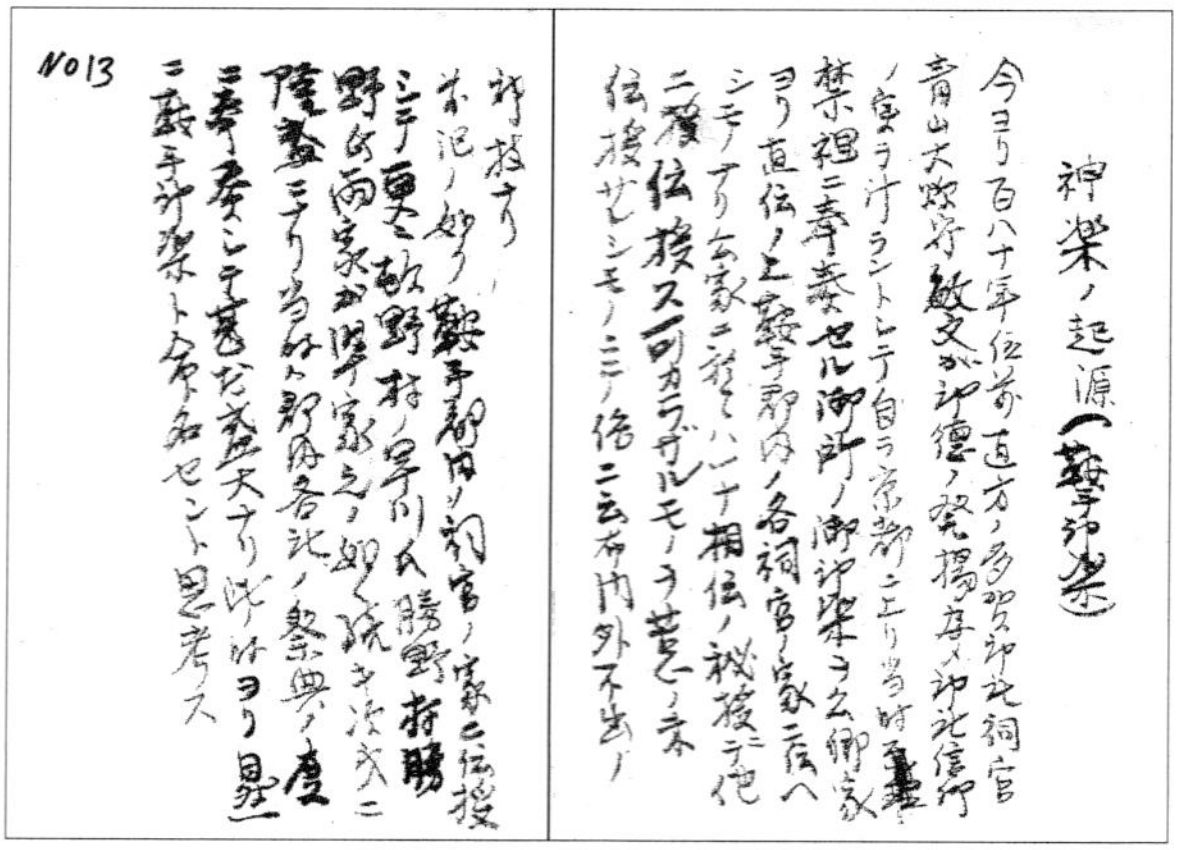
神楽ノ起源（鞍手神楽）

神楽ノ起源（鞍手神楽）

はできないので、舞えるような里神楽として伝えられているといわれている。

また、同神社には「六嶽神社神楽記」という文書もある。この文書は、宮司安藤伸児代書写の、六嶽神社と六嶽神楽の由来について書かれている（現宮司芝田章氏所蔵）。

その文書の「神楽ノ起源（鞍手神楽）」によれば、

「今より百六十年くらい前の江戸時代、直方市多賀神社の祠官青山大炊頭敏文が神徳の発揚のため京都に上り、当時禁裡に奉奏されていた御所の御神楽を公家より直伝の上、鞍手郡内の各祠官の家に伝えられたものから派生した。公家にあっては、一子相伝の秘授であり、他に伝授してはならない、門外不出の神技を苦心の末に伝授されたものである。鞍手郡内の祠官の家に伝授して、さらに直方市頓野《とんの》の早川氏、鞍手郡小竹町勝野の勝野氏両家が準家元として続けられ次第に隆盛になった。この時より自然に『鞍手神楽』と命名したと思われる。」

と記している。

現在の「六嶽神楽」は、この「鞍手神楽」から引き継がれたものである。

㈢　宇美八幡宮の「御神楽記」

「御神楽本末」については、宇美八幡宮と香椎宮にその伝本が伝えられていることは先述（一六六ページ）したが、宇美八幡宮の伝本は『御神楽記』と題された文書の中に収録されている。この文書は、岡部病院岡部広文氏の奉納である。

『御神楽記』は「御神楽本末序」に「宝永乙酉（一七〇五）癸春五月　千々和直信　序」とあり、「里神楽本末」に「宝永元年（一七〇四）陽月既望　多賀大祝　利行謹書」とある。以下、その二つの文書の原文と読み下し文を紹介する。読み下し文はいずれも徳永光司氏によるものである。

『御神楽本末序』（御神楽記）

聖人感心而天下和平感人心莫善乎楽天下和平則鬼神宗廟亭之故周人冬至舞雲門以祀天神憂至舞咸池以祭地祇書日八音克諧無相集倫神人以和本邦之昔自開天祖之石窟舞曲調律油然起日新月盛天下平是綏楽所‐以感人心也益其中功要而採易使神感者別以名神楽上自効廟朝廷而下達門巷神祠無不以此急豈不盛乎然中世以往神道王道為胡塵被穢邪呪暴行数詐神楽之術亦不全也惜哉存其一千百者振古唯伝往神家之口実末筆之汗簡故踈漏妄誕無不至如石伯二輌之民間所奏岩戸曲以天祖為釈迦以素尊為閥父之類可掩耳目者不為尠国可恨之甚也

青山先生聡敏大志自幼勉学而憂斯父不在茲造次顚頁沛無不潜心於神籍嘗先是啣命遊ー楽京師及勢列飽参明達博洽之士者年尚矣楽熟頃歳還本列奉仕神祠之暇講ー論神書領衆匡徒於是遠邇之士民自慕義来而遊門下親炙醇徳者難殫数也邇日作里神楽冊以為神家軌範其為書近代所挙千世神楽本考歌於旧記訪詢舞於老祝去其詭附補其疑略且聖子孫継天立極之道統謹慎而崇祀先王之異事寛仁而抹護生民之素意質朴誠実而可以切神明感納者無不悉収載見者常躬則豈翅神家奉祭祀之術哉復帰浮古高天原聖域之撻径也予哉拝歴諸祠之神社自其神楽残廃惻然之思未嘗忘于懐今幸有此作不可不喜慶乎哉予嘉尚芝蘭之化不遑顧短之陋妄綴鄙辞以冠篇端云爾

宝永乙酉癸春五月

千々和　直信　序

[読み下し文]

『御神楽本末』序

千々石　直信　撰

聖人ハ人心ニ感ジテ天下和平、人心ニ感ズルハ楽《ガク》ヨリ善キハ莫《ナ》シ。天下和平ナレバ則チ神ヲ思ヒ、宗廟之ヲ享《マツ》ル。故ニ周人《シュウヒト》ハ冬至《トウジ》ニハ雲門《ウンモン》（舞楽の名）ヲ舞ヒテ以テ天神ヲ祀《マツ》リ、夏至《ゲジ》ニハ咸池《カンチ》（舞楽の名）ヲ舞ヒテ以テ地祇ヲ祭ル。『書《ショ》』（『尚書《ショウショ》』舜典《シュンテン》）ニ曰《イワ》ク、「八音克《ヨ》ク諧《トトノ》ヒ、相《アイ》奪倫スルコト無ク、神人《カミトヒトト》以テ和ス」ト。

本邦ノ昔ハ、天祖（天照大神）ノ石窟ヲ開キシ自《ヨ》リ、舞曲調律、油然《ユウゼン》トシテ起リ、日ニ新《アラタ》ニ月ニ盛ンニシテ、天下平《タイラ》カナリ。是《コ》レ楽《ガク》ニ繇《ヨ》リ人心ヲ感ゼシ所以《ユエン》ナリ。蓋《ケダ》シ其ノ中ノ切要ニシテ神ヲシテ感ゼシメ易《ヤス》キ者ヲ採《ト》リ、別《ワカ》チテ以テ神楽ト名ヅク。上《カミ》ハ郊廟朝廷ヨリシテ下《シモ》ハ閭巷《リョコウ》神祠ニ達シ、此ヲ以テ急トセザルハ無シ。豈《ア》ニ盛ンナラズヤ。

然レドモ中世以往、神道王道ハ胡塵ノ為メニ穢《ケガ》サレ、邪説暴行数《シバ》シバ作《オコ》リ、神楽ノ術、亦《マ》タ全《マッタ》カラザルナリ。惜シイ哉《カナ》。其ノ一千百ヲ存スル者ハ振古《イニシエ》ヨリ唯《タ》ダ神家ノ口実《イイグサ》、末筆ノ汗簡《カキモノ》ヲ伝ヘ往クノミ。故ニ踈漏《ソロウ》妄誕、至ラザル無シ。石伯《セキハク》二（民）ノ⿰巾列《ノコリギヌ》（楽符を書いた絹の布）ノ民間奏スル所ノ岩戸曲、天祖ヲ以テ釈迦ト為シ、素戔嗚尊《スサノオノミコト》ヲ以テ□□《（闕文）》ト為スノ類、耳目ヲ掩《オオ》フ可キ者、尠《スクナ》シト為サズ。恨ムベキノ甚ダシキナリ。

青山先生、聴クコト敏《ビン》ニシテ大志アリ。幼キヨリ勉学シテ斯ノ文ノ茲《ココ》ニ在ラザルヲ憂フ。造次顛沛ニモ心ヲ神籍ニ潜《ヒソ》メザルハ無シ。嘗《カツ》テ是《コレ》ヨリ先キ啣命《カンメイ》モテ京師（京都）及ビ勢州（伊勢）ニ遊楽シ、明達博洽《ハッコウ》ノ士ニ飽参スルコト年尚《ヒサ》シ。楽《ラク》熟シ、頃歳《チカゴロ》本州ニ還リ、神祠ニ奉仕スルノ暇《イトマ》、神書ヲ講論シ、衆ヲ領《ス》ベ徒《ヒトビト》ヲ匡《タダ》ス。是《ココ》ニ於《オイ》テ遠邇《エンジ》（近）ノ士民、義ヲ慕フ自《ヨ》リ来リテ門下ニ遊ビ、醇徳ニ親炙《シンシャ》スル者、数ヘ殫《ツク》シ難キナリ。

邇日《チカゴロ》、里神楽両冊ヲ作リテ以テ神家軌範ト為ス。其ノ書、近代世ニ挙グル所ノ神楽本ニシテ歌ヲ旧記ニ考ヘ、舞ヲ老祝ニ訪《ト》ヒ、其ノ詭附《コジツケ》ヲ去リ、其ノ疑略ヲ補フ。且《カ》ツ聖子神孫ノ天ヲ継ギ極ヲ立ツルノ道統、謹慎シテ先生ヲ崇祀スルノ異事、寛仁ニシテ生民ヲ救護スルノ素意、質朴誠実ニシテ以テ神明ノ感納ヲ切ニスベキ者、悉ク収載セザルハ無シ。見ル者常ニ躬《ミズカ》ラスレバ則チ豈《ア》ニ翅《タダ》ニ神家ノ奉祭祀《ホウサイシ》ノ術ノミナラン哉《ヤ》。淳古ニ復帰スル高天原《タカマガハラ》聖域ノ揵［関］ナリ。

予嘗《ワレカツ》テ諸州ノ神社ヲ拝歴シ、其ノ神楽ノ残廃ヲ目《モク》シ、惻然ノ思ヒ、未《イマ》ダ嘗《カツ》テ懐《フトコロ》ニ忘レズ。今（青山先生ノ）此ノ作有リ、喜慶《ヨロコ》バザルベカラザランヤ。予《ワレ》、芝蘭《シラン》ノ化ヲ尚《タット》ビ、短《タン》ヲ顧《カヘリミ》ルノ陋《ロウ》ニ遑《イトマ》アラズ。妄リニ鄙辞ヲ綴《ツヅ》リテ以テ篇端ニ冠《カン》スト爾《シカ》云フ。

宝永乙酉《イツユウ》（二年＝一七〇五）癸春〈孟春〉五月撰

（徳永光司氏による）

『里神楽本末』

嘗聞移風易俗莫善於楽和順積中而英萃発外我朝以中和為神心故以大和為国号以和幣名奉実良有以也

孔子曰楽云楽云鐘皷云乎哉夫楽者同和也和者所以育人材事神祇親上下者也昔猿女君作楽解神怒爾来世々相受奏神楽以供宗届之祭永為後例文鎮魂祭日猿女君等主其神楽率百歌女挙其言本神楽歌舞今也事于神者不率旧章径了能事者未之其法将安在也惜哉上自宗廟而不達於社稷礼文不継其事之廃欠可勝乎

自一条院御宇始有内侍所之御神楽至今綿々焉然秘各于一家不行于世故知者鮮矣呼知者不言言者不知源微未益廃矣余曽閲宗像宮年中行事神楽遺法大備憾焉今失其伝凡吾郷国者神明不化之霊蹤而神代之遺習猶存焉故吾郷社往々相伝而在称神楽者其目有六曰榊曰幣曰剣曰弓曰篠曰鉾於祭祀所請也必務為常曲雖其事雑然不成章撃轅之歌有応風雅況発敬神之余乎在自然音響節簇間足感和人者亦多所謂先進於礼楽野人失伝幸今原其条目之存問諸古老探諸古記正事之紛乱叙

歌之本末輯為一篇有客率然而謂曰如夫磐戸舞湯立亦神楽之一端而兼邦百首所謂鈿女之遺法是也湯是祝清之意而斎庭訓湯庭固当也蓋神事祭祀以従社伝之旧為貴故其法程雖専古記無伝而祖述無拠所以従事斯一社之風致而不可易者也祭何以文献不足之故舍斯爰適古曰上古之世未有文字貴賎老少口々相伝此言殆尽也曜所聞而疑処覿似欲従隆敦而度高乎恭山憓氾濫而退測而湀乎重淵将亦安至客唯々而退遂合以附後至其舞曲調之類則余既非言之者知之豈敢哉各曰里神楽本末処務更吾党之童稚而已如其社伝荘旧例之存矣依矣依此書乎若夫以此編直為学之淮則非我之意故題

宝永元年　陽月既望

多賀大祝利行 謹書

【読み下し文】

『里神楽本末』

多賀神社大祝　青山　利行　撰

嘗テ聞ク、「風《フウ》ヲ移シ俗ヲ易《カ》フルハ、楽《ガク》ヨリ善キハ莫《ナ》シ」（『孝経』広要道章）。「和順、中《ウチ》ニ積ミテ英華、外ニ発ス」（『礼記《ライキ》』楽《ガク》記篇）ト。我ガ朝《チョウ》、中和ヲ以テ神ノ心ト為ス、故ニ大和ヲ以テ国号ト為シ、和幣《ワヘイ》（御幣《ゴヘイ》）ヲ以テ奉賽《ホウサイ》（お礼祭り）ト名ヅク。良《マコト》ニ以《ユエ》有ルナリ。孔子《コウシ》曰《イワ》ク、「楽《ガク》ト云フモ鐘鼓《ショウコ》ヲ云ハンヤ」（『論語』陽貨篇）。夫《ソ》レ楽《ガク》トハ何ゾ。和ナリ。和トハ人材ヲ育《ソダ》テ神祇ニ事《ツカ》ヘ上下ヲ親《シタ》シクスルモノナリ。昔、猿女君楽《サルメノキミガク》ヲ作リ、神ノ怒リヲ解キタリ。爾来《ソレヨリコノカタ》、世々《ヨヨ》相受《アイウ》ケ神楽ヲ奏シ、以テ宗廟《ソウビョウ》ノ祭《マツリ》ニ供《キョウ》シ、永ク後例ト為ス。又鎮魂ノ祭ノ日、猿女ノ君等其ノ神楽ヲ主《ツカサド》リ、百ノ歌女ヲ率《ヒキ》ヒ、其ノ言ノ本ヲ挙《アゲ》テ、神楽歌儛ス。今ヤ神ニ事《ツカ》フル者、旧章（昔のおきて）ニ率《シタガ》ハズシテ能ク事《ツカ》フル者未《イマ》ダ之《コ》レ有ラズ、其ノ法将《ハ》タ安《イズク》ニ在リヤ、惜シイ哉《カナ》。上《カミ》ハ宗廟自《ヨ》リシテ下《シモ》ハ社稷《シャショク》ニ達《イタ》ルマデ、礼文継《ツ》ガズ、其ノ事ノ廃欠、嘆《タン》ズルニ勝《タ》フ可《ベ》ケンヤ。一条院《イチジョウイン》ノ御宇（御代）ヨリ始メテ内侍所《ナイジドコロ》ノ御神楽《ミカグラ》有リ、今ニ至ルマデ錦々焉《キンキンエン》タリ。然レドモ秘《ヒ》シテ各《オノ》オノ一家ニ于《オイ》テシ、世ニ行《オコナ》ハレズ。故ニ知ル者鮮《スクナ》シ。「知ル者ハ言ハズ、言フ者ハ知ラズ」（『老子』第五十六章）、源微《ミナモトカスカ》ニシテ末益《スエマス》マス廃ス。

余曽《ワレカツ》テ宗像宮ノ年中行事ヲ閲《ケミ》セシガ、神楽遺法《ケンホウ》（ツカイカタ）大イニ備《ソナ》ハル。憾《ウラ》ムラクハ今其ノ伝《デン》ヲ失フ。凡ソ吾ガ郷国ハ神明下化《クダリカ》スノ霊蹤《レイショウ》ニシテ神代ノ遺習、猶存《ナオソン》ス。故ニ吾ガ郷社、往々《オウオウ》、相伝《アイツタ》ヘテ神楽ト称スルモノ有リ（「在」ハ誤リ）。其ノ目《モク》ハ六有リ。曰《イワ》ク榊《サカキ》。曰ク幣《ヘイ》。曰ク剣《ツルギ》。曰ク弓。曰ク篠《ササ》。曰ク鉾《ホコ》。祭祀祈請《キセイ》ニ於ケルヤ必ズ務《ツト》メテ常曲ト為ス。其ノ事雑然《ザツゼン》トシテ章ヲ成サズト雖モ撃轅ノ歌、風雅ニ応《アタ》ル有リ。況《イワ》ンヤ敬神ノ余リニ発スルヲヤ。自然ノ音響節簇《セツソウ》ノ間《カン》ニ在リテ人ヲ感和スルニ足《タ》ルモノ又《マ》タ多シ。所謂《イワユル》「先進礼楽ニ於《オ》ケル野人《ヤジン》ナリ」（『論語』先進篇）ナルナリ。然レドモ未《イマ》ダ神楽ノ事実ヲ記スモノ有ラズ、恐ラクハ愈《イヨ》イヨ久シクシテ愈《イヨ》イヨ其ノ伝ヲ失《ウシナ》ハン。幸《サイワイ》ニ其ノ条目ノ存スルニ原《モト》ヅキ、諸《コレ》ヲ古老ニ問ヒ、諸《コレ》ヲ古記ニ探《タズ》ネ、事ノ紛乱ヲ正《タダ》シ、歌ノ本末ヲ叙《ノ》ベテ、輯《アツ》メテ一篇ト為ス。

客有リ、率然《ソツゼン》トシテ謂《イ》ヒテ曰ク、夫《カ》ノ磐戸《イワト》ノ舞、湯立《ユダテ》ノ儀ノ如キモノハ、古書ノ未ダ載セザル所ナリ。然レドモ吾子《ゴシ》、何ヲ以テ徴《シルシ》ト為シ、何ヲ以テ法ト為スニ足《タ》レリヤ、ト。曰ク、社例ノ伝記ナリ。夫《ソ》レ天岩戸《アマノイワト》ハ神楽ノ一端ニシテ『熙邦百首《メデタキクニ》』ニ所謂鈿女《イワユルデンジョ》（天鈿女《アマノウズメ》）ノ遺法ナリ、ト。「湯《トウ》」ハ是《コ》レ祝ヒ清ムルノ意ニシテ斎庭《イツキノニワ》ヲ湯庭《ユノニワ》ト訓ズ、固《マコト》ニ当《アタ》レリ。蓋《ケダ》シ神事祭祀ハ社伝ノ旧ニ従フヲ以テ貴シト為ス。故ニ其ノ法程、古記ノ伝無ク、而モ祖述ノ拠ル無シト雖モ、従事スル所以ハ斯《コ》レ一社ノ風致ニシテ易《カ》フベカラザルモノナリ。奈何《イカン》ゾ文献足《タ》ラザルノ故ヲ以テ斯《コレ》ヲ舍《ス》テテ爰《ココ》ニ適《ユ》カンヤ。故ニ曰ク、上古ノ世ハ未《イマ》ダ文字有ラズ。貴賤老少、口々《クチクチ》ニ相伝フ、ト。此ノ言殆《ホト》ンド尽クセリ。聞ク所ヲ曜《カガヤ》カシテ覩《ミ》ル所ヲ疑フ。堥敦《ボウトン》（小丘—班固「答賓戯」）ニ従ヒテ高キヲ泰山ニ度《ハカ》リ、氾濫《ハンラン》ヲ懐《オモ》フテ深キヲ重淵ニ測《ハカ》ラント欲スルニ似タリ、将《ハ》タ亦《マ》タ安《ナン》ゾ至ラン。客ハ唯々《イイ》トシテ退ケリ。遂ニ合《ガッ》シテ以テ後ニ附《ツ》ク。其ノ音舞、曲調ノ類ニ至リテハ則チ余《ワ》レ既ニ之ヲ言フ者ニ非ズ。之ヲ知ルコト豈ニ敢《アエ》テセンヤ。名ヅケテ「里神楽本末」ト曰フ。吾ガ嘗ノ童稚ニ便《ベン》スルノミ。其ノ社伝ノ如キハ旧例ノ存スル有（「存」ハ誤リ）リ。奚《ナン》ゾ此ノ書ニ依ランヤ。若《モ》シ夫《ソ》レ此ノ編ヲ以テ直チニ学ノ准則《ジュンソク》ト為《ナ》セバ、我ノ意ニ非《アラ》ズ。故ニ題ス。

宝永元年（一七〇四）陽月〈陰暦十月『爾雅』釈天〉既望

多賀　大祝　利行謹ミ書《ショ》ス。

（徳永光司氏による）

㈣「御神楽本末」以後の神楽面 ―― その成立と変貌 ――

近世筑前神楽の演目と台本を記したものに、青山敏文がまとめた「御神楽本末」があることは先述した。宝永元年（一七〇四）以前の神楽は、採物神楽と神楽歌であったが、次第に演劇的神楽が加わり、「近世御神楽目録」では全体の半数が演劇的神楽になっている。これに付髄して、当然神楽面の需要もあったはずである。「御神楽本末」が記された宝永元年を境として、近世神楽面がしだいに成立していく過程を、かいまみることができる。

神楽面は近世に出現し、全国的に広がった仮面であるが、神楽面がどのように成立していったのか、その背景やプロセス等全く明らかにされていない。空白の分野である。

神楽面について、神楽面研究の第一人者である後藤淑氏は次のように述べられている。

「近世に急に出現し、全国に広がった仮面に神楽面がある。……神楽面がどのようにして生まれたのか、今日全く明らかになっていない。神楽面が神楽に使用された面であることは明らかだが、……今日の神楽面の古いものは、ほとんど江戸時代のもので、それ以前のものはない。江戸時代の神楽面は多種多様で、何が基本になっていたかはっきりしない。」

（『アジアの仮面』三三頁　大修館書店　二〇〇〇年十一月発行）

その糸口と発展の様子を、六嶽神楽の歴史が物語っている。また初めて「里神楽」の名称に出逢う。「御神楽本末」以後「里神楽目録」や「近世御神楽目録」等に記された、演劇風の神楽の曲目から推測できるのである。それは、宮中御神楽から近世里神楽への推移の過程でもある。いわゆる「里神楽」の出現である。

「御神楽本末」から演目について、あらためてまとめてみると、

①宝永元年（一七〇四）以前には、採り物神楽「御幣・太刀（剣）・榊葉・弓・小竹葉（篠）・逆鉾」の六曲、神楽歌「勧請・韓神・惣角・手草・鳥名子」の五曲があり、

②宝永元年（一七〇四）に演劇神楽「磐戸」・湯立を加える。さらに、

③享保十一年（一七二六）に演劇神楽「五行・猿女衢舞曲（いわゆる降臨神楽、鹿島大己貴・前駆・猿田彦神）」を加えている。

六嶽神楽の歩みが、これまで解明されなかった近世に急に出現した神楽面の歩みを、その目録を通して読み解くことができた。これは私にとって、また学界にとっても大きな収穫と言えるだろう。「御神楽本末」が記された宝永元年（一七〇四）以降、「里神楽目録」や「近世御神楽目録」などに記された曲目から、次第に演劇風の神楽に移行していき、併せて多くの曲目に用いられる神楽面が多く産出されてくる。次に掲げる六嶽神楽の現存の神楽面は、近代に入ってからの作であるが、その変貌の結果を示しているといえよう。

㈤　六嶽神楽神楽面　11面（泉房子撮影　平成14年6月2日）

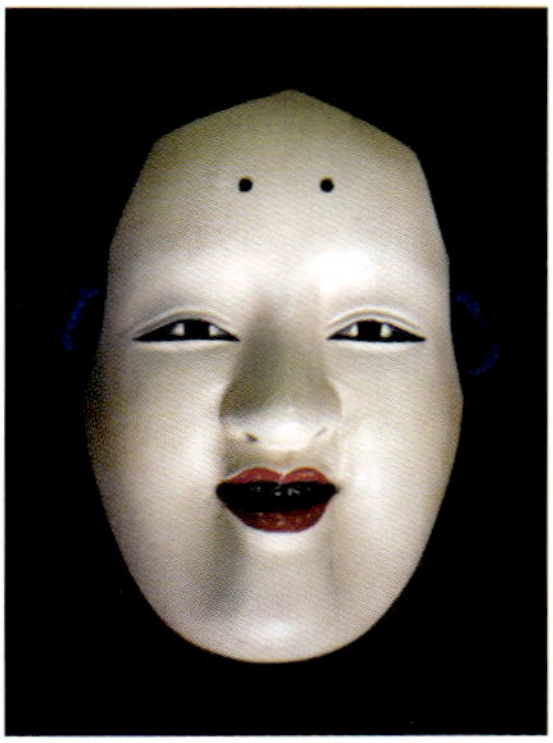

①天鈿女命　20・8×13・0㎝　陰刻　馮雲

1996年作成

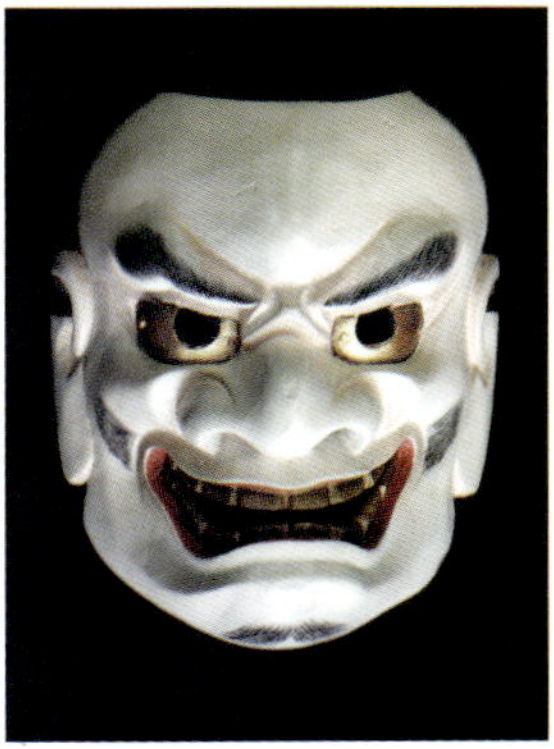

②四神（東）　19・6×16・3㎝

大正時代作成　1996年修復

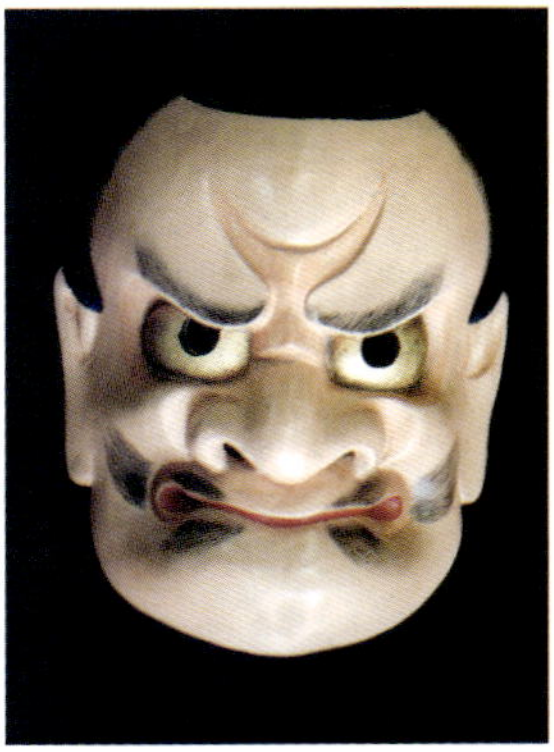

③四神（西）　19・1×15・9㎝

大正時代作成

④四神（南） 19・3×16・3cm

昭和初期作成　1996年修復

⑤四神（北） 19・4×16・3cm

大正時代作成

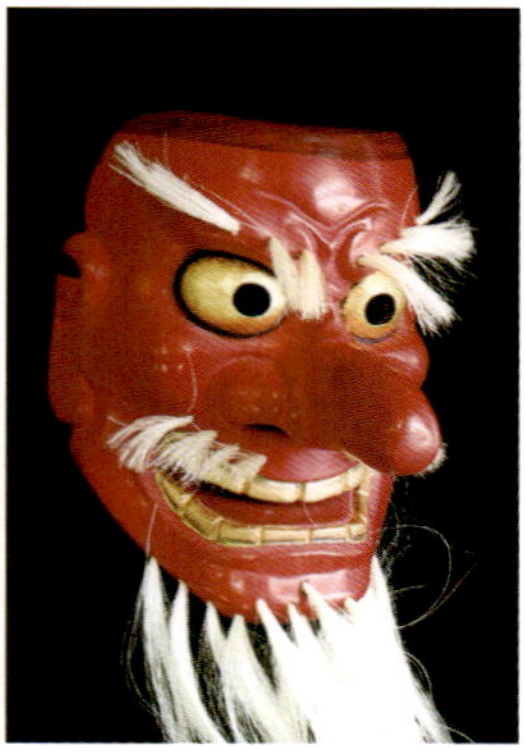

⑥手力雄命 20・7×17・1cm

1996年修復

⑦前駆警蹕神 19・1×15・1cm 焼印 馮雲

1996年作成

⑧鹿島神 19・9×13・6cm

大正時代作成　1996年修復

⑨猿田彦命 21・9×17・7cm

2002年作成

⑩大己貴 19・0×16・4cm

大正時代作成　1996年修復

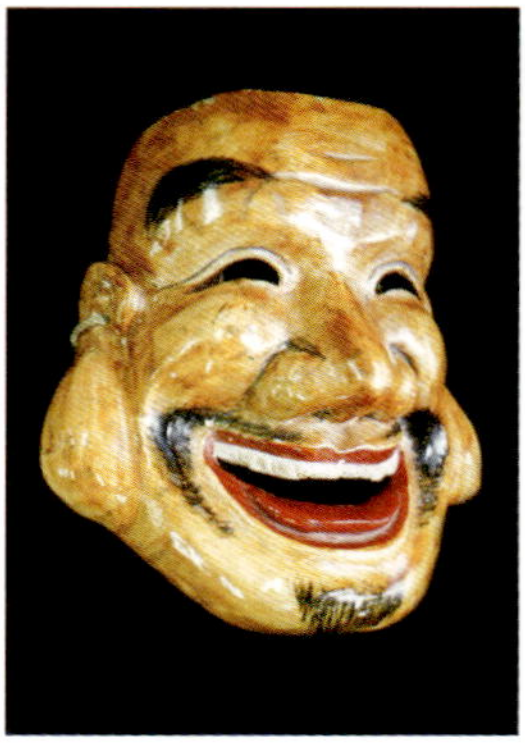

⑪事代主命 21・7×15・8cm

大正時代作成後に修復？

宮崎県と鹿児島県の年代（50年単位）別紀年の個数（泉房子調査 2014年現在）

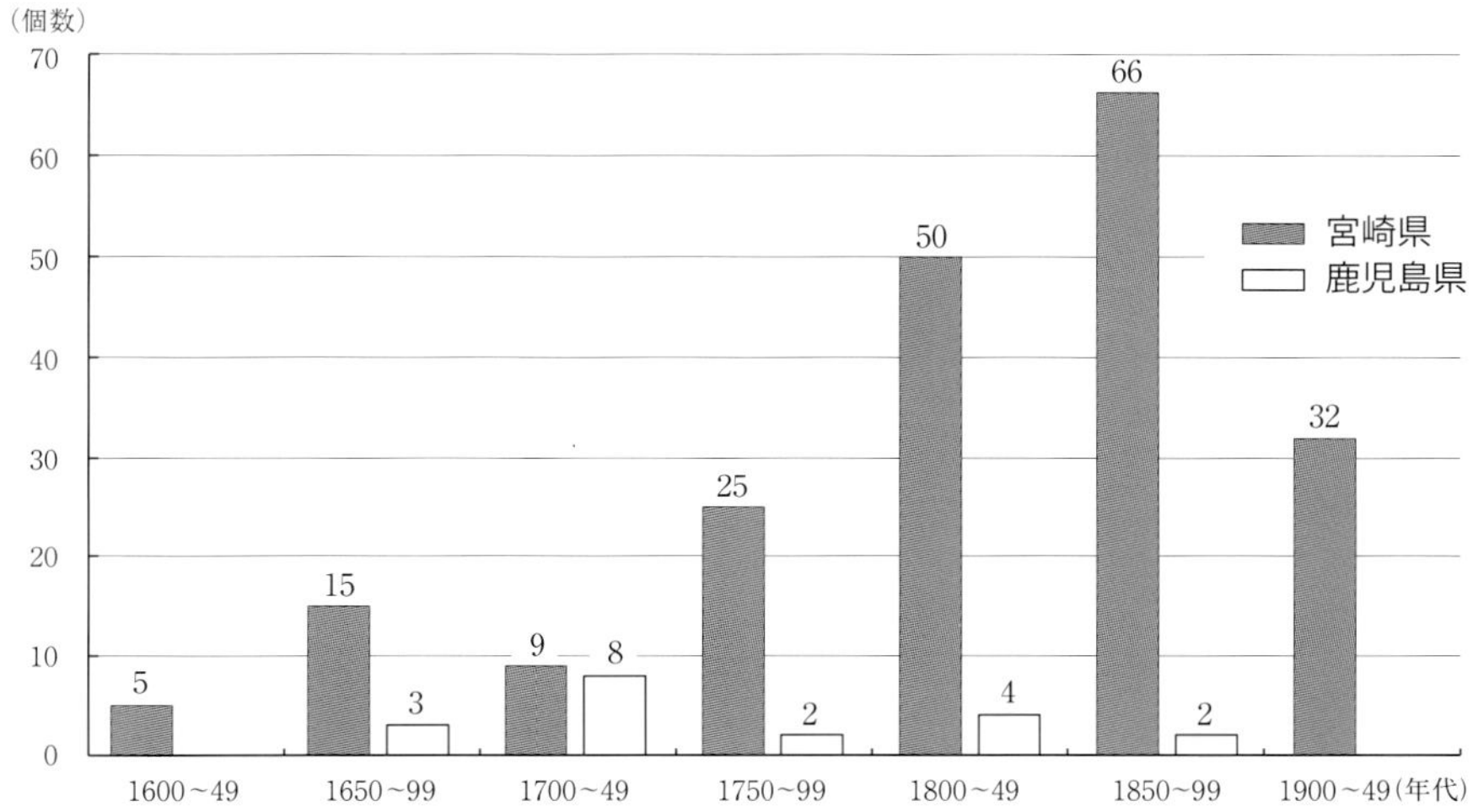

	年代	1600～49	1650～99	1700～49	1750～99	1800～49	1850～99	1900～49	計
宮崎	紀年個数	5	15	9	25	50	66	32	202
鹿児島		—	3	8	2	4	2	—	19

㈥ 神楽面の成立と吉田神道

以上見てきた六嶽神楽の歩みと神楽面の変貌は、遠く離れた南九州の神楽面にも影響を与えている。前著『南九州における神楽面の系譜』（二〇一六年鉱脈社刊）でも論述してきたところであるが、上の図は宮崎と鹿児島の両県で私が調査した神楽面で、銘のあるものを一六〇〇年代から一九〇〇年代にわたって年代別にまとめたものである。

まず宮崎県では、銘のある二〇二面の年代別分布をみると、一六〇〇年代から始まり、一七五〇年代以降一八五〇年代にピークを迎え、以後一九〇〇年代へと続く。鹿児島県内における調査は、その件数は少ないものの一六五〇～一八五〇年を対象範囲としたもので、一七〇〇年代前半に突然多くなるのがわかる。一七〇四年と記される六嶽神楽における「里神楽」の影響を、強く受けたものと思われる（泉房子の調査による。二〇一四年夏現在）。

南九州におけるこうした動きは全国的にみられるのだが、近世に全国的規模で普及した神楽面について、その理由に考えられるのが、吉田神道である。それは吉田神道が裁許状を出し、ほとんどの神社が、「里神楽」の舞いを奉納した。特に従来の採物舞に比して、演劇的神楽に傾いていったのだと思う。当然その曲目の中に、新たな演劇的神楽に似合う神楽面が創出された。吉田神道の支配下にあって、演劇的神楽に似合う神楽面が、全国的規模で作成され、それぞれの曲目の中で用いられたと考える。吉田神道を介しての、近世神楽面の出現である。

他にもう一つ、出雲佐陀神社（島根県鹿島町）の、佐陀神能の影響があるが、これも吉田神道と関係している。その濫觴は、慶長のころ（一五九六〜一六一五）佐陀神社の神職宮川兵部少輔秀行が京にのぼり、吉田家から神道裁許状を受けたのが、慶長十三年（一六〇八）。直方多賀神社の青山敏文も元禄期以前、若くして荷田門下に学び、吉田神道の首唱者になっている。

いずれも吉田神道の影響下にあった。佐陀神能の成立が近世初頭であり、神話劇神楽の成立と新たな神楽面の創出に、深いかかわりを持ったと考えられる。これが中世の神楽と異なった近世神楽面が、全国的に出現したストーリーであると、私は考える。

多賀神社の大祝《おおほうり》青山利文は、吉田神道を学び、その奥秘を窮めた。「御神楽本末」に記された近世里神楽を眺めると、その中に神話に題材を求めた演劇的神楽が新たに登場する。我が国固有の惟神《かんながら》の神道思想を唱導して、全国的に大きな勢力を持った吉田神道が、日本神話を重視したのは当然であろう。吉田家の支配は、神楽座にまで及んでいた。

江戸時代の神祇界にとって、神職の免許状である神道裁許状の取得は、渇望するところであ

宮崎県神道裁許状 年代（50年単位）別個数（泉房子の調査による）

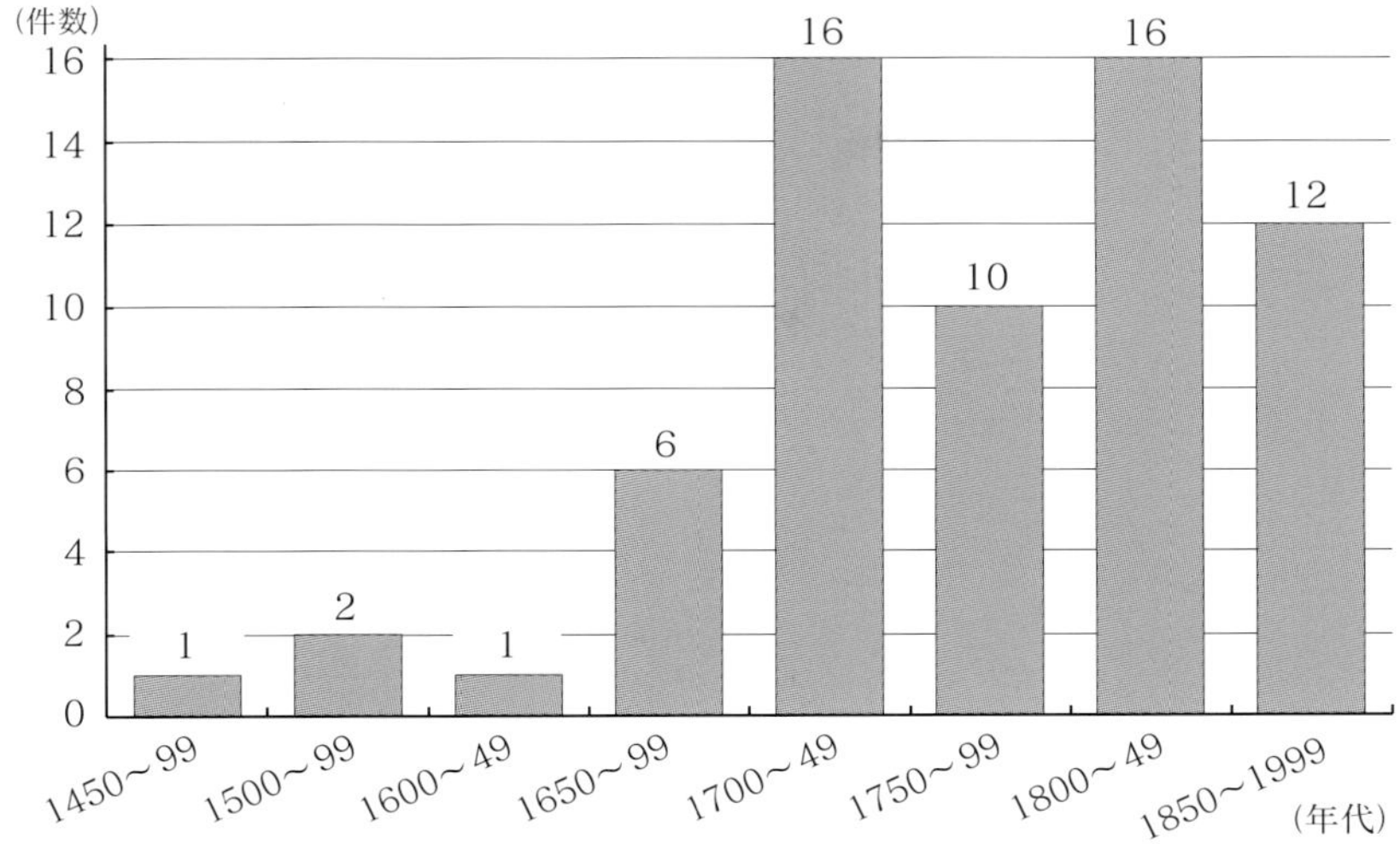

った。このことが、近世神楽の形成に大きく拍車をかけ、神楽番付の成立に寄与し、ひいては全国的に多数の多様な神楽面の出現を見るに至ったのである。

それは併せて吉田神道の神道支配と重なり合って、増幅されていった。神道裁許状の発行は、吉田神道と吉田家と、その傘下にあった神社と神職、氏子との関係を非常に密なものとし、近世神道史に大きな役割を担ったことが窺える。このことが、近世神楽の形態や番付などの構成に関与したことは、大いに考えられる。中世様式の宮中御神楽から、ストーリー性のある芸能化された面神楽へ移行し、たくさんの神々などの出番となり、全国的な規模で多様な神楽面が創出された。

上の図は参考までに、宮崎県域における神道裁許状の年代別個数を示したものである。神道裁許状は、一七〇〇年前半から、急激に伸びている。

【神道裁許状一覧】（宮崎県）

No.	和暦	西暦	所蔵者		住所	備考
1	明応七年九月	一四九八	明神号	日向国福島庄亡霊神魂	串間市	
2	永禄元年九月	一五五八	若宮大明神（亦号権現）			
3	永禄六年十月	一五六三	冠授与・論旨取次	櫛間院十三ヶ所社	串間市	谷口備前守任壬生行貞
4	元和四年九月二十八日	一六一八	神道裁許状 神道管領長上卜部朝臣兼英より	日向国冨田庄門河村愛宕権現之祠官河野権大夫通正	門川町	門川神社文書
5	寛文九年七月二十一日	一六六九	神道裁許状 神祇管領長上侍従部兼連より	日向国臼杵郡冨田庄門河村愛宕権現之祠官河野権大夫通長	門川町	門川神社文書
6	延宝三年六月二十日	一六七五	神祇管領長上侍従卜部兼連	鵜戸権現之祠官 松田右近源国由	日南市北郷町	松田秀穂氏所蔵
7	延宝三年六月二十日	一六七五	神祇管領長上侍従卜部兼連	鵜戸権現之祠官 松田権大夫源国次	日南市北郷町	松田秀穂氏所蔵
8	延宝八年九月十五日	一六八〇	神道裁許状 的野八幡宮祠官亀沢秀盛		都城市山之口町	亀沢左近家文書
9	元禄十年六月十七日	一六九七	神道裁許状 日州宮崎郡船引村八幡宮之祠宮烏帽子狩衣の許可神祇官領兼連差出		宮崎市清武町	落合頼正家文書
10	元禄十年六月十七日	一六九七	神道裁許状 四組木綿手糸繦之事神祇官領卜部差出		宮崎市清武町	落合頼正家文書
11	元禄十三年六月二十日	一七〇〇	神祇管領長上正三位侍従卜部兼敬	鵜戸権現之祠官 松田内匠源国重	日南市北郷町	松田秀穂氏所蔵
12	元禄十四年七月十一日	一七〇一	神道裁許状隅田原斉宮藤原盛長宛		串間市	谷口久美子家文書

13	元禄十五年六月十三日	一七〇二	神祇官領長上三位侍従卜部朝臣より	日州臼杵郡高千穂上之村、祖母嶽大明神之祇官内倉修理橘宗重、恒例之神幸参勤之時、可着風折烏帽子、狩衣者神道裁許之状如件	高千穂町	内倉家文書
14	元禄十五年六月十三日	一七〇二	神祇官領卜部朝臣より	持笏之事裁許 橘宗重訖向後可用之状如件	高千穂町	内倉家文書（笏持裁許状）
15	宝永三年七月二十六日	一七〇六	神道裁許状		新富町	長友宗範家文書
16	宝永五年九月三日	一七〇八	神道裁許状		西都市	法元加夫家文書
17	正徳四年七月四日	一七一四	神祇管領長上従二位卜部朝臣兼敬	鵜戸権現之祠官 松田右近源朝国	日南市北郷町	松田秀穂氏所蔵
18	享保三年六月十六日	一七一八	神道裁許状		高千穂町	田部仁一家文書
19	享保六年十二月二日	一七二一	赤色千早裁許状神祇管領より 越智通家宛		西都市	法元加夫家文書
20	享保六年四月二十四日	一七二一	神道裁許状萌黄色四組掛之事 橘峯清宛		高千穂町	田部仁一家文書
21	享保六年四月二十四日	一七二一	神道裁許状		高千穂町	田部仁一家文書
22	享保六年四月二十四日	一七二一	神道裁許状		高千穂町	田部仁一家文書
23	享保八年六月十九日	一七二三	神道裁許状 神祇管領長上従二位卜部朝臣花押より	日向国臼杵郡国冨田庄門川村愛宕権現之祠官河野相模守通継	門川町	門川神社文書
24	享保十四年八月九日	一七二九	神道裁許状		都城市山之口町	亀沢左近家文書

No.	和暦	西暦	所蔵者		住所	備考
25	元文五年六月二十六日	一七四〇	神祇管領長上正三位右兵衛督神祇大福待従卜部朝臣兼雄	鵜戸権現之祠官 松田権大夫源国維	日南市北郷町	松田秀穂氏所蔵
26	延享四年六月二十八日	一七四七	神道裁許之状卜部朝臣		宮崎市清武町	横山守正家文書
27	寛延三年六月二十六日	一七五〇	神道裁許状日向国宮崎郡船引村 八幡宮神祇官領兼連差出		宮崎市清武町	落合頼正家文書
28	寛延三年六月十二日	一七五〇	神道裁許状 神祇管領長上正三位大蔵卿神祇卜部朝臣兼□より	日向国臼杵郡冨田荘門川村愛宕権現庵野川村牧野大明神加草村若一王子権現三社之祠官河野和泉守	門川町	門川神社文書
29	宝暦二年四月二十六日	一七五二	神祇管領長上従二位神祇権大福卜部朝臣兼雄より	日向国臼杵郡高千穂上之村、祖母嶽大明神之神主内倉越後守橘宗次着、風折烏帽子狩衣任先例可専神役者、神道裁許之件如件	高千穂町	内倉家文書
30	宝暦八年七月二十一日	一七五八	紗狩衣着用許可状 神祇管領長上卜部朝臣	日向国臼杵郡門川村愛宕権現……若一王子権現神主		門川神社文書
31	宝暦八年七月三日	一七五八	神道裁許状神祇管領より	井上河内守小野良次宛	新富町	井上美則家文書
32	明和二年六月十三日	一七六五	神祇管領長上従二位卜部朝臣兼雄	鵜戸権現之祠官 松田山城守源国寿	日南市北郷町	松田秀穂氏所蔵
33	天明六年四月十六日	一七八六	神祇管領長上従二位卜部朝臣郎延より	神道裁許状（本文省略）	高千穂町	内倉家文書
34	寛政元年十一月十九日	一七八九	神道裁許状	日向国児湯郡河野下記越智通直 佐土原妻万大明神神祇官の事	西都市	法元加夫家文書
35	寛政元年閏六月八日	一七八九	神道裁許状 神祇管領長上従二位卜部朝臣兼倶より	日向国臼杵郡黒木豊前藤原信重、加草村葛城大権現祠宮着風打烏帽子狩衣	日南市北郷町	松田秀穂氏所蔵

36	寛政六年七月六日	一七九四	神祇管領長上従二位卜部朝臣良倶	鵜戸権現之祠官 松田和泉正源国友	日南市北郷町	松田秀穂氏所蔵
37	享和二年四月十一日	一八〇二	神道裁許状神祇管領より	井上左近小野吉信宛	新富町	井上美則家文書
38	文化二年十一月六日	一八〇五	神祇管領長上従二位卜部朝臣良連	鵜戸権現之祠官 松田肥前正源国秀	日南市北郷町	松田秀穂氏所蔵
39	文化三年正月二十二日	一八〇六	神道裁許状 日向国北川内村潮嶽大権現祠官越後正輝 鵜戸権現下社家宛神祇官領従二位（割字）		日南市北郷町	佐師正朗氏所蔵
40	文化四年七月十六日	一八〇七	神道裁許状		日南市南郷町	森山真嗣家文書
41	文化四年七月十六日	一八〇七	神道裁許状		日南市南郷町	森山真嗣家文書
42	文化九年	一八一二	神道裁許状		高千穂町	田崎家文書
43	文化九年三月十一日	一八一二	神祇管領長上従二位卜部朝臣良連	赤色千早許容宗吉（本文省略）	高千穂町	内倉家文書
44	文化九年三月十一日	一八一二	神祇管領長上従二位卜部朝臣良連	細烏帽子許容橘宗重（本文省略）	高千穂町	内倉家文書
45	文化九年三月十一日	一八一二	神祇管領長上従二位卜部朝臣良連	風折烏帽子、狩衣裁許状内藤伊勢正橘宗近（本文省略）	高千穂町	内倉家文書
46	文化十一年六月九日	一八一四	神道裁許状		宮崎市田野町	天建神社（宮田義立）文書
47	天保九年七月十六日	一八三八	神道裁許状神祇管領より	井上豊前小野吉次宛	新富町	井上美則家文書

No.	和暦	西暦	所蔵者		住所	備考
48	天保十一年六月	一八四〇	裁許状椎葉山不土野村天宮八幡之社人		椎葉村	那須久実家文書
49	天保十五年二月二十八日	一八四四	神祇管領長上侍従卜部朝臣郎芳	神道裁許状（本文省略）	高千穂町	内倉家文書
50	弘化二年三月	一八四五	神道裁許状正一位稲荷大明神号 授与の件について長上家公文所より	三田井浅ヶ辺村村中宛	高千穂町	高千穂神社文書
51	弘化二年七月十七日	一八四五	神道裁許状 神祇管領長上侍従卜部朝臣より	日向国臼杵郡冨田荘門川村愛宕神社八幡宮祇園大将軍庵野川牧野大明神加草村若一王子権現六社神主河野讃岐頭越智通潔	門川町	門川神社文書
52	嘉永元年九月二日	一八四八	神道裁許状潮嶽権現越後守宛 神祇官領朝臣（割字）		日南市北郷町	佐師正朗氏所蔵
53	嘉永二年六月二十一日	一八四九	神道裁許状幣田大明神等 五社祠官猪股栄章		美郷町南郷区	猪股安男家文書
54	嘉永五年七月七日	一八五二	神道裁許状		木城町	阿倍岩雄家文書
55	安政四年十二月	一八五七	神祇管領長上家公文所より	鵜戸権現神主 枩田山城源国敬	日南市北郷町	
56	安政四年十二月	一八五七	神祇管領長上公文所	日州那珂郡飫肥院鵜戸山権現神主松田山城	日南市北郷町	松田秀穂氏所蔵
57	安政四年十二月十一日	一八五七	神祇管領長上従三位卜部朝臣兼敬	鵜戸山権現神主 松田山城頭源国敬	日南市北郷町	
58	安政四年十二月十一日	一八五七	神祇管領長上従三位卜部朝臣	日向国那珂郡飫肥院山城頭源国敬	日南市北郷町	松田秀穂氏所蔵

59	安政五年三月	一八五八	神祇管領長上従三位卜部朝臣	当社祭礼正月廿五日、六月廿八日、十二月一日、一日法令可着衣冠者神道之状如件	高千穂町	内倉家文書
60	文久三年八月二十三日	一八六三	裁許所		西都市	壱岐範里家文書
61	丑七月（慶応元年か）	一八六五	立烏帽子裁許状鈴鹿出羽守他二名より	河野播磨宛	西都市	法元加夫家文書
62	慶応元年	一八六五	神道裁許状		高千穂町	田崎家文書
63	慶応二年四月十一日	一八六六	神道裁許状 日向国児湯郡佐土原妻大明神正司越智通連		西都市	法元加夫家文書
64	慶応二年七月一日	一八六六	神道裁許状卜部朝臣より	小玉貞継宛	宮崎市清武町	横山守正家文書

六、撃鼓《げっこ》神社の神楽

所在地　福岡県飯塚市大字中《なか》字野間
時　期　撃鼓神社の春と秋の大祭に奉納
神楽面　三十四面

(一)　撃鼓神社と神楽

撃鼓神社は白旗山の東北側にある。祭神は天太玉命・天児屋根命・天鈿女命である。氏子区域は、中・津島・柳橋・吉北と庄司の一部で、大谷郷の惣社であった。神楽面の昭和五十八年四月には、神楽面三十三面の修復祝いがあった。まず驚いたのは、数の多さと美しく保存されていることである。一見して、撃鼓神社一社のみでなく、たくさんの神社の総まとめをする惣社であると直感した。旧穂波郡では大分八幡と並び代表的な神社である。

撃鼓神社は『福岡県神社誌』には、文安三年（一四四六）八月本殿再建・その後享禄三年（一五三〇）造営されたが、天正年間に兵火にかかって本殿・拝殿と神宝などが焼失したと記されている。

撃鼓宮（泉房子撮影　平成11年11月18日）

『太宰管内志』は、鼓打権現社の見出しで、文安三年と享禄三年の棟札の内容を詳記し、「今は熊野権現と号す。神官佐伯信濃是に奉仕す。社は東に向てたてり穂波郡中村ノ産沙神なり神殿中殿拝殿石ノ鳥居あり山は杉檜いと榮えてうるわしき山なり」と述べている。

さて神楽は、撃鼓神社の春と秋の祭りに奉納される。元来四月十九日と十月十九日であったが、今はその日に近い日曜日に行われている。

まず祭りの前二十日くらいに宮司宅に神楽関係者が集って、「神当《じんとう》」が行われる。神当とは、

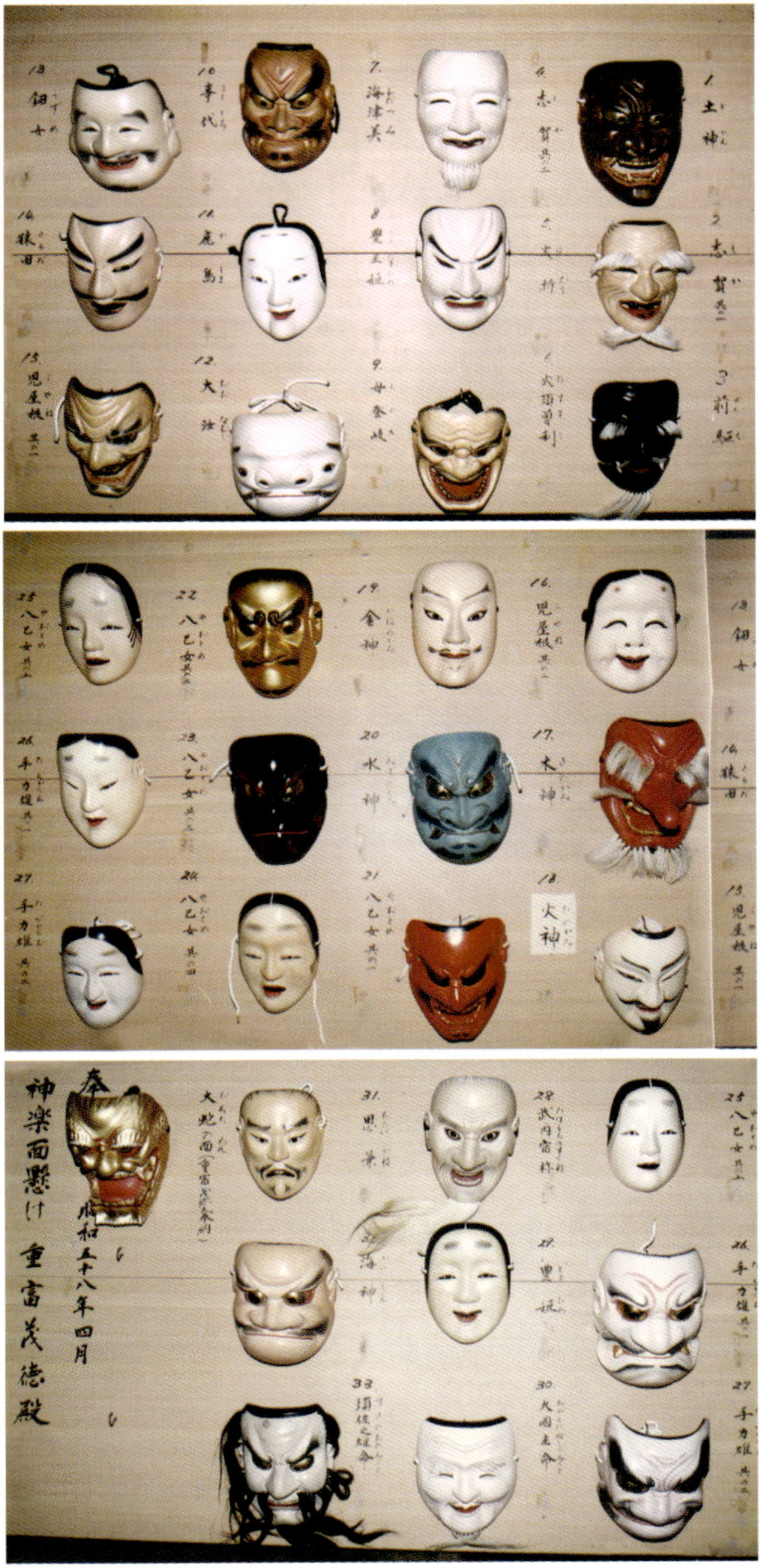

撃鼓神社　神楽面一覧

神楽の曲目の中で、誰が演ずるのか役割を決める打ち合わせである。その後神社拝殿で、一週間に二日の練習を始める。祭りの当日は、修祓・祝詞・玉串奉奠・撤饌が行われ、氏子会長・宮司の挨拶がある。続いて神楽に移るが、神楽組は宮司とともに太鼓の音に合わせて祝詞をあげる。春と秋の例祭には、五～七曲くらい演じられる。

撃鼓《げっこ》神楽は十五曲あり、面を着けずに舞う「榊の舞」や「四人幣」のような「採物神楽」と、面を着けて舞う「降臨前段」や「岩戸の舞」のような「着面神楽」がある。

撃鼓神社神楽「岩戸」鈿女

神楽順序（○印は着面の神楽）

一、真榊　一、千代　一、四位　一、方堅（五行ノ部）
一、風神　一、○土神　一、幣取《へいとり》　一、奉幣神楽
一、久米《くま》（三韓前段）　一、○武内　一、○志賀（三韓後段）
一、○武内　一、○豊姫　一、○海神　一、剣（潮汲前段）
一、○火折　一、火須曽利（潮汲後段）　一、○海津美
一、○豊玉姫（国土安定）　一、手草　一、花　一、四季
一、○母登岐　一、荒神　一、世岐《せき》　一、手折
一、○事代（天孫降臨前段）　一、○中臣　一、○鹿嶋
一、○大汝（天孫降臨後段）　一、○前駆　一、○中臣
一、○鈿女　一、○猿田　一、○八乙女

撃鼓神社 佐伯宮司夫妻（泉房子撮影 平成11年11月18日）

一、天神（岩戸ノ部）　一、○思兼　一、○児屋根
一、○鈿女　一、○須佐　一、○木神　一、○金神
一、○火神　一、○水神　一、○手力雄　一、日神

○面をつけない神楽

真榊《まさかき》　千代《ちよ》　風神《ふうじん》　奉幣《ほうへい》神楽　久米《くま》　剣《けん》　手草《たぐさ》
花《はな》　四季《しき》　荒神《あらがみ》　世岐《せき》　手折《たおる》　天神《てんじん》　日《ひ》ノ神《かみ》

㈡「佐伯文書」が示す神楽の歴史

この神社には「佐伯家文書」と呼ばれる立派な文書が保管されている。文化七年三月に催された「本神楽」奉納をはじめとして、天保六年九月柳橋村での御神楽、天保十四年の撃鼓神社永代本神楽奉納、明治二年水祖宮御神楽、天神祭大神楽などの諸神社の神楽のほか、高取焼本家窯元蔵開神楽、更に吉田家の弔神楽まで催されている。

平成七年九月には、資料の散逸を防ぐため巻物として残している。

次に以上の佐伯家文書から、神楽芸能関係を抜き出してみる。

1　元禄十四年（一七〇一）
「直方伊勢守様　雨乞御祈禱披仰付六月十四日湯立神楽有」

2　宝永七年（一七一〇）

「拝殿が完成して、社内で五カ村より「踊り壱座」が催されている。

3 享保十五年（一七三〇）

触中の雨乞願で「操り興業」が役者淡路田中勘太夫組で催され、元文四年（一七三九）にも同じ目的で「操り中門にて執行」されている。

4 寛保二年（一七四二）

土地売買が解決して「永代本神楽相成證文遣」とあり、文化十四年（一八一七）に「永代神楽料」の語が出ている。

5 天保六年九月（一八三五）

「御神楽米併御初穂料」庄司村尾多良十九名

「撃鼓神社永代本神楽奉納姓名録」中村触中寄進四十九名連名（村外者の名あり）

「佐伯家文書」を見ると、「社記実録」で最も古いものは「元禄拾四年（一七〇一）直方黒田伊勢守様ゟ雨乞御祈禱被仰付六月十四日湯立神楽有」である。湯立神楽は宮崎の神楽では行われていないので、一見珍しい感じがする。大分県内でも湯立神楽が行われているが、湯立神楽は豊前からの筑前の地では一般的な神楽だったと思われる。

さらに、神事祈願では「神楽」が催されると思われるが、「踊り」や「操り」も行われている。宝永七年（一七一〇）「拝殿が完成して、社内で五カ村より「踊り壱座」が催されている。

また享保十五年（一七三〇）、触中の雨乞願で「操り興業」が役者淡路田中勘太夫組で催され、元文四年（一七三九）にも同じ目的で「操り中門ニ而執行」されている。

六嶽神楽の歴史をひもといていくと、現在のような演劇性のある神楽は、青山敏文がまとめた「御神楽本末《みかぐらもとすえ》」（宝永元年　一七〇四）を境に単なる神楽歌や採物神楽から、次第に神々の問答を伴った演劇風の神楽に移っていく。「近世御神楽目録」では、全体の半数が演劇的神楽になっている。一七〇〇年前半の時点では、現在考えられる面神楽は、まだ整えられていなかった。それ以前は「湯立」と榊や鈴などを持って舞う採物舞のみで、演劇性のある神楽はなかったものと思われる。そんな中で、興業性のある「踊り」や「操り」が行われたのである。演劇性のある神楽が整えられたのは、江戸時代中期以降である。

【謝辞】筑前神楽の調査においては、元福岡県文化財調査委員会委員長谷川清之氏および鞍手町歴史民俗博物館学芸員長谷川富恵氏に、多大なご指導・ご支援を頂いた。この場を借りて、心からお礼申し上げたい。

(三)　撃鼓神社神楽面　34面（泉房子撮影　平成11年11月18日）

①猿田彦神《さるだひこのかみ》

②手力雄《たぢからお》（その一）

③手力雄《たぢからお》（その二）

④児屋根《こやね》（その一）

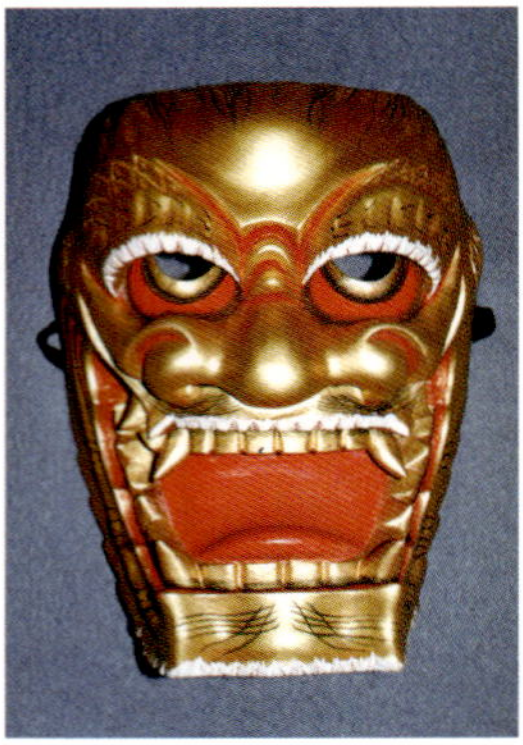

⑦大蛇《おろち》の面（奉納）

宇佐神宮の面の模刻

⑩須佐之雄神《すさのおのかみ》

⑤大国主命《おおくにぬしのかみ》

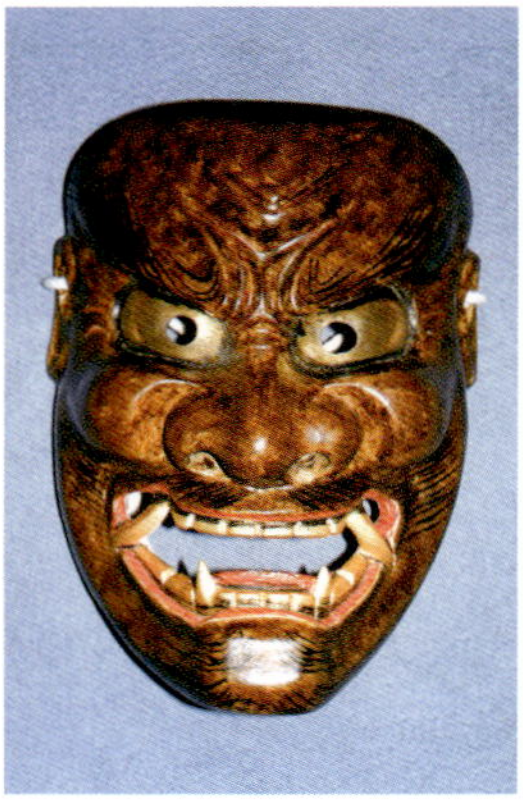

⑧土《ど》神《じん》

⑪手力雄（その二）

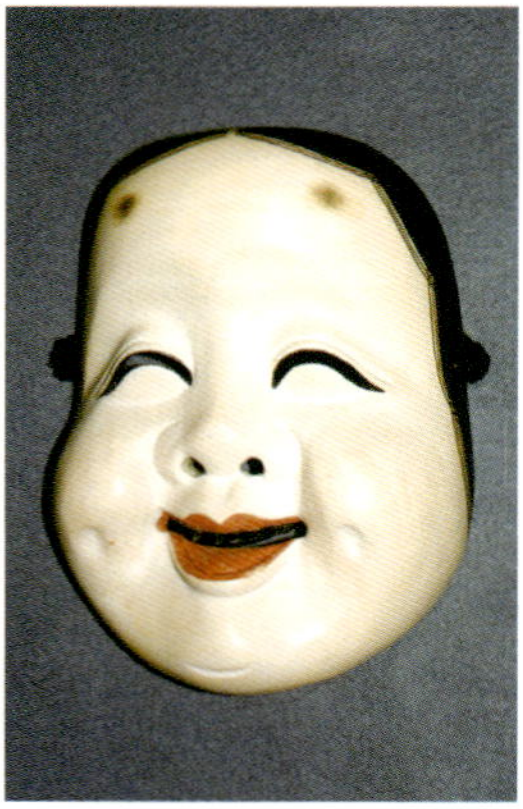

⑥鈿《うず》女《め》

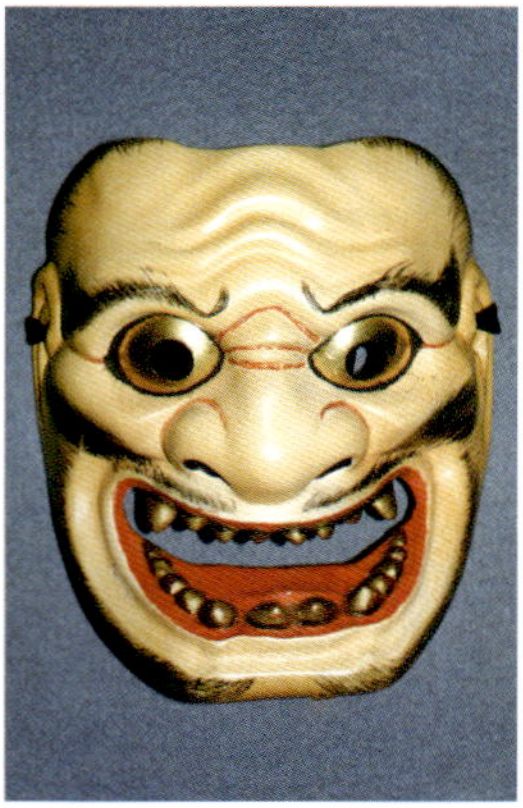

⑨火須曽利《ほすそり》（海彦）

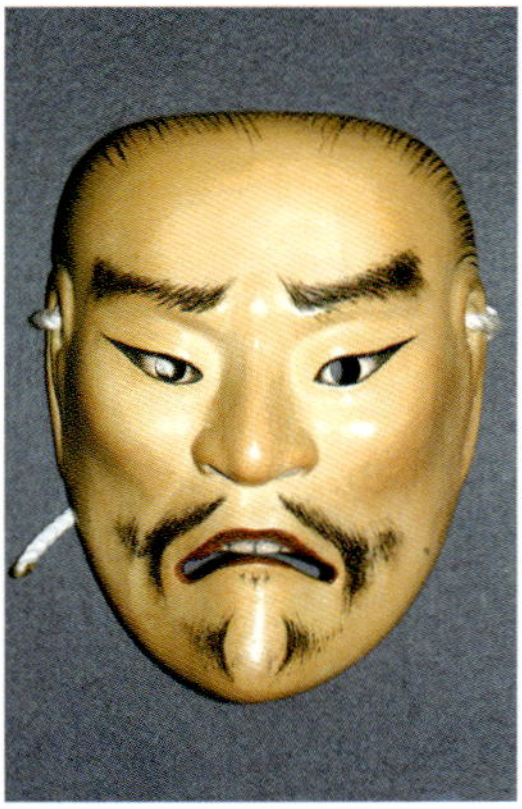

⑫思《おもい》兼《かね》

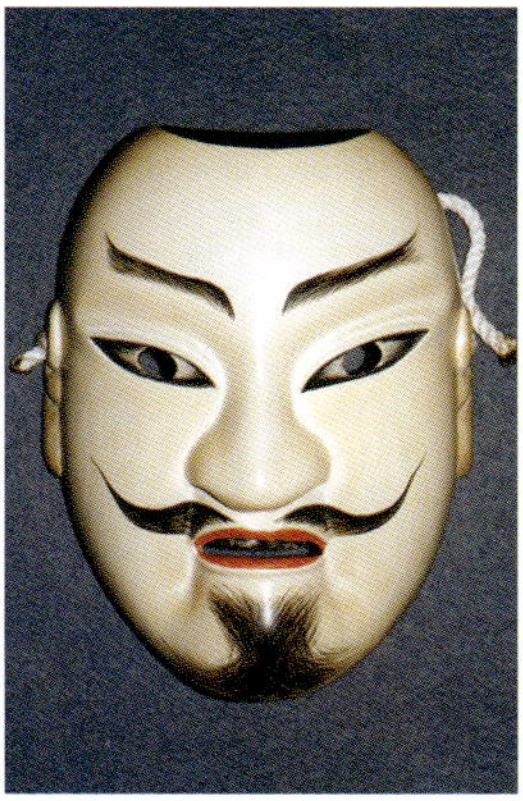
⑬児屋根（その一）

⑭木《きの》神《かみ》

⑮火《ひの》神《かみ》

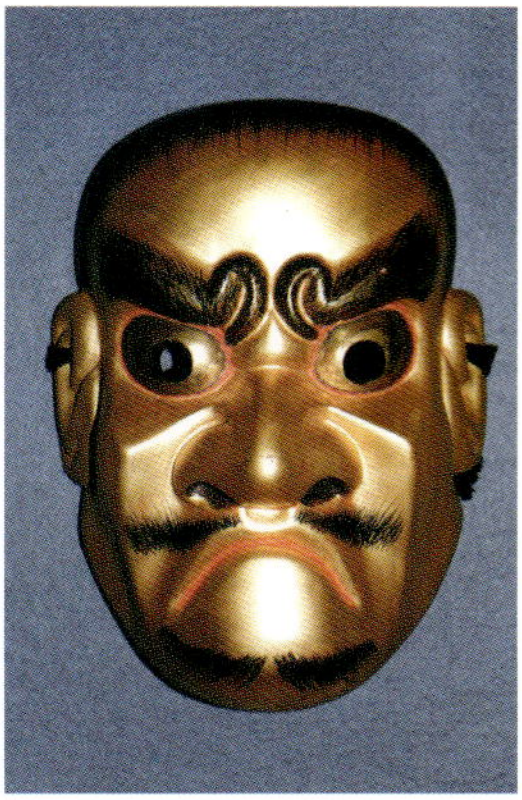
⑯金《かねの》神《かみ》

⑰水《みずの》神《かみ》

⑱火《ほ》折《おり》（山彦）

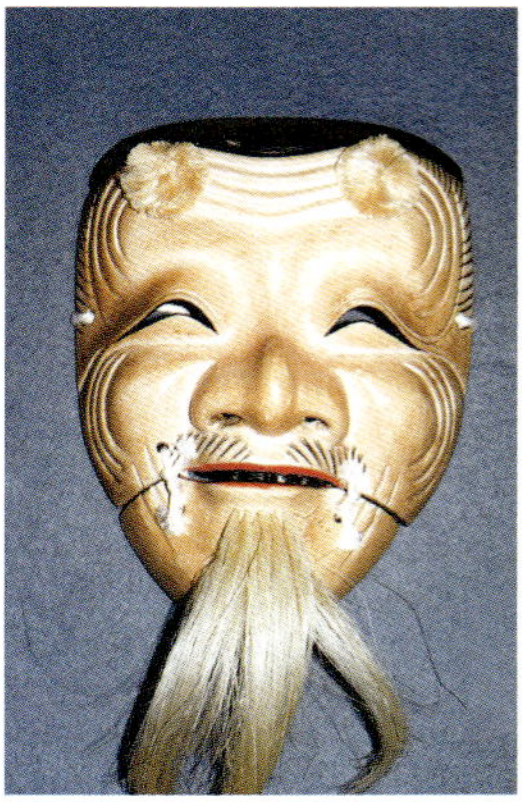
⑲翁《おきな》（中尊寺の模刻）

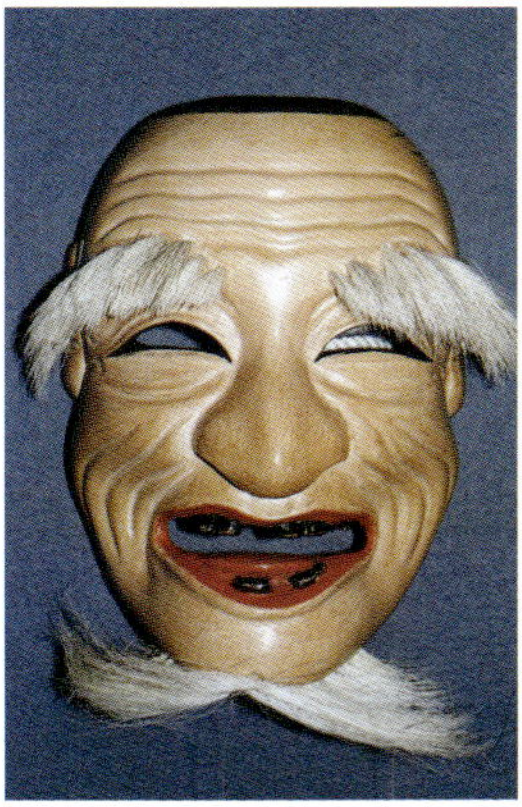
⑳志《し》賀《が》（その一）

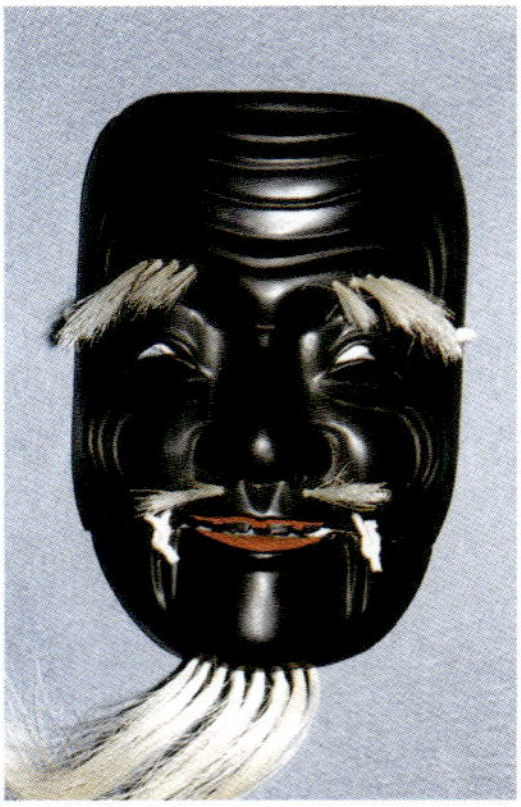
㉑志賀（その二）（切り顎）

㉒志賀（その三）

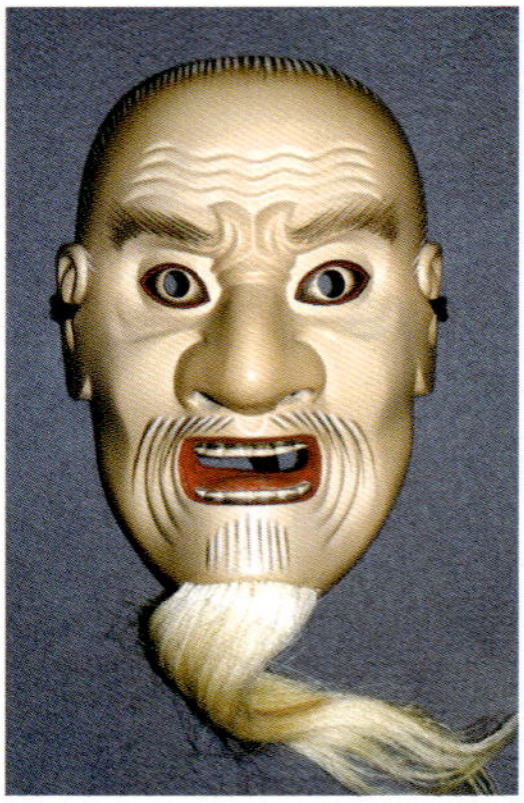

㉓武内宿禰《たけうちのすくね》

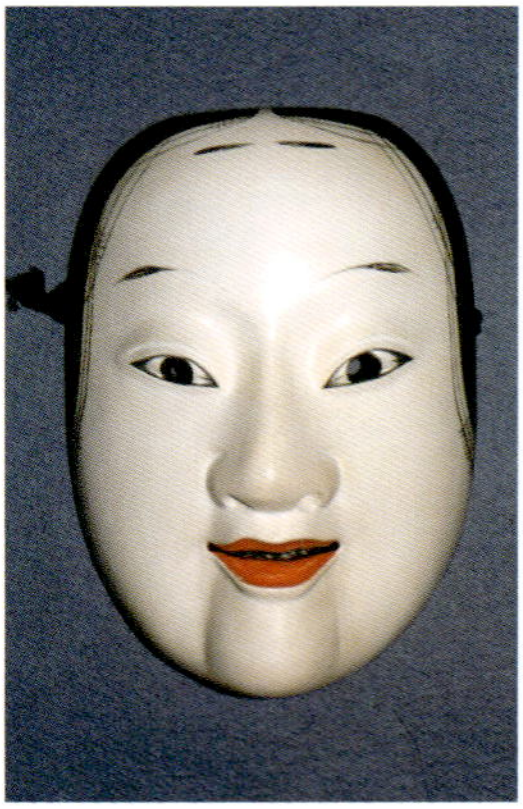

㉔豊玉姫《とよたまひめ》

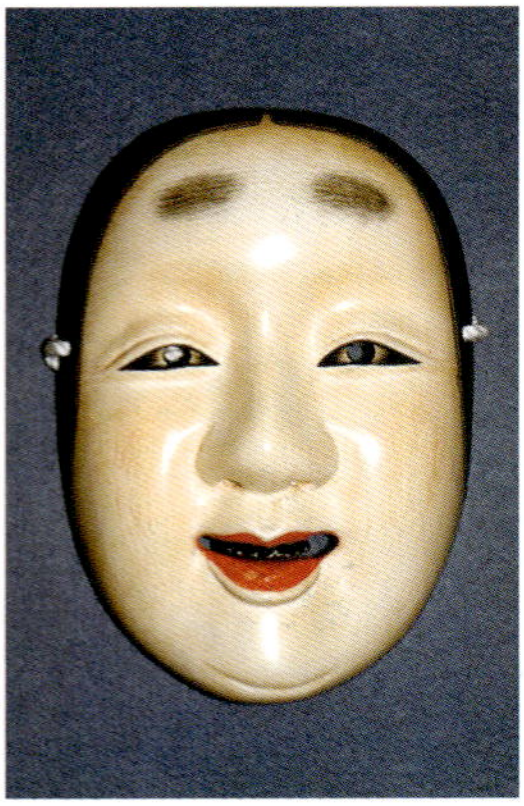

㉕豊《とよ》姫《ひめ》

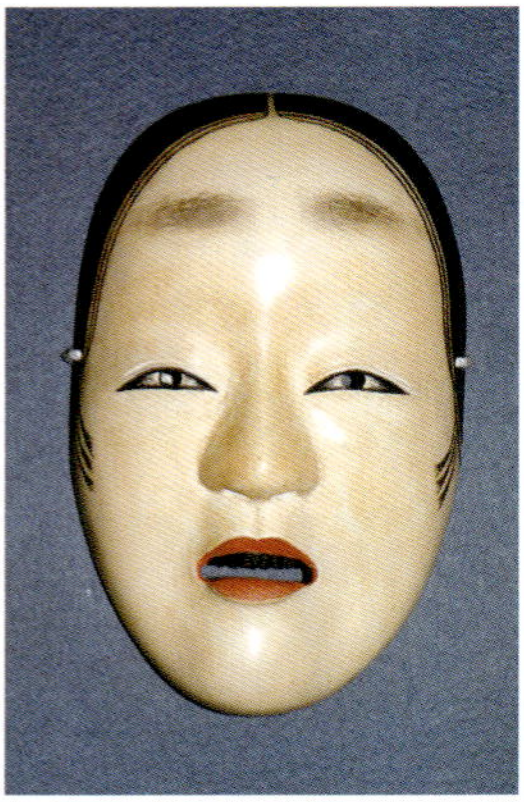

㉖八乙女《やおとめ》（その一）

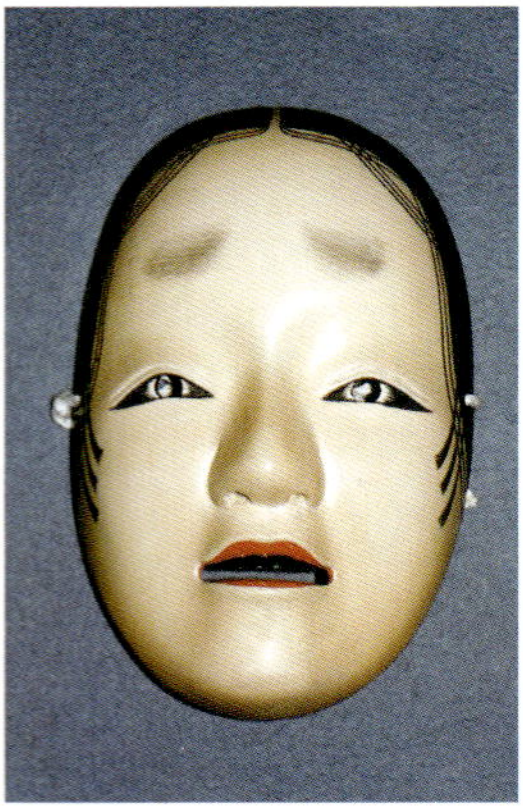

㉗八乙女（その二）

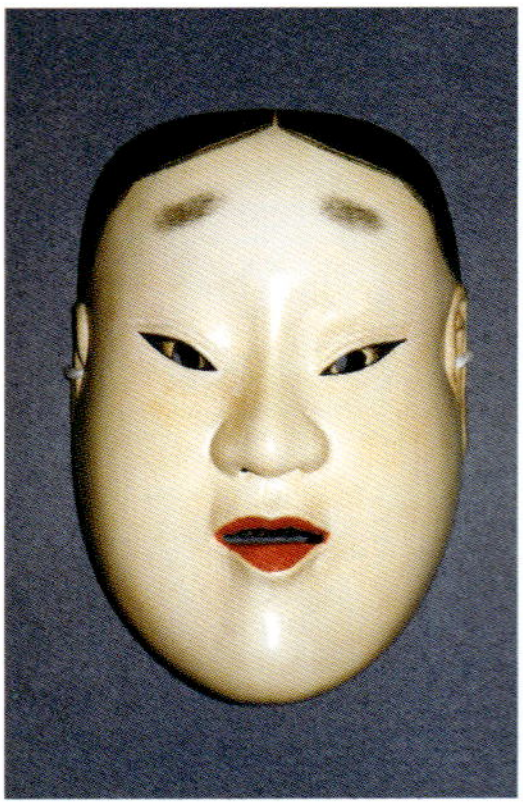

㉘八乙女（その三）

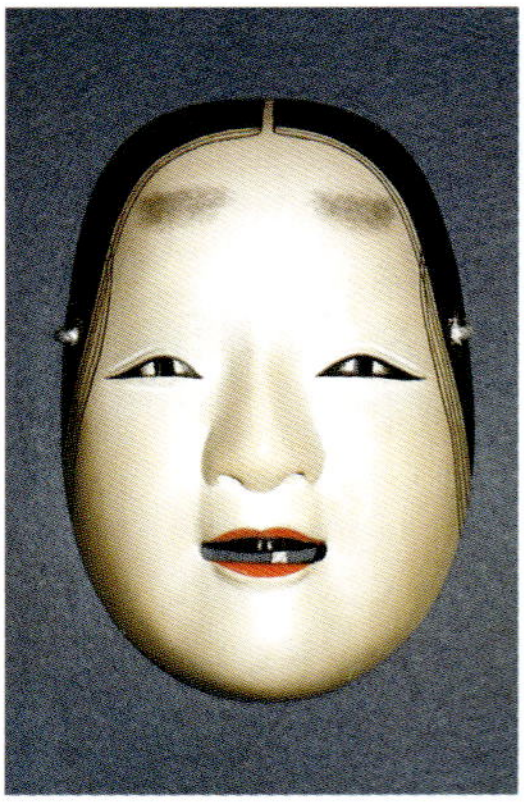

㉙八乙女（その四）

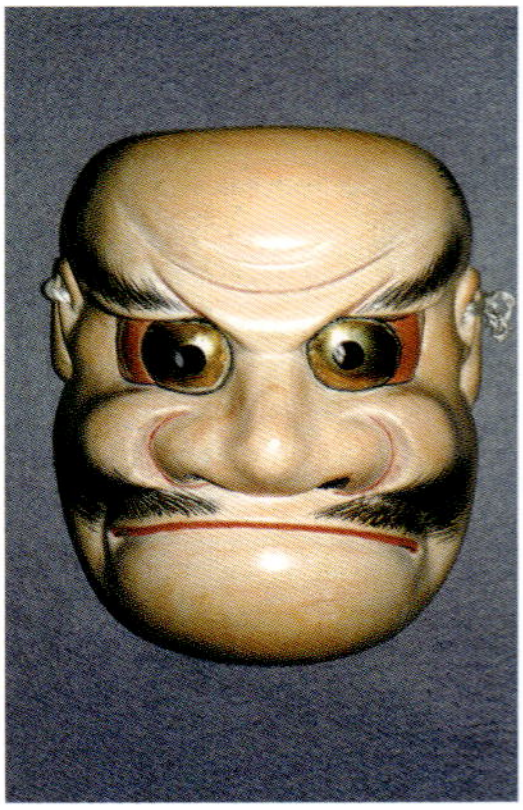

㉚海《かい》神《じん》

㉛海津美《わだつみ》

㉜鹿《か》嶋《しま》

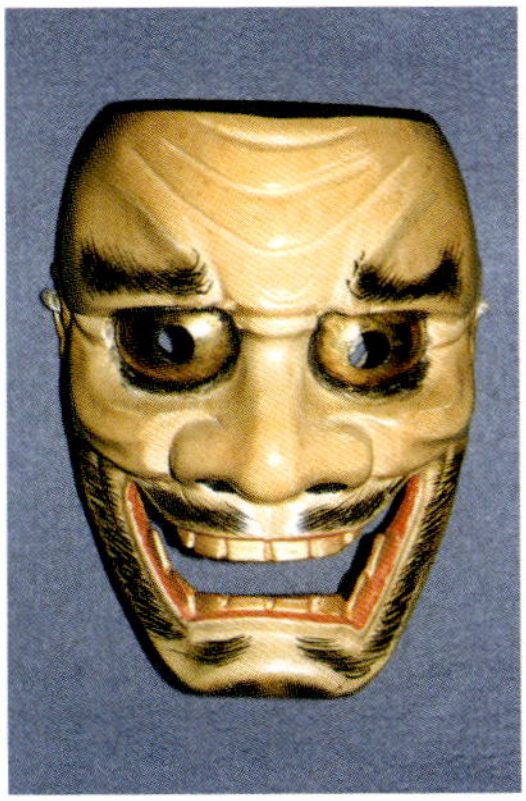

㉝大《おお》汝《なむじ》

㉞母登岐《もどき》

七、老松神社の土師《はじ》神楽

所在地　福岡県嘉穂郡桂川町土師
奉納日　四月の例祭に、獅子舞の後に老松神社に奉納される。
神楽面　五面（撮影した面）

㈠「おかぐら組」

桂川町土師の老松神社の神楽は、鎌倉時代後期に疫病の流行した折に、獅子舞とともに始まったと伝えられる。現在の神楽座は明治時代に中絶していたものが大正十一年（一九二二）、大分八幡宮の神職の指導で復活したものである。

土師には、「おかぐら組」と呼ばれる団体がある。土師・老松神社に奉納するお神楽を継承・保存することを目的にしている。老松神社の四月の例祭の際、お神楽を奉納する。発足は大正十一年三月である。そのころの土師の区長さんが音頭をとり、穂坂茂光、穂坂武夫、矢次秀誓の三氏が発起人となり、「崇敬会」が結成された。こうして「おかぐら組」が発足した。

おかぐら全体の指導は、大分八幡宮の神職、井上榮氏から受けた。土師、老松神社では例祭の際、お神楽を奉納するが、これはこの「おかぐら組」によって演じられてきた。

老松神社に保管されている文書の中から、木原多喜男氏（神楽座）が抜き出された神楽部分の記述は、次のとおりである。

〔福岡県筑前土師郷老松神社の神楽及記録（老松神社文書）〕

永正十一年（一五一四）	社祭には、神輿の御旅所より御還行後、終夜神楽が舞われたことが、古い記録に書かれている。
延宝四年（一六七六）	神楽が催されたことが記されているが判読困難。
元禄十一年（一六九八）	鬼神面、火の神面、素盞嗚神面、鈿女の面のような面舞らしき催しあり。
文政二年（一八一九）	催馬楽なるもの催される。
文政七年（一八二四）	神楽奉納される。
大正十一年（一九二二）	土師にお神楽座という団体がある、老松神社に伝わるお神楽を、継承、保存することを目的にしている。発足は大正十一年三月。当時は「崇敬会」と称していた。現在も受け継がれ、神楽座として、老松神社の祭りに際しお神楽を奉納している。

なお土師神楽座が結成されるにあたり、撃鼓神社から舞を修得した。

(二)　三十六番の演目

近世の地誌類をもとに、筑前地方の主要な神社の祭礼行事を示した「祭礼の神事芸能」（『福岡県史通史編』六七六～七頁）の一覧表に、「穂波郡土師村老松宮」の記録がある。例祭日は九月二十九日で「神幸」も「神楽」も「獅子舞」も行われている。祭礼の神事芸能が多数廃絶している中で、土師村の老松宮は現存している。

撮影した神楽面五面は、現在使用されていない面で、古墳館に保管されている。現在使用さ

老松神社の神楽
「豊姫・中臣」
（長谷川清之氏撮影）

れている面は、神楽座が所有しており、凡そ十八面である。現在八人の座員で「神楽帳」の演目を適宜選んで舞っている。

「神楽帳」は、嘉穂郡内の神職会で作成したもので、二十五曲から成っている。この地方ではこれを基本にして舞われるため、各座共通の演目が見られる。演目は次のとおりである。

千代・真榊・四人幣・四位・久米・太刀・天神・手草・花・
四季・荒神・世伎・手折・奉幣・汐汲・事代・八乙女・方固・
五行・三韓（前段・後段）・降臨前段・降臨後段・岩戸・蛇退治・
湯庭

なお、平成十一年四月二十二日、土師老松宮春祭りで奉納された土師神楽の演目は次のとおりであった。

1　真榊《まさかき》——素面で一人で舞う

2　二人幣《ににんぺい》——今は、女性二人が舞う。（他に一人幣もある。舞は同じであるが立歌が違う）※もちまき

3　海神《かいしん》・豊姫《とよひめ》——面神楽二人の神が出てくる。（お神楽帳では、二つに分かれている）

4　世伎《せき》——素面で四人舞、二人が刀を持ち、二人が杖を持つ。後刀を持つ二人が舞う。

5　太刀《たち》――素面で一人で二本の刀を持って舞う。

6　事代《ことしろ》――恵比寿さんの鯛釣り。観客が一番喜ぶ。

7　天神《てんじん》――素面で弓矢を以て矢を放つ。

8　岩戸開き

○その他に演じられる演目としては、次のものがある。

1　千代――真榊との違いは、持ち物が、扇子であること。

2　久米舞

3　四位《よい》――四人で舞う。男四人、女四人もあるが男女混合はない。

4　汐汲み

5　香取・鹿島

6　志賀《しか》

7　その他

①湯立て神楽――神殿新築・改築の際に行う。

②綱切り――神職が死んで十年目に行う。内容はやまたの大蛇関連。

(三)　老松神社の土師神楽面　5面（泉房子撮影　平成11年4月22日）

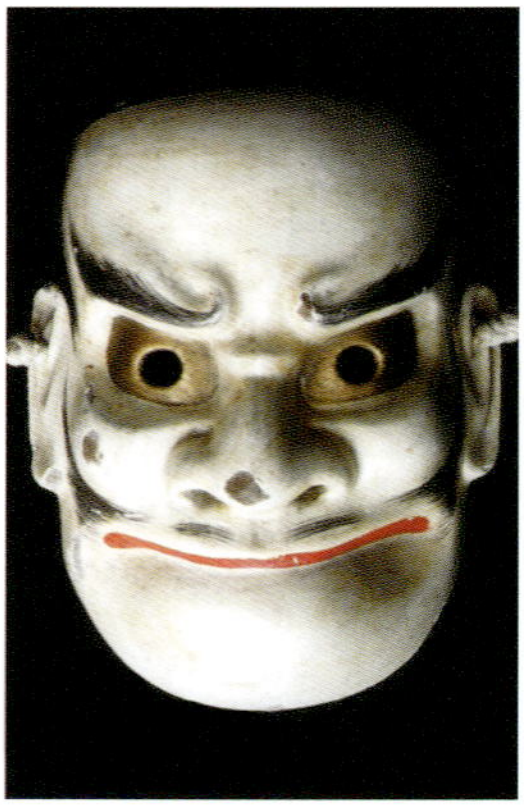

①金山彦　金神
19・4×13・5㎝
（西の方位を固める）

②天孫降臨前段の舞　中臣
20・3×14・4㎝

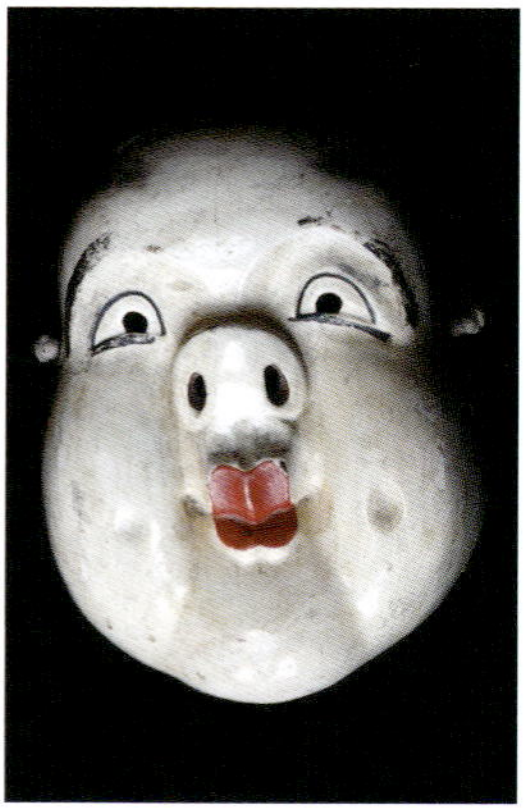

③天孫降臨後段岩戸の舞　鈿女
11・9×17・0㎝

④岩戸の舞　木神（久々奴智の神）（春）
21・7×17・7㎝（東の方位を固める）

裏面　「木神」の銘あり

⑤岩戸の舞　火神（軻遇突の神）（夏）
19・5×15・1㎝（南の方位を固める）

裏面　「火神」の銘あり

八、求菩提山《くぼてさん》の祭りと岩戸神楽

所在地　福岡県豊前市大字鳥井畑二四七

(一) 求菩提山と修験文化

求菩提山は、標高七八二メートルの山で、旧豊前国のほぼ中央にそびえている。豊前は現在の福岡県東北部と大分県北部にまたがる。豊前市は現在は福岡県であるが、近世まで市域が豊前・筑前の両国にまたがっていた。遠望する山容はひときわ目立つ秀麗な山である。近づきがたい山である英彦山系の東北端に位置している。英彦山と並ぶ豊前修験の聖地である。

求菩提山は『求菩提山縁起』によれば、猛覚魔卜仙《もうかくまぼくせん》という人が山頂の金光を尋ねて登頂し、大己貴神の祠を建てて祭ったとされる。続いて養老四年（七二〇）には、行善和尚が白山大権現の勅許を受け、大講堂や多くの堂社を建立して、求菩提山護国寺を開いたという。

平安時代の終わり頃には、頼厳上人が入山し比叡山の修行から故郷の豊前に帰り、求菩提山護国寺に入った。この頼厳は求菩提山の中興の祖といわれている。堂社の修復や多宝塔の造立などを行い、多くの弟子たちと銅板法華経供養を発願した。

求菩提山に修験道の法式を整えたのも頼厳で、自らも千日の大行を行った。この千日行は、平安時代から明治の廃仏まで連綿と続いている。

求菩提山護符　右は牛王宝印（平安時代頃？）。
左はカラス天狗（江戸時代初期）。

勝部正郊先生
（求菩提山にて　泉房子撮影　平成９年６月26日）
山陰民俗学会会長を務められ、一方ならずお世話になった。かねて関心の深かった修験の道場・求菩提山探訪に同行していただき、ご教示いただいた。

求菩提山には数々の「秘宝」が現存している。山中で修行した修験者たちが、紙や銅板にお経を書いたり刻んだりしたものを、土中や洞窟、岩壁の岩の割れ目などに埋蔵し隠していたものである。経筒関係は昭和五十年度からの発掘調査で、土中から多量に出土している。平安時代は、求菩提山文化の黄金時代である。山には、多くの修験者、山伏が住んでいた。これは「山伏文化」と呼ぶにふさわしい。

山伏の住む家を「坊」と呼び、集落を「坊中」という。求菩提山には、坊が五百あったことから、「一山五百坊」と呼ぶ。現在残っている坊は、昭和五十九年（一九八四）現在で、山伏の末裔が残る一軒のみである。わずか一坊となってしまった。

㈡　求菩提山のお田植え祭と岩戸神楽

求菩提山では、毎年三月二十九日求菩提山国玉神社の前の広場で、松庭《まつにわ》と呼ばれる広場でお田植え行事を行う。かつて豊前の国の山伏たちがあちこちの修験道寺院で行った祭りである。この祭りは農業の所作をまねて行い、その年の豊作を神に祈願する、いわゆる予祝行事である。祭礼の後、一同が松庭におりて氏子が中心となって行う。お田植祭の前に「岩戸神楽」を奉納する。岩戸神楽は、豊前神楽の一つでかつては八つの神楽講によって保持されてきたが、現在では五つの神楽講と一つの神楽保存会により受け継がれている。

お田植祭の概要は次のとおりである。

一、草刈り　男性一人の出演。木製の鎌を持って田の畦《あぜ》の草を刈る所作をする。

二、畦塗り　四人で行う。木製の鍬《くわ》で田の畦を塗る所作をする。

三、代かき　馬把（モーガ）を持った鋤《すき》男一人に張子の牛一頭。張子の牛の中に二人が入って出演する。張子の牛の背中には鞍をおいている。鋤男は牛を使って場内を回って、熱心に田をすく真似をする。

四、種子蒔き　男一人が出演する。まず神前に一礼し、神前に供えてある籾種を肩にかけ、籾種を初めに一握り神前に蒔き、あとは続いて一握りずつ四方に蒔き最後に参拝者に分け与える。
五、田植え　花笠をかぶった子ども十二人が出演する。古老が歌う田植え歌に合わせて、田植えの真似をする。苗を植える仕草をして、直接地には植えない。形式化されている。
六、うなり　男の女装二人。座布団を腹につめ、腹を大きく突き出す。身持女（孕み女）は神前に供えてある山盛りの飯を取って左脇に抱き、右手で腹をなでながら場内を回る。そのうち身持女が産気づく。身持女のすぐ後からついて回っていたゆりもちが、身持女の腹をさする。
七、田ほめ　まず大田主が神官の服装で傘をさして先頭に立つ。その後から二人が大太鼓をかつぎ、撥《ばち》で太鼓を打ちながら場内を回る。終わりにその後から田植え人や張子の牛など、出演者全員で場内を回る。先頭の大田主が「ほう、ほう」と音頭をとると一同も「ほう、ほう」と合唱し、参拝者も合唱する。「ほう、ほう」は、よく出来た田を褒めることである。

神面（求菩提資料館）
（泉房子撮影　昭和63年８月11日）
20.6 × 15.0㎝　深さ約 4.5㎝
• 黒塗り（剥落）　• 紐孔あり

㈢　神面・神像・鬼神面

　求菩提山には、現在は立派な「求菩提山資料館」があり、数々の秘宝にふれること

求菩提資料館蔵の鬼面
（泉房子撮影　平成９年６月26日）

鬼面（阿形）　53.5 × 14.5cm
もとは鬼神社の額面と伝えられる。
「天保」の銘あり

女神像（木像　一木造り　平安時代後期）　像高28.0cm
（泉房子撮影　平成９年６月26日）

鬼面（阿形）　24.0 × 16.0cm

ができる。四月～九月は、九時三〇分～一六時三〇分、十月～三月は、九時三〇分～一六時まで。休館日は毎週月曜（ただし当日が祝日の場合は翌日を休館日とする）。

しかし山深い地形から、九州とはいえ雪深く、十二月二十日～翌年二月末日までは、積雪のため休館となる。私が最初に訪ねたのは昭和六十三年八月十一日であった。館をとりまく樹々の緑も美しく、ついつい庭

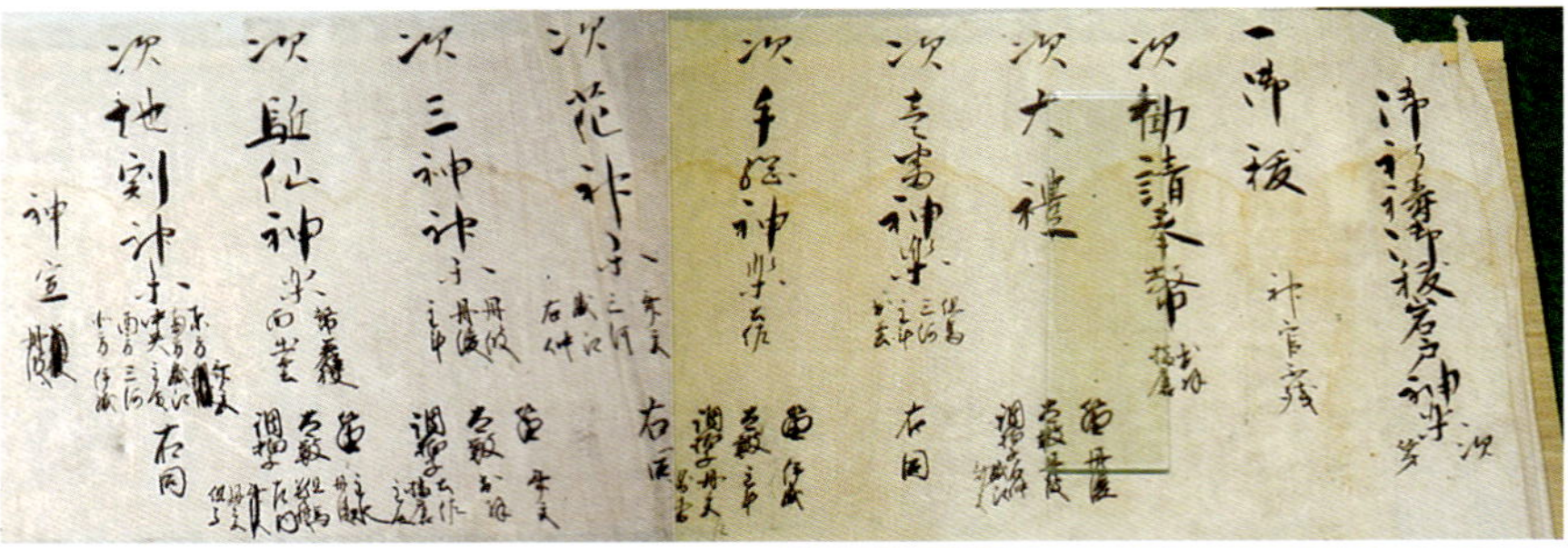

展示の文書（平成９年６月26日）

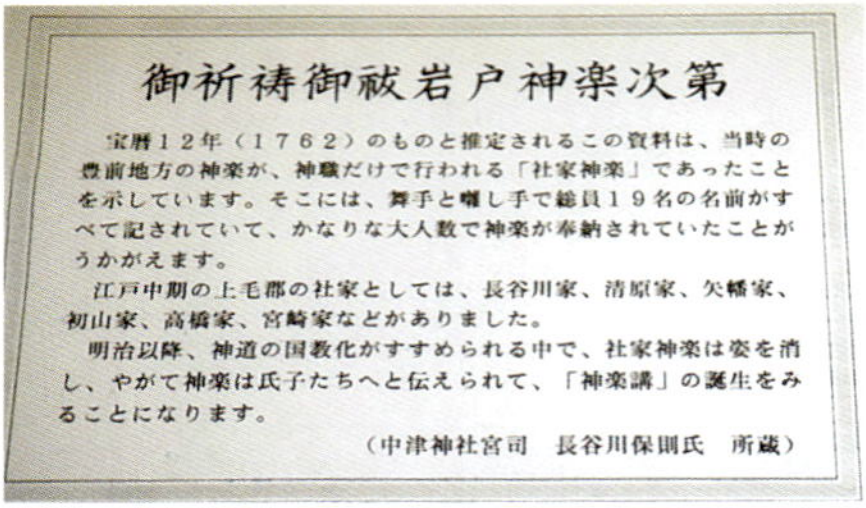

御祈祷御祓岩戸神楽次第

宝暦１２年（１７６２）のものと推定されるこの資料は、当時の豊前地方の神楽が、神職だけで行われる「社家神楽」であったことを示しています。そこには、舞手と囃し手で総員１９名の名前がすべて記されていて、かなりな大人数で神楽が奉納されていたことがうかがえます。

江戸中期の上毛郡の社家としては、長谷川家、清原家、矢幡家、初山家、高橋家、宮崎家などがありました。

明治以降、神道の国教化がすすめられる中で、社家神楽は姿を消し、やがて神楽は氏子たちへと伝えられて、「神楽講」の誕生をみることになります。

（中津神社宮司　長谷川保則氏　所蔵）

御祈祷御祓岩戸神楽次第の文書

の写真を撮った。いい一日であった。

神楽面を拝観したかったが、「あいにく」というか、「幸い」というか、特別展の開催中で、面の多くはケースの中に整然と展示されていた。ただ本当に幸いなことに最も見たいと念じていた「神面」が収蔵庫に収められていて、私は、この平安時代後期の作で、桐材の特別な面（二〇六ページ）に出会うことができた。心が震えていた。

面は神霊を宿すという。山岳寺院では、神幸や鬼会、祭事などに多く使われた。この神面は「山面」とも称され、山伏たちにより作られた土俗的な面である。この面は一種の山面である。

求菩提山には破損した神像が多数残っている。像は神殿裏の物入れ・小屋・床などから発見された。山中は高湿度のため、腐食が進行したが、その中でこの女神像（二〇七ページ）は比較的保存状態がよい。

目と口もとは女神の美しさと清らかさを感じさせる。像高二八センチ、榧《かや》材。鎌倉時代への移行期とされる。女人禁制の修行の生活の中で山伏たちはこの女人像を

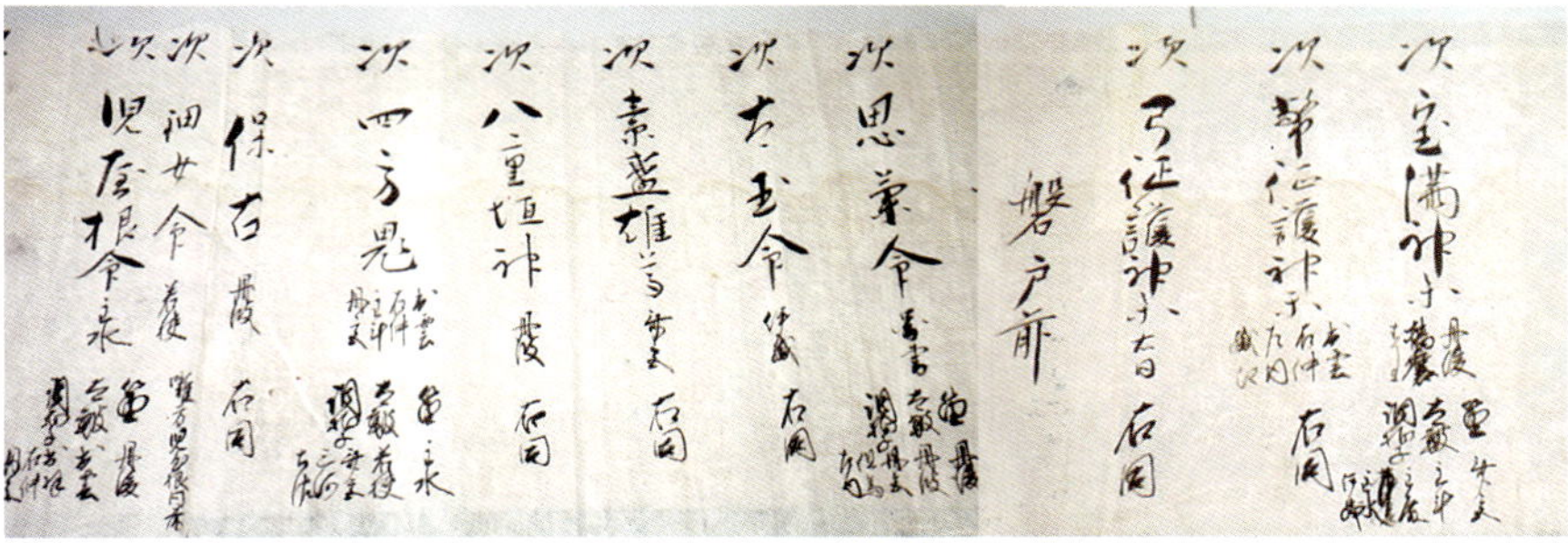

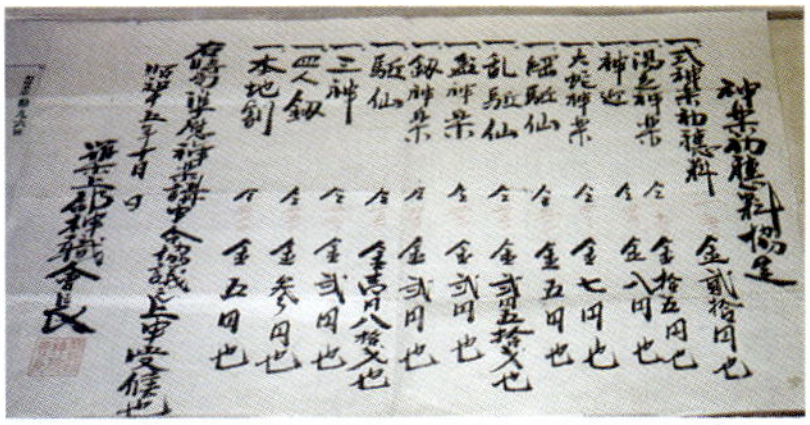

神楽初穂料協定書

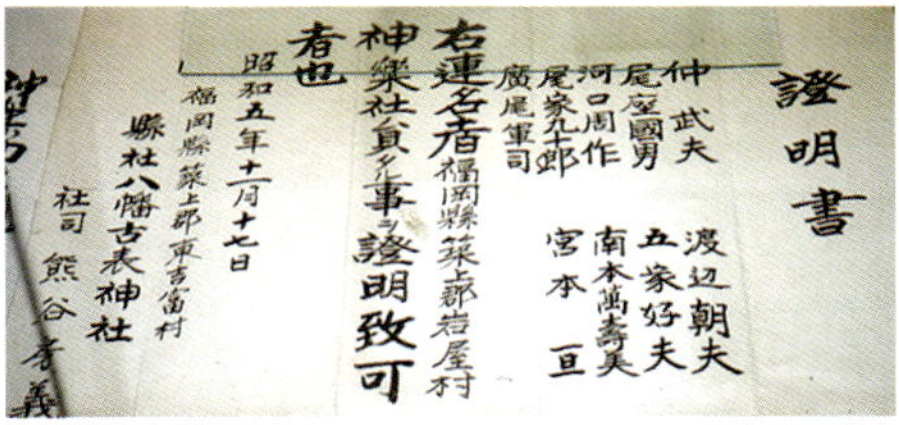

神楽社員證明書

どんな気持ちで拝んだのだろう。

(四) 岩戸神楽の歴史と周辺
――「求菩提資料館」展示文書から

展示されている資料の中に、「御祈祷御祓岩戸神楽次第」があり、「磐戸前」の番付けに続いて、思兼命・太玉命・素戔雄命・八重垣神・四方鬼・鈿女命・児屋根命など、神楽に登場する神々の名前が記されている。

この文書は、中津神社宮司・長谷川保則氏所蔵の宝暦十二年(一七六二)のものと推定される。明治以降、神道の国教化以前の社家神楽時代の文書だが、現在求菩提山国玉神社前で奉納されている「岩戸神楽」も、概ね展示中の「御祈祷御祓岩戸神楽」を踏襲しているのであろう。

明治以降、神道の国教化が進むなかで、社家神楽は姿を消し、やがて神楽は氏子たちへと伝えられた。「神楽講」の出現である。求菩提山にも多くの神楽講が誕生して、神楽の繁栄に寄与していった。特別展に展示されていた神楽講は、次のとおりである(順不同)。

○岩戸神楽講
○山内神楽講
○黒土神楽講
○三毛門《みけかど》神楽講
○大村神楽講
○畑神楽
○岩戸神楽
○水神社
○中村神楽保存会

証明書も発行されている。

岩屋村神楽社員タル事ヲ証明致可者也

昭和五年十一月十七日

県社　八幡古表神社

他に「神楽初穂料協定」の文書もある。

一、式神楽初穂料　　金弐拾円也

一、湯立神楽初穂料　金拾五円也
一、神迎初穂料　金八円也
一、大蛇神楽初穂料　金七円也
一、□駈仙初穂料　金五円也
一、乱駈仙初穂料　金弐円五拾銭也
一、盆神楽初穂料　金弐円也
一、釼神楽初穂料　金弐円也
一、駈仙初穂料　金壱円八拾銭也
一、三神初穂料　金弐円也
一、四人釼初穂料　金参円也
一、本地割初穂料　金五円也

昭和十五年十月　築上郡神職会長　印

この表記から、神楽は観覧者の希望によって曲目が選ばれ、その神楽の上演には、規則どおりの初穂料を納入しなければならなかった事情がわかる。とともに、上演された曲目もわかり、人気のあった曲目と初穂料の関連も理解できる。特に現在でも最も人気の高い「駈仙《みさき》」が三度も並んでいて、いかに人々に歓迎されたかが理解できる。

㈤ 岩戸神楽の神楽面 ― 資料館の展示より

次の面は展示中のものだが、ケース越しに撮ったわりには鮮明なので紹介したい。

鬼　面
（水神社氏子所蔵）

鬼　面
（水神社氏子所蔵）

鬼　面
（水神社氏子所蔵）

猿田彦面　天保６年
（三毛門神楽講所蔵）

［中村神楽保存会］

足名槌《あしなづち》面

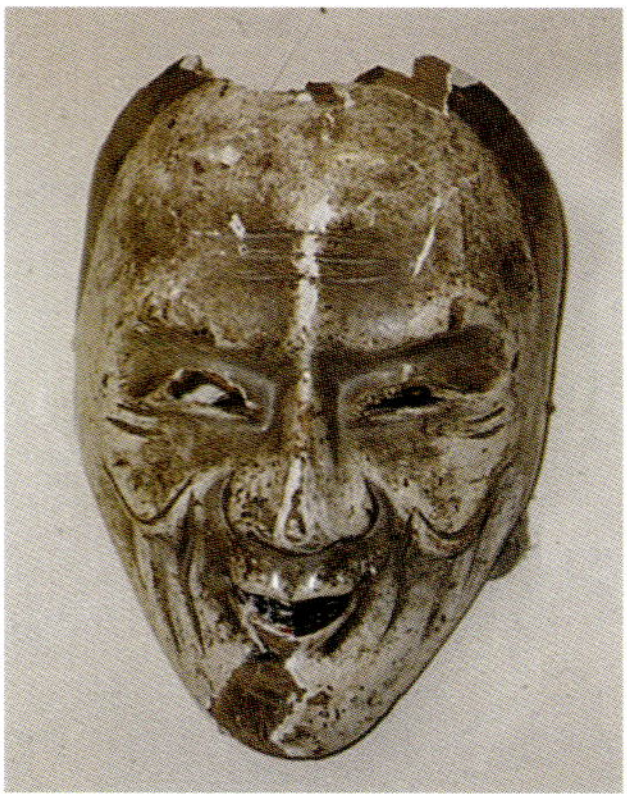

宇受売之命《うずめのみこと》面

翁　面

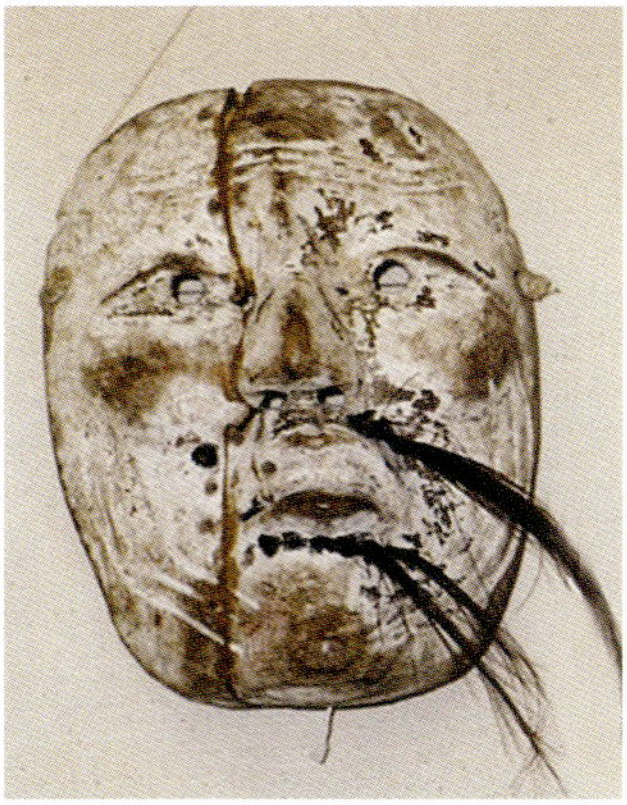

（中村神楽保存会所蔵）

［水神社氏子所蔵］

須佐之男命

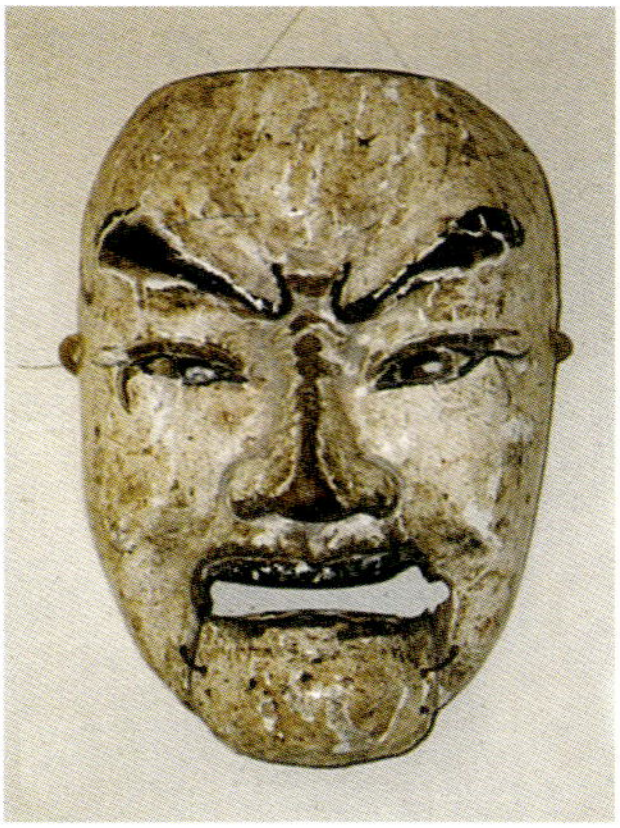

翁　面

［大村神楽所蔵］

駈仙面

第五章　福岡県の追儺《ついな》の行事と鬼面

一、追儺面から神楽面へ

(一) 修正鬼会と追儺

修正鬼会は、国東半島に栄えた天台系修験寺院で行われた修正月会と追儺が結びついたものである。修正月会とは、日本古来の正月行事が仏教化したもので、前年の収穫を感謝して新年の豊作を祈る農耕儀礼である。

追儺は、大晦日に悪疫をもたらす疫鬼を払う行事である。しかし、修正鬼会の鬼たちは、却って幸福を招く鬼である。

追儺の行事は現在「鬼やらい」として節分の豆まきが一般化しているが、北部九州地方では現在も伝統的な「追儺」の行事が盛大に行われている所がある。それぞれ、追儺面が用いられている。いずれも「鬼面」である。周辺の鬼面として北部九州に存在する追儺面などを含め、九州地方の鬼の面を俯瞰する。

中国から伝来した追儺行事は、日本では宮中行事としてとりいれられたが、方相氏《ほうそうし》が登場して悪鬼を払う追儺は、地方に伝播しなかった。しかし、追儺に登場する鬼は日本の信仰生活と結びついて残った。

［全国にある追儺面］

熊本県清和村西福寺跡
応仁４年（1468）
裏面朱漆銘 下顎は切顎
30.4 × 18.9㎝

熊本県多良木町四所神社所蔵
室町時代　25.0 × 17.5㎝

福井県鯖江市川島町蓮華寺所蔵
31.0 × 23.0㎝

㈡　日本の追儺面

渦巻く眉や獣耳を持つことが追儺面の典型的な作例である。いずれも鬼面である。

追儺は疫病を追い払う習俗で鬼やらいともいう。元来中国では周礼に則って方相氏が鬼を追い払ったが、わが国では陰陽道の行事としてとりいれられ、文武天皇の慶雲三年（七〇六）の晦日に土牛を作って鬼やらいした（『続日本紀』の慶雲三年の記事）。年中行事化したのは、文徳天皇の斉衡元年（八五四）十二月三十日以降。

この除夜の追儺はやがて寺院の修正会・修二会で行われ、年頭の招福攘災的意義を民間にも広めていった。追儺は広く行われたが、方相氏が悪気を追うことは全国的に伝わらなかったらしく、方相氏の仮面はほとんど見られない。

外来の仮面が民間にどのように分布していったかは明らかではない。

㈢　「追儺光神」の神楽面

「追儺光伸」の神楽面
宮崎県日南市岩崎稲荷神社所蔵
21.0 × 16.3㎝

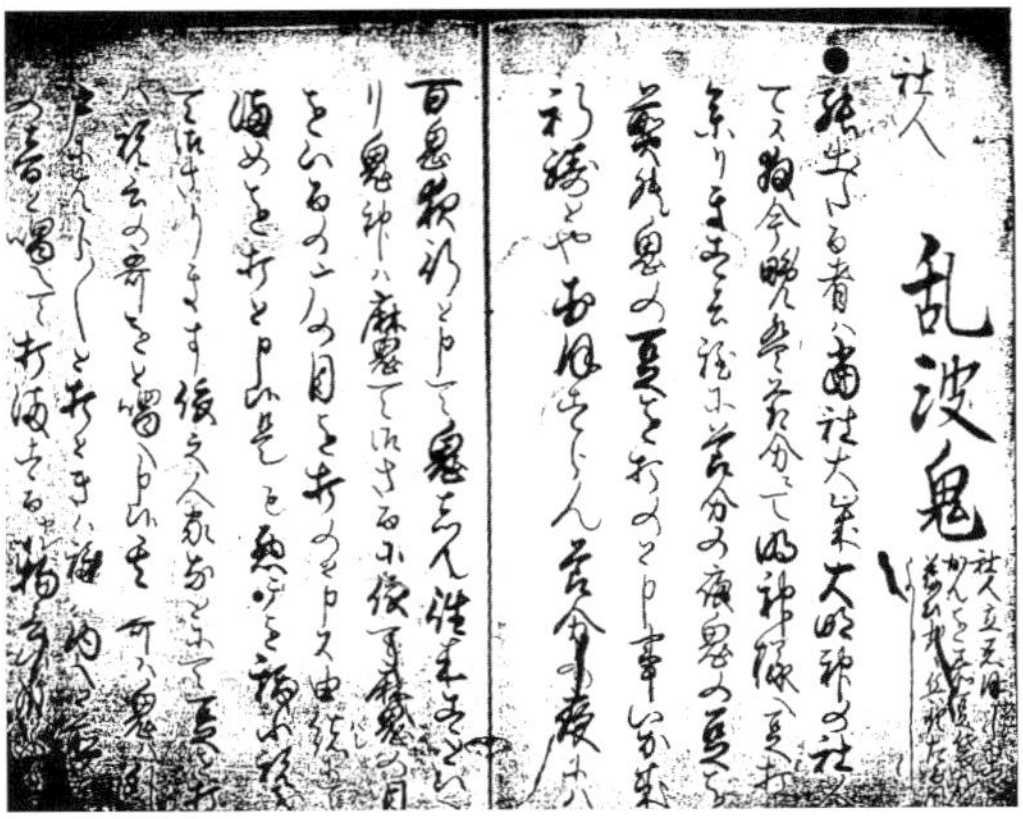

「神能記三巻」に記された神楽「乱波鬼」

日南市岩崎稲荷には新面を含めて十八面の神楽面が所蔵されている。その中にはどの番付に用いるのか現在では不明のものもあり、追儺面もこれに該当する。殊に渦巻く眉を特徴とする鬼面が二面保存されていて、用途不明であるが、追儺面として神楽「追儺光神」で用いられたと推測される。

(四) 島根県大原神職神楽「乱波鬼」

『神能記三巻』（勝部和承宮司　鎌倉神社所蔵　縦二二・五センチ×横一六・二センチ全三十八丁袋綴）に記された神楽「乱波鬼」は、記述内容からみて「追儺」である。

乱波鬼

社人立ゑぼしにすいかんを着豆袋を荷ひ□□《（つつカ）》兵化たる風よし

●《社人》罷出たる者ハ当社大蔵大明神の社人ニて候扨今晩は節分ニて明神様へ豆打に参ります去程に節分の夜鬼の豆を煎の鬼の豆を打のと申事いか成祈禱とやおほすらん節分の夜にハ百鬼夜行《ひゃっきやぎょう》と申て鬼しん《（神）》往来すといへり鬼神ハ魔

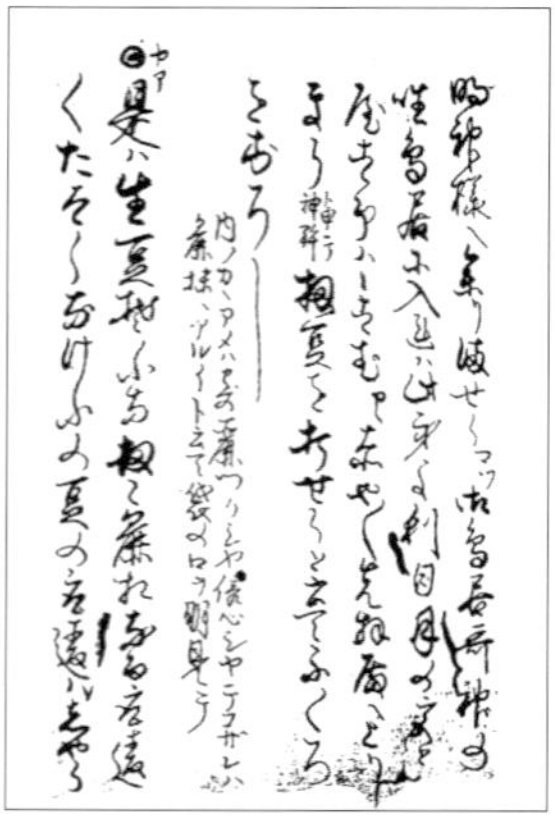

「乱波鬼」（つづき）

て御さるに依て魔の目をいるの魔の目を打のと申ス由緒《ハシ》にてまめを打と申候是も悪魔を祓ふ祝義て御さります依之人家なとにて豆を打ニハ祝言の哥をと唱へ申候其哥ハ鬼ハ外戸にはら〱と打ときハ福ハ内へと煎豆の音と唱へて打まする　ヤレ　物言いはふより明神様へ参りませうマツ御鳥居哥神の座鳥居に入れハ此身より日月の宮とやすらハ《か》にすむ　ア、忝《かたじけな》や〱先拝殿へ上りまう《せ》　神拝《ト申テ》　扨豆を打せうと云てふくろをおろし

内ノカ、アメハ奇麗ツクシヤ信心シヤテ《者》コザレ麁抹《そまつ》ハアルイ《マ》ト云テ袋の口ヲ明見テ

●ヤア是ハ生豆そふな扨、麁相《そそう》なる取違〱たそうなけふ《今日》の豆の取違ハしやうことハなへハと、《父カ》ふ共取違ねハよいか世の諺《たとえ》に鬼の豆ハ能煎ものじやなま《生》い

ナト少シカワ《側》ノワライモヨシ（中略）

●神我ハ是大歳明神なりいかに夫なるハ何ものそ

●私ハ当社の社人て御ざります。今晩節分故鬼の豆打に社参仕りまして御ざります

●寔ニ是は神妙なり。吾も悪魔を祓んために理《現》れたり。先此弓矢を以舞楽をなし悪魔を鎮め可申

奚ニカクノ舞有スムト牀机ニカ、ル

●中切俄に虚空震動し〱〱て魔王の姿そ現れたり　早笛ニテ鬼出ル

奚ノシヤイ《仕合》ハ社人を恐ラカスガワザナリ社人ハ明神様ヲ後ロセイニシテヤレ明神様頼ますト一心不乱

豆を打也神弓矢をツカヘ玉フト鬼ハシヅマル安堵スルト又出ルヤレ又出マシタトヲゾサウニモタヘマワル如四トニシテ引ヘシ社人ハ神ト一処ニ
ラゾヤ〳〵アマノ命ヲヒロイマシタト云、引ナリ

●不《本切》測や明神現れ出て〳〵今の悪魔を鎮めたまい御殿に入らせ給ひければ、宮人を始《打込》　皆人〻ハ悦ひ勇み〳〵下向する社《(こそ)》めてたけり

終り

大原神職神楽保存会が所有している面は全部で四十五点あまりである。それらの中で唯一角のある鬼面は左上のものである。

「茅ノ輪」の禍津日《まがつひ》の銘がある。禍事の神で「伊邪那岐尊ノ禊シタマヒシ汚垢《けがれ》に因リテ成レル神」(『古事記』上)(大言海　四巻三八三頁)。この神の性格から追儺の神楽面に用いられたことは十分考えられる。

［神楽面］

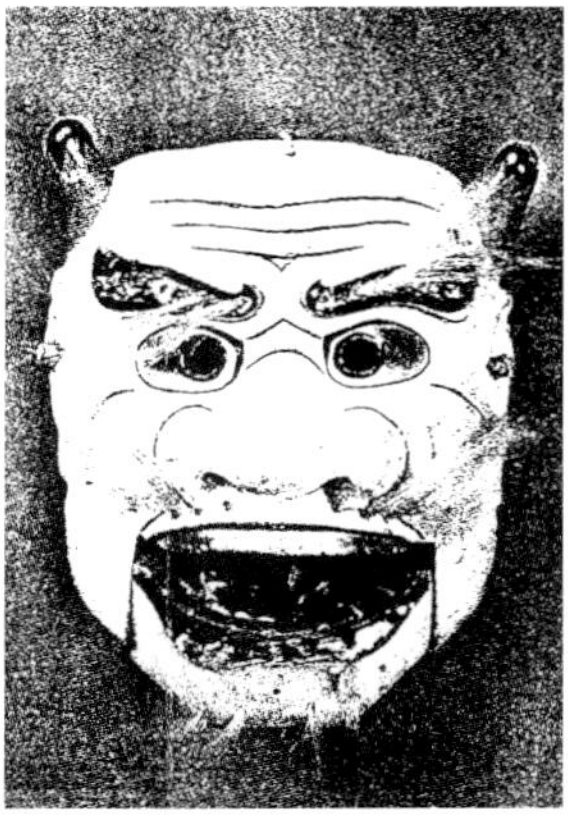

「茅ノ輪」禍津日
大原郡神職神楽保存会所蔵
裏に「田村」「□現」と墨書。
23.5 × 19.8㎝

「乱波鬼」は鎌倉神社所蔵のほかにも加茂町東谷八幡宮の斎藤宮司所蔵の『神能記』の神楽演目の中にも見られる。

神楽は招魂と鎮魂の神祭に発した神事芸能。素面で舞う採り物舞いと神楽面をつけて舞う着面の神楽がある。追儺は独特の鬼神面をつけて舞う着面の神楽である。

㈤ 翁面の系譜——鹿児島神宮の翁舞

寺社で行われた追儺や修正会《しゅしょうえ》では、修法に伴う奏楽の中で「猿楽」の参加があり、翁面をつけた「翁舞」が催された。

「翁」は猿楽の演目で、祝福の祝言を行い、その場所をことほぐ内容をもつ。鎌倉時代にさかのぼる猿楽の祈禱芸の形を伝える。翁の面をつけることにより神に変身して祝福する。年頭の修正会・修二会の仏教法会で演じられていた呪師芸の系譜を引くとされる。

神事芸として広まった翁は、近世芸能の歌舞伎や人形浄瑠璃のなかにとりこまれて定着した。一般に翁舞は、千歳、白色尉(翁)、三番叟の順に舞うところから式三番と理解されている。しかし鹿児島神宮の追儺式の祭典後に舞われる翁舞は「ひとり翁」で、起立してササラを持って回る拍子方と二人の神事芸である。

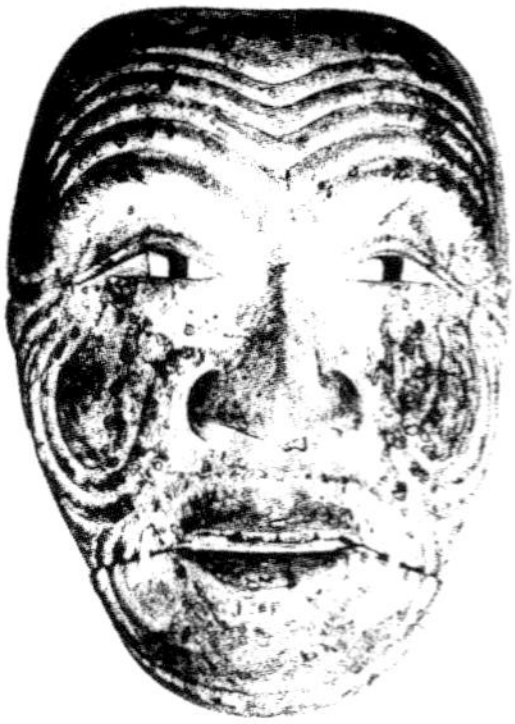

翁面（白色尉）
隼人職　小倉一郎氏所蔵
19.9 × 14.7cm

鹿児島神宮拝殿で催行。翁面をつける者は世襲の隼人職で現在は小倉一郎氏。翁面の箱を捧げ中央に進み供御する所に据えて平状。次に拍子方が一礼して進み、舞人の右後の処で平伏する。次に舞人が面箱の蓋を取り翁面を神前に向け目通りに捧持する。

二、老松神社追儺祭（鬼すべ）

所在地　福岡県糸島市前原中央一―四―十四　老松神社
奉納日　祭日　一月七日
追儺面　一面

追儺祭は疫鬼即ち災厄をもたらす鬼を祓い除く神事である。追儺の行事は鎌倉時代に寺院の修正会（国家の繁栄を祈る）の行事と結びついて盛んに行われ、地方にも広がっていった。鬼面を被った鬼を福豆を以て追い出し、境内の祓殿（鬼すべ堂）で、旧年中のお守りや神札を祓い修め焼却した浄火によって焼き祓い、病魔退散、家内安全などを祈願する。中国の陰陽道の行事をとりいれたと伝えられる行事である。しかし、方相氏は出てこないし、出てくる悪鬼は方相氏の相貌とは全く違っている。

この日はまた「鷽《うそ》替え」神事も行われ、「替えましょ、替えましょ」と唱えて交換し合い、最後に金鷽を替え、当たった人は特にその年の幸福を授かるという。

前原十一町を年ごとに順次一町ずつ当番町とする。当番町より一人（厄年の者）鬼を選定し、町内の氏子で鬼の一団を作る。厄年の者が多い時は、酒が強い人がなる。鬼が帰ってくる頃、町内の長老が豆まきを受け持つ。

鬼の各町内巡走　　午後お祓い後、二時に太鼓と花火打ち上げと同時に出発

鬼すべ神事　　午後五時豆まき、（鬼すべ堂）うそ替え神事。神楽はない。

老松神社には大正十三年（一九二四）甲子年の立派な「追儺祭記録」や明治二十五年（一八九二）辰二月と記された記録簿の木箱も保管されている。そして平成に入っても二角の追儺面をつけた鬼たちを含む写真もあり、現在も生きている証しである。

老松神社（泉房子撮影　平成13年7月11日）

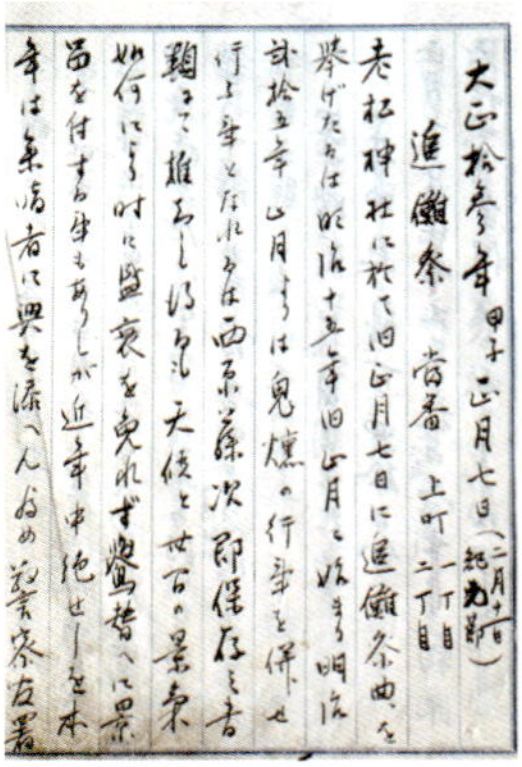

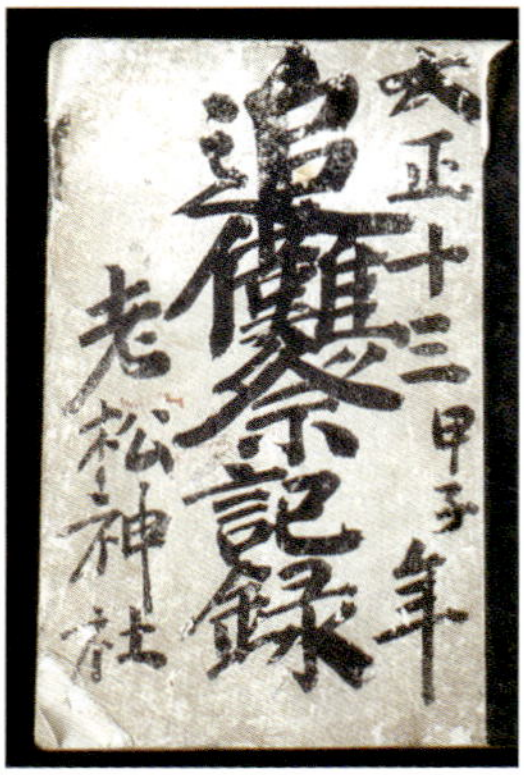

追儺祭記録　26・7×19・5cm

追儺祭記簿の木箱　51・8×23・0cm

蓋の銘
明治廿五年辰二月
（泉房子撮影
平成13年7月11日）

追儺面一面　29・0×20・3cm　阿形　赤面
（泉房子撮影　平成13年7月11日）

・彩色　赤色　・眉……うず巻き眉
・2角　金泥　・牙……2本
・舌出し

鬼とワキ鬼（ワキオニが三～五人くらいつく）

西町の鬼たち（平成10年）

三、深江神社の追儺祭

所在地　福岡県糸島市二丈町深江（深江神社）
奉納日　祭日　一月十五日

毎年一月第三日曜日、二丈深江地区で行われる鬼追い行事。同地区は全戸一四〇〇戸。その年に厄入りする男性が深江神社に集まり、厄払いを受けた後、鬼役が厄年の男から選ばれ、出身地区の一年間の悪役として鬼面をつけ、神官や子どもたちと共に五班に分けて地区の家々を回る。最後に鬼すべ堂に鬼をとじこめる「鬼すべ」を行う。

悪役の化身の鬼は玄関に入ることは許されず、子どもたちが「福は内、鬼は外」と悪役の鬼を追い払う。節分と形式がよく似たお祭り。厄入りの人の厄落としと家内安全などを祈願する。

○追儺面は、厄入りの四十二歳の男性がかぶる。該当者が多い場合は自分の町内を担当し、各々鬼になる。
○鬼が五個（赤鬼三個・青鬼〈緑色〉二個）。
○鬼さんは、軒別にオミキを頂くので倒れたりして角が破損するが、修理して現在にいたっている。
○オミキを頂く時は面を頭上にかぶる。
○「ウソ替え」の神事も行われる。

神事に使われる鷽《ウソ》
ウソはエンジャク科に属して深山にも生息して吉鳥とされる。このウソをホオ・ヘラ・ダラなどの木に彫る。参拝者が交換し合い、開運の金ウソが当たるのがウソ替えである。

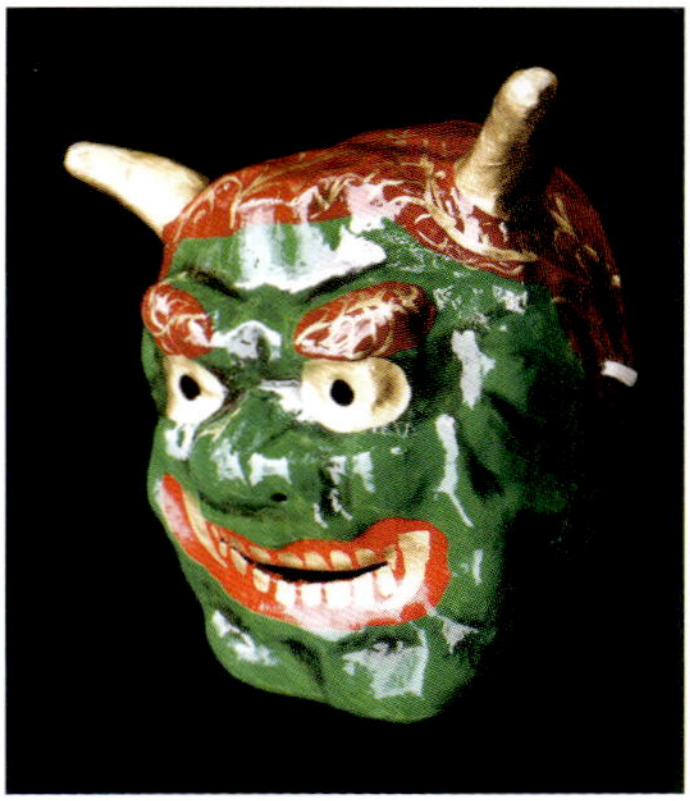

青鬼（緑色） 25・0×21・8cm 通称「鬼さん」

赤鬼 25・2×20・4cm 通称「鬼さん」

両面とも和紙製、うず巻眉

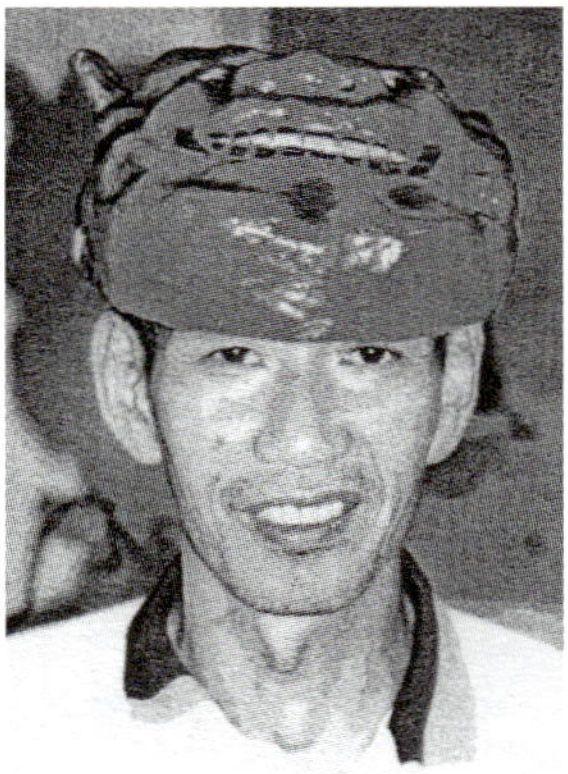

オミキを頂く時、
面は頭上にかぶる

深江神社

絵　馬

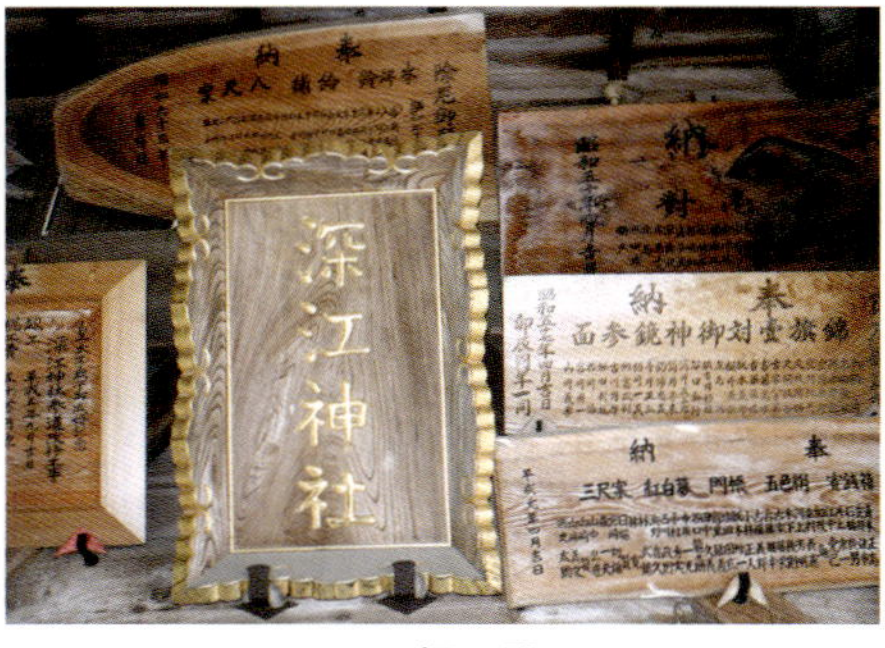

拝　殿

絵馬は厄入りの時、「願立て」をして奉納する（泉房子撮影 平成13年7月11日）

四、熊野神社　鬼の修正会オニヨ（追儺祭）

所在地　福岡県筑後市大字熊野七三〇
奉納日　祭日　一月五日
指　定　福岡県無形民俗文化財に指定
　　　　昭和四十四年十月二十日

筑後市熊野にある熊野神社は、かつては坂東寺熊野三所権現と呼ばれ、周辺一帯に広がる紀州熊野社領の荘園守護神社であった。勧請したのは保延四年（一一三八）。最盛期は末寺百二十一カ寺を有し、筑後地方の熊野信仰拠点として栄えていたところである。

「鬼の修正会」と呼ぶ盛大な火祭りは、通称オニヨといっている。

この行事の起源については、明応元年（一四九二）二月成就院法印信覚の法会次第書に記された「正十日鬼修正」の修正会が継承されたもので、行事の模様は坂東寺記録として残されている。

鬼《おに》の修正会《しゅじょうえ》（一月五日執行）（案内板より）

熊野神社は延暦年中（約千二百五十年前）第五十代桓武天皇の勅願で紀州熊野三山大権現として勧請されました。

熊野神社（泉房子撮影 平成13年7月11日）

鬼の修正会説明板（上）と熊野神社門神（右）
（泉房子撮影 平成13年7月11日）

この祭りは別名追儺祭《ついなさい》とも言われ神社建立と同時に無病息災を祈願する火祭りとして始められた鬼追《おにやら》いの儀式です。

神事の後、冷水で禊《みそ》ぎをした若者たちが締め込み姿で燃え盛る三本の大松明《おおたいまつ》を鐘、太鼓が打ち鳴らされる中「ワッショイ、ワッショイ」の掛け声で境内を三周する光景は壮観であり福岡県の無形民俗文化財に指定されています。

夕刻には御神火《ごしんび》が移された約三百本の小松明《こたいまつ》を子どもたちが奉納します。

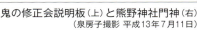

筑後市観光協会
熊　野　神　社

以上の鬼を囲んで鬼を追い出す「鬼やらい」の神事が終わると、豪壮な火祭りの行事が行われるのである。

一連の行事を次に記したい（参考文献「祭礼行事」桜楓社）。

正月二日、氏子たちは大松明に使用する縄を持ち寄り、竹を芯にして束ね、先端に杉葉を差し込み、長さ十二メートル余りの大きなものを三本作る（昔は六本作った）。

五日、午後五時、そろそろ辺りが暗くなってきたころ、小松明を手にした子どもたちが三三五五境内に集まってくる。なかには母親に手を引かれた子もいる。

神官から神火を移してもらい、本殿を三周する。

午後八時に一番鐘、若者たちが各地区の宿に集まり、身を清めて神酒を頂く。

九時に二番鐘、さらしの腹巻きに褌《ふんどし》姿の裸になり、宿を出て境内に繰り込む。

十時の鐘で境内の火が一斉に消され、暗やみとなる。宮司は社宝の鬼面を取り出し、本殿を出る。竹を結んだ鬼笹(十二人)に囲まれ、社殿を三周する。拝殿では鬼追い役の一同(約二十人)が、床板を踏みならし喊声をあげる。

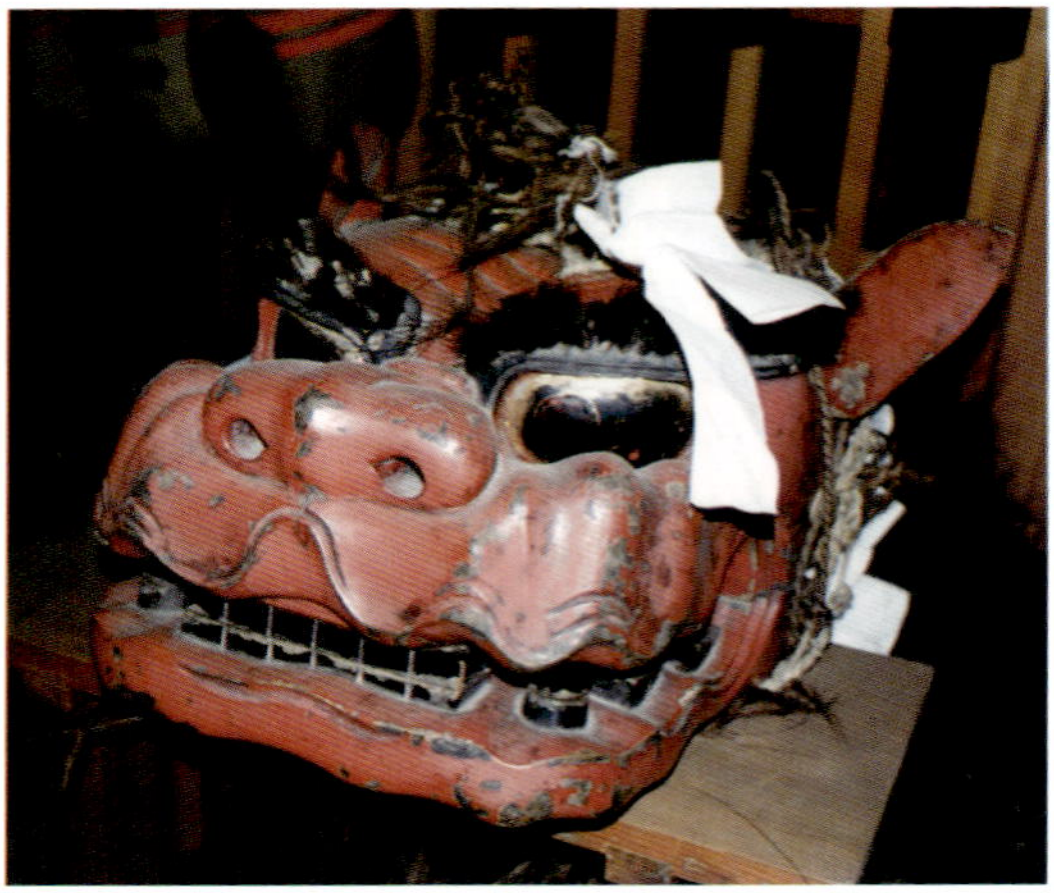

「鬼の修正会」ご神幸先頭の獅子がしら 露払い

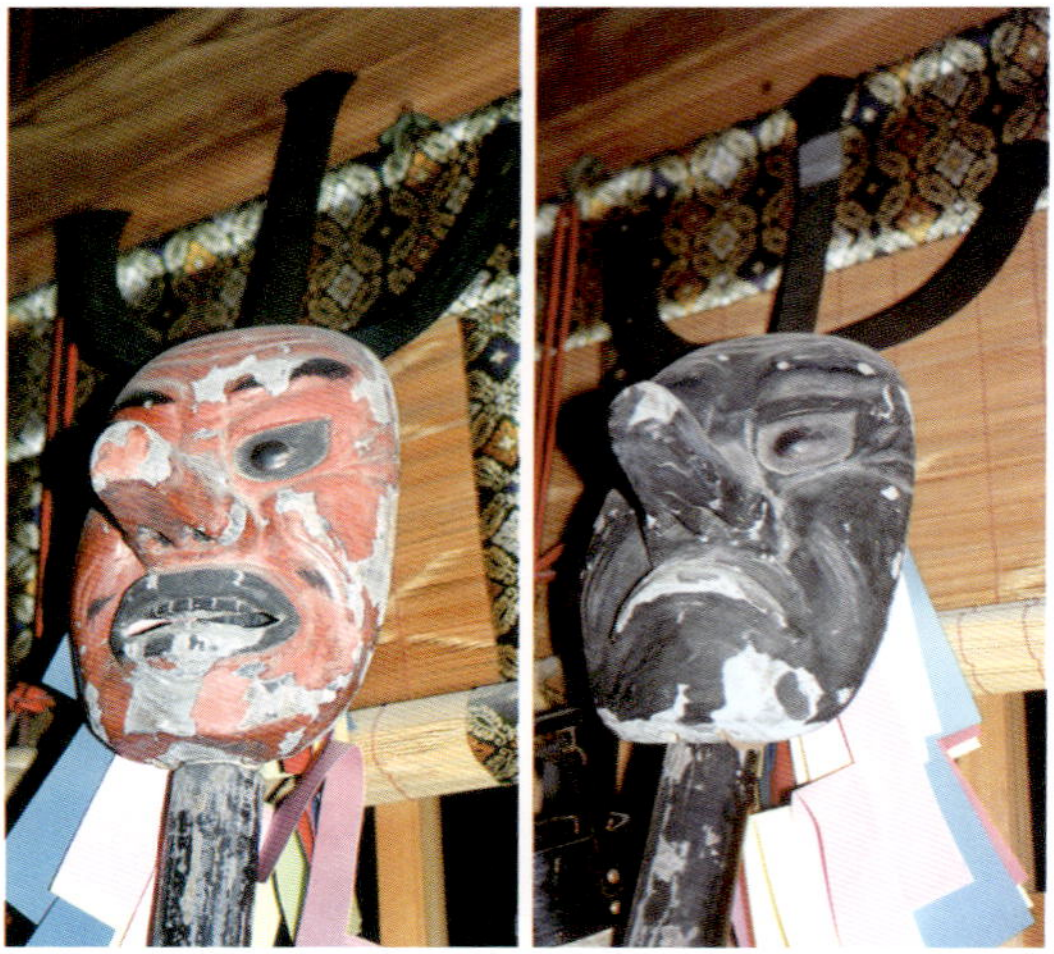

「鬼の修正会」のご神幸に用いられる猿田彦
(獅子のあとに続く)(泉房子撮影 平成13年7月11日)

面を納める麻製の袋　32.5 × 29.0㎝
首から掛ける。面を納めてしばる紐がついている。

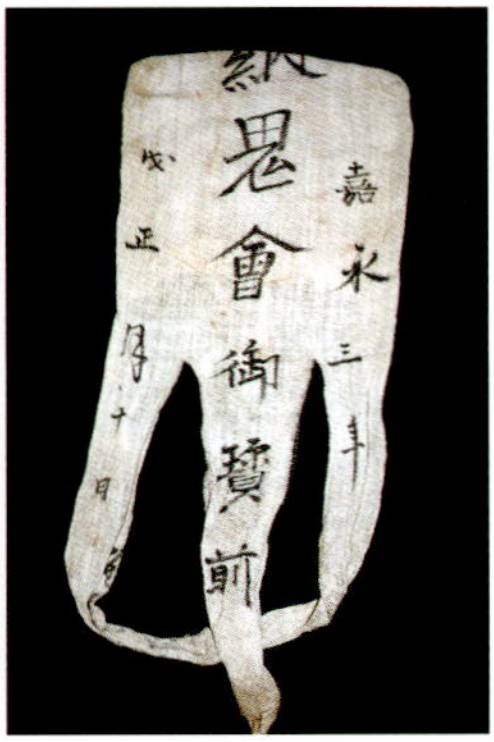

鬼面の包み袋
嘉永３年〈1850〉戌年正月十日とある。

鬼面の見取り図
写真撮影はできなかったが描写は許された。
（泉房子書写と撮影
平成13年7月11日）

この鬼追いの行事が終わると、宮司は神殿に進み、火打石で忌火（鬼火）を鑽《き》り起こし、元松明に移す。これを持って二頭の潮井獅子を先頭に差松明三人（元松明より火を大松明に移す役）、宮司、氏子総代、世話人などが行列を組み、社殿を出て境内の外に待機している大松明へ向かう。

「オニサン」と呼ばれている鬼面が一面ある。この面は、以前の鬼面が盗難にあったため、平成四年一月四日に作成された。作者は瀬戸博文氏。縦二二・五瀬センチ、横一七・〇センチで朱塗り。裏面は黒漆塗り。二角（金色先端は少々黒色）牙四本阿形《あぎょう》、舌出し、般若に似た面相。

見ると目がつぶれるといわれている面で、写真撮影はできない。魂をぬいてあるということで、見取り図だけは許可された。修正会の当日も鬼面はつつみ袋に納め、宮司が袋を胸にさげ外から全く見えない状態で用いる。

写真の包み袋は「奉納鬼会御宝前戊正月十日　熊野村与市」と書かれた嘉永三年（一八五〇）のものである。

五、大善寺玉垂宮の「鬼夜」

赤 鬼　27.0 × 19.5㎝
（平成６年製作）
青 鬼　27.3 × 19.0㎝
（平成６年製作）
（泉房子撮影 平成13年７月11日）

所在地　福岡県久留米市宮本一四六三―一
奉納日　祭日　一月七日
指　定　福岡県指定無形民俗文化財
昭和二十九年五月十五日

大善寺玉垂宮は久留米市大善寺町宮本に鎮座する。武内宿彌、八幡大神、住吉大神を祭神とする有数の古い社である。社伝によれば、創建は白鳳元年（六七三）【注】である。

鬼夜《おによ》または鬼会《おにえ》ともいう。除夜から七日間の祈禱が行われ、満願の七日に結願法要として行われる。

鬼面は「鬼面尊神」といわれ、正月七日午後一時ころ渡御の神事がある。この時五穀の豊作祈願である「種播き神事」が行われる。神事はこの他潮井汲みや巨大な松明回しなどがあるが、鬼面は一連の行事の中で、「矛面神事」の中で行われる。

白狩衣に刀をさし、赤鬼・青鬼の天狗面を着けた二人が矛持ちを先に双方差し向かい、二、三度矛を突き合わせ、片方が矛で相手の矛を引っ掛けて取る。火が大松明に点火されると、他の松明と貰い火でほとんど同時に燃え上がり、境内はたちまち明るくなり、火祭りは一気にクライマックスになる。並んだ大松明群の前で、「矛とった」「面とった」「そら抜いた」の掛け声のあと、更に両天狗は寄っては退きを繰り返す。そのうち、側にいた者が「面とったー」と両方の天狗面を奪って本殿に駆け込む。面を取られた二人は素面のまま居合腰で向かい合い、「そら抜いたー」の掛け声で腰の刀を抜き合わせてこの神事は終わる。

大善寺の鬼夜は日本三大火祭（熊野の火祭、鞍馬の火祭）の一つに数えられる、勇壮な火祭りである。騒然とした雰囲気のなか、炎を吹き上げ、竹がはじける音とともに火の粉を撒き散らしながら、大松明は二組に分かれ、裸男たちの樫棒に支えられて、本殿と本地堂を七回りする。

一方、鬼は、本地堂の床にもぐり、炎の明かりを避けながら、本地堂の縁の下を六回回る。鬼はカチカチ棒を手にした子どもたちに守られて、本殿に引き返す。本殿に再び御神灯が灯される。

鬼夜は一種の追儺であるが、この「おによ」の特異点は鬼を追うのではなく逆に鬼を隠して最後まで姿を現わさないことである。しかもこの神事は古来多くのタブーがあり、複雑多岐である。

【注】白鳳は『扶桑略記』『藤氏家伝』などにみられる年号で、天武朝の白雉《はくち》年号と同一ともいう。しかし、公式の年号ではない。飛鳥時代の後半、天武・持統朝を中心とする時期をいう。
（『日本史辞典』角川書店）

六、太宰府天満宮の「鬼すべ」

所在地　福岡県太宰府市
奉納日　祭日　一月七日　夜
指　定　昭和三十年福岡県の無形民俗文化財に指定

太宰府天満宮は、文教の祖神として古今にわたり世の崇敬が最も篤い。

鬼すべは毎年正月七日夜、天満宮境内の鬼すべ堂（祓殿）において行われる祭りである。江戸時代までは大講堂（薬師堂）で正月に、天下太平・玉体安穏などを祈念した修正会の終わりに行われた追儺・鬼やらいである。観世音寺の追儺祭を継承した鬼追い行事である。

「新春にあたって災いを祓い福を招くという祭で、寛和二年（九八六）、菅公の曾孫にあたる大宰大弐《だざいのだいに》菅原輔正が始めたと伝える。一月七日夜、天満宮の氏子六町が、三条・連歌屋・馬場は鬼を燻《くす》べる役の燻手、大町は鬼係、新町・五条は鬼警固に別れ、炎の攻防を繰り広げる、鬼をいぶり出して厄払いをしようという祭りで、氏子各町が役割を分担する。それぞれのグループは大団扇、カリ股、テン棒を手に松明を先頭に鬼すべ祭場になだれ込む。堂前に積まれた生松葉六十把、藁二百把に忌火がつけられると、燻手は大団扇で

鬼の扮装の図
『太宰府天満宮神事帳』より。荒縄で体をしばられた鬼。四十八カ所縛られ、腰木を前につける。

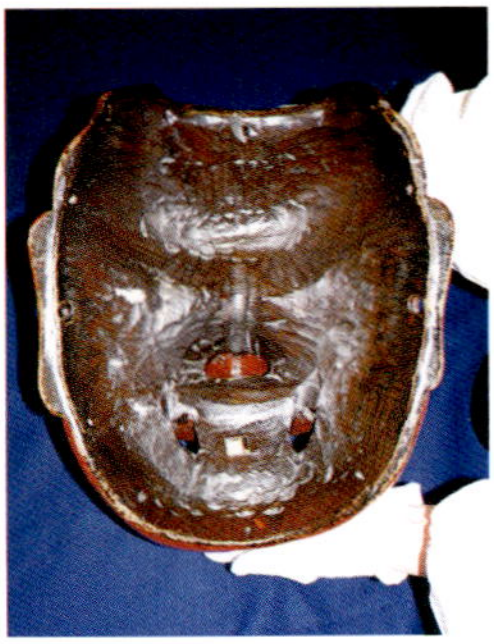

裏 面

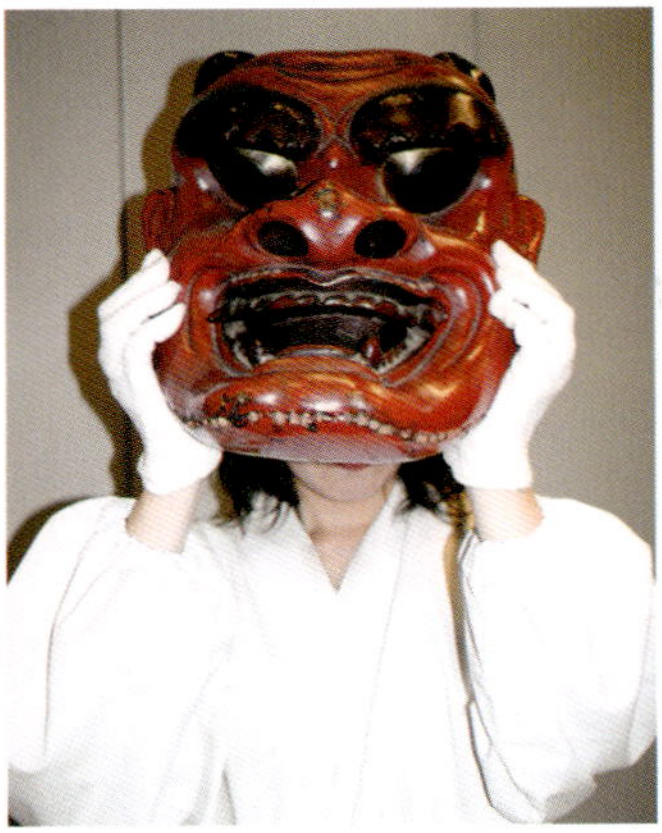

鬼面使いが鬼面を掲げる。
両手で持ち上げてつける。

（泉房子撮影 平成13年7月12日）

追儺面（古面） 33.1 × 28.6cm
太宰府天満宮所蔵。通称「オニメン」。大型鬼面。江戸時代の作

必死にあおぎ、鬼の面を先鬼警固はテン棒で堂の壁を打ち破る。壁が打ち破られると、鬼の面を先頭にした鬼係に囲まれ、荒縄でからだを縛られた鬼が堂にはいり、堂内を七回半、堂外を三回半まわる。堂内では神官が、堂外では氏子会長が一回り毎に煎豆を投げ卯杖で打つ」（『天神絵巻――太宰府天満宮の至宝』太宰府天満宮発行より）

鬼には米一俵、酒一升が渡された。

「オニメン」と呼ばれる大型鬼面は、鬼すべの際、鬼のシンボルとして用いられる。鬼面をつかう人を「鬼つかい」という。体格のよい人を選び、務めている。表は布を張ってその上から朱漆を塗り、裏は黒漆塗。鼻髭、顎髭をさし込む孔があり、鬼すべ当日これに紅白の紙で作った髭をさし込む（鼻髭・顎髭は欠。植毛の小孔を残す）。祭典後、その髭を抜き取って、大町区の各戸に魔除け、火除けとして配られる。

眼孔はなく大型面であり、顔につけて用いるものではなく鬼面使いが面を頭上に掲げもって用いる。阿形、こぶ状の二角、牙四本、舌出し、うず巻き状の眉、紐孔のある鬼面。銘はない。

七、等《と》覚《かく》寺《じ》の鬼会と松会

所在地　福岡県京都郡苅田《かんだ》町富久町一丁目一九―一
奉納日　祭日　四月第三日曜日
指　定　福岡県指定無形民俗文化財
　　　　昭和五十一年四月二十四日　等覚寺松会保存会

幾多の盛衰を経た等覚寺は、明治以降寺院そのものはなくなり、等覚寺は地名として苅田町という行政区の中で、その名を残すのみである。

等覚寺の修験行事は、英彦山《ひこさん》の系統であったと考えられる。松会《まつえ》は英彦山や求菩提山・桧原山などにも残っているが、松柱、すなわち幣切行事が行われるのは等覚寺のみである。

「松会」は、修験行事の中心をなす祭礼である。その内容は農耕の予祝行事で五穀成熟を祈願するとともに天下泰平・無病息災等を祈念する。ここ等覚寺では、もともとは旧暦二月十八日であったが、その後新暦の

［等覚寺の鬼会面　7面］（泉房子撮影　平成13年7月13日）

①鬼がしら　27・5×19・3㎝　阿形　角なし

牙4本　舌出し　しわしわ面

鬼がしらを着ける

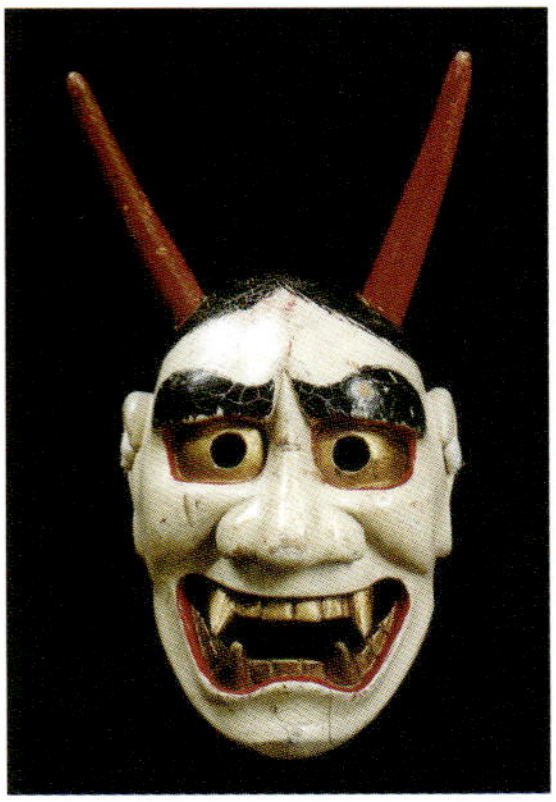

②悪鬼《わるおに》（白色）
28・2×19・3cm 阿形
2角（赤色） 牙4本

③
27・0×18・3cm 吽形（赤色）
牙（上）2本 古面の塗り直し 鼻先欠

④
24・4×16・7cm 阿形（赤色）
牙4本 舌出し

⑤
24・5×15・4cm 吽形（赤色）
④と対か

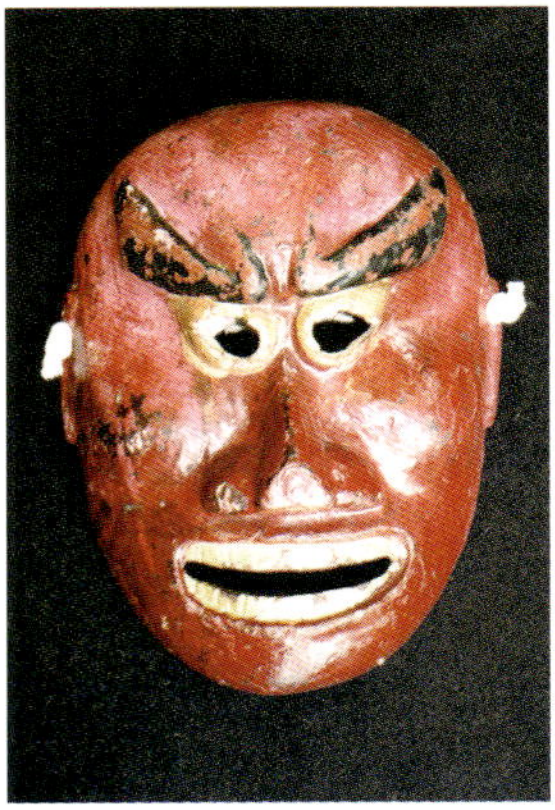

⑥
26・6×20・4cm 阿形（ピンク色）
目が中央寄り
頭頂に径0・7cmの小孔（毛笠をつけるためか）
あご部分にも小孔（あごひげをつけるためか）

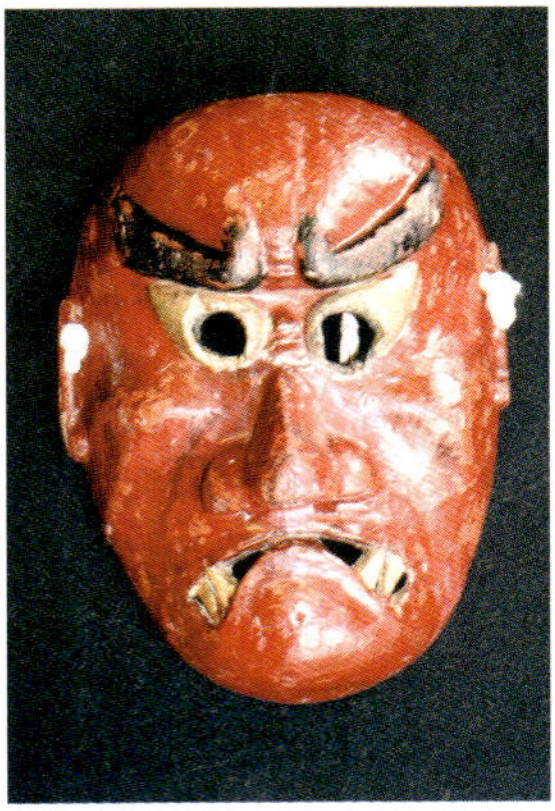

⑦
25・6×19・1cm 吽形（赤色）
⑥と対か 牙4本 目が中央寄り
頭頂・顎下に径0・7cmの小孔

四月十九日に、さらに五年ほど前からは四月の第三日曜日となった。この祭は豊前修験道の中でも最も重要なもので、非常に厳粛なうちに行われている。

山岳修験の最大の祭礼が等覚寺に全国で唯一残っている松会行事の御幣切り神事であり、等覚寺の松会は日本古来の山岳修験の祭礼である。行事は、①鬼会と②松会行事とで構成されているが、通称メンと呼ばれている鬼面が用いられるのは「鬼会」である。鬼面は七面あり、この中には「悪鬼《わるおに》」と「鬼がしら」と呼ばれる大型の鬼が含まれている。

鬼会は追儺の一種で、重要な修験道行事の祭祀として明治末頃まで続いた。文書によれば、松会とともに天暦八年（九五四）に谷之坊覚心によって創めたと伝えられ、古来の姿をそのまま残す。修験行事の衰退とともに立ち消えとなっていった。しかし古老たちによって、昭和三十三年（一九五八）に復興された。鬼会の趣旨は、無病息災七難消滅の祈願で、般若波羅蜜多経を読誦し、面をつけた状態で東西南北・中央の五方を固める呪文を唱える。七匹の鬼によって五方を固め、九字を以て魔を払い、万の神を勧請した榊の御幣を以て「三種の祓い」を行う。鬼面の役割は一連の修験行事の中で、所作と相俟って表現内容の視覚的理解に役立っているように思われる。

松会は白山多賀神社馬場下の神幸場で行われる。

［松会 行事次第］

一、役出しの座

もと（幣切りの番にあたる施主）が区民を招待し、当日の松役の割り当てをする。

二、注連卸しの座

施主が区民を招待し、村の入口・神社・奥の院に注連縄を張る。

三、神社掃除

四、柱起こし

十七、八歳以上、ならびに神社に初穂御供えをした人々を招待し、区民は午後神社境内の松庭に松柱を立てる。音頭の大縄を、松柱に結びつける。

等覚寺の松会　幣切り

（国指定重要無形民俗文化財
等覚寺松会保存会　平成12年3月31日）

慎重に慎重に足場を決めて登っていく。松柱の高さは約10 m。極めて不安定な足場の中で多くの所作を行う。

五、施主と、来年の施主たちが、同郡蓑島沖で「アビラウンケン」と唱え、沐浴する。

六、神社に参り大幣を納める。午後は松庭の浮殿に神幸ののち、獅子舞・流鏑馬・種蒔きについで、田遊び（お田植祭りともいう）が行われる。次に「剣行事」があり、青年がたっつけ袴姿、笛・太鼓の囃《はや》しで演技する。

七、松会・幣切り

次に、松会本番の「幣切り」である。祭礼の掉尾《ちょうび》を飾る豊前修験道のうちで最も重要な、そして最も厳粛な行事である。

施主は花笠を頭につけ、太刀をつけ、口に榊芝をふくんで、御供堂の入口を出て、神前で礼拝して大幣を受け取り、これをかつぎ、七五三に吹き鳴らす法螺貝におくられて祭柱（松柱）の下を左回りに三回まわる。それから施主は白布で大幣を括り、斜めに背負う。そして祭柱にかけてある縄梯子を登り、祭柱に括ってある三十三カ所の蔓を伝って祭柱を回りながら登る。背に大幣を揺すりながら、しずしずと登って行く光景は実に厳粛そのものであり、観衆は固唾をのんで見上げる。

頂上につくと施主は、高さ三十三尺の柱頭で天下泰平・国土安全・五穀豊穣を祈願し、次の祈願文を読む。

「謹敬て普智山上に鎮座します白山多賀神社の大神に、施主何某曰く。五穀成熟の御為に、今此の松庭に於いて、御獅子舞（馬とばせ）、種蒔、田打、おとんぼし、田植、松役の行事を厳修し、なお、この山に於いて施主神の代人となって、天下泰平、国運隆昌、万民安楽の御為に、この大幣、二十二大天、四天王、五大明王、日本中大小の神祇を勧請し泰る「アマツミソラツタヒクシタマタチ」来臨し給う諸大明王、大小の神祇、魔を降服し、万民の七難を即滅せんことを「オンバサラダトバン」国運隆昌、各願円満乃至法界平等、利益の御為に、天地四方を祓い清む。願はくは、施主の悃願《こんがん》を哀愍《あいびん》納受して悉皆《しっかい》成就せしめ給え」

頂上で祭文を読みあげ、頂の大幣を振り左右二回拝礼して刀を抜き、幣串を切り落とす。切り口がよいと豊作だという。

（参考資料：「等覚寺の松会」苅田町教育委員会 平成5年3月31日発行）

等覚寺の松会保存会
副会長の照本久氏
（泉房子撮影 平成13年7月13日）

松柱の周囲には、多くの丸太棒を藤蔓《ふじづる》で三十三カ所括りつけてある。この括ったところを松会の施主が伝い登り、頂上に立って祈願文を読み、太白幣を切らねばならないのだから、特に頑丈に作る。この「幣切り」は危険な場所で行われ、思っただけで肝がつぶれる。

終わると、神輿が還御して、当日の行事が終わる。このあと松柱を倒してかたづけ、御座渡しがあり、翌年の当番の人に御託宣そのほかを渡す式があり、来年の施主は祭具などを受けとる。

第六章　福岡・大分の傀儡子《くぐつ》と神舞と神相撲

一、八幡古表神社と古要神社の傀儡子と神舞・相撲について

福岡県築上郡吉富町の八幡古表神社と、大分県中津市の古要神社に伝わる「傀儡子と神舞・相撲」について、『月刊文化財』（文化庁文化財保護部監修）昭和五十八年二月号を参考文献として、まずその概略を紹介する。両社が重要無形民俗文化財に指定されるにあたっての説明文である。

《三人遣いの人形芝居として知られる人形浄瑠璃文楽を頂点とする日本の人形戯の伝統は、全国各地にその発展過程を暗示させる諸形態の人形戯を残存させてきているが、これらの中でも奈良・平安時代から活躍をはじめている傀儡子は、日本の人形戯の源流として注目されている。この源流をうかがわせる傀儡子系の人形戯が、いまも福岡県の八幡古表神社と大分県の古要神社に伝承されており、日本の芸能史の上で極めて貴重な存在となっているので、これを重要無形民俗文化財に指定し、その保存をはかる。

古く宇佐八幡宮の放生会《ほうじょうえ》が和間の浜の浮殿で執行されていた時、宇佐八幡宮の末社である古表、古要の両社からそれぞれ傀儡子を船に乗せ、海上から浮殿に向かって傀儡子の舞を奉納したといわれている。応永二十七年（一四二〇）、元和三年（一六一七）に放生会が復活されているが、

その後は打ち切りとなり、現在は八幡古表神社の単独の行事として伝承されてきている。開催は四年に一度で、八月十、十一、十二日のうち、午前中に潮の満ちる日を選んで、山国川河口の喜連島《きつれじま》の港から御輿を船に乗せて沖合に出て、放生会御神幸を行い、その海上で傀儡子の細男舞・神相撲を奉納し、その夜は神社境内の神舞殿でも奉納が行われる（なお、毎年八月六、七日に、人形の衣装を虫ぼしする「おいろかし」の行事があるが、この時にも七日に細男舞・神相撲を奉納する）。

傀儡人形は、神像型人形と相撲型人形に分けられ、前者は細男舞あるいは神舞と呼ばれる舞を演じ、後者は神相撲あるいは相撲と呼ばれる演技を見せる。

神像型人形は男神と女神に分かれるが、いずれも一木造りで、胴体の下部が細くなり、遣い手はその部分を握って人形を遣う。両手は肩先に釘で取りつけられ、その両手に紐をつけて引っ張ることによって両手を上下に動かすことができるようになっている。これに神衣と呼ばれる人形衣装をつけて舞わすのである。

囃子は笛・大太鼓・鉦《かね》で、神職が神名を呼び上げると、東西の楽屋からそれぞれの神名の神像型人形が一体ずつ登場し、一礼ののち両手を振り、また一礼をして楽屋へ戻る。この神舞が十番行われるが、このうち三番目の舞だけは奏楽なしで神歌（細男の唱歌）が詠み上げられる。これが細男舞といわれている。

神像型人形の舞に続いて演じられるのが相撲型人形の神相撲である。この相撲型人形も一木造りであるが、片足だけが長く作られていて、遣い手はそれを握って人形を遣う。いま一方の片足は股間に釘で打ちつけ、両手も肩に釘で打ちつけられている。この両手と釘で打ちつけられた片足にそれぞれ紐がつけられ、それをまとめて引くと両手と片足が動いて相撲をとっているようにみえる。諸神がそれぞれに取り組み、はじめは東西交互に勝つが、やがて西方が連敗する。最後に残った小兵の住吉神（くろうの神）が東方の神々を次々と破る。最後には住吉神に対して、東方の十神が飛びかかって押し合いになるが、これも住吉神に押し負けてしまう。

傀儡子の舞と相撲の芸態そのものは、比較的単純であるが、その呪術的内容と人形の構造や操作には、他に類例をみない古格がうかがわれるのが貴重である。

傀儡子は相撲人形二十二体、御舞人形二十体、四本柱人形四体、行司人形一体が残されており、舞いの神は両手が二本の糸で、相撲は両手、片足が三本の糸で動く。

境内の神舞殿に幕をはり、大太鼓・笛・バチの囃子にあわせ、十番の神舞がある。ついで四本柱を守る四太夫・行司が出場、相撲が始まる。最初は勝抜き戦で、小兵の住吉大神（おんくろうの神）が勝つが、住吉の神に五神が一度に飛びつく飛び掛かり相撲、十柱の神が同時に押す押合相撲があり、住吉神の神威の大きさを見せる。

舞神の衣装は奉納するごとにとりかえられ、残しておき、毎年八月六日に虫ぼし（おいろかし）されている。

※　※

なお、傀儡子および細男舞・神相撲は昭和三十一年四月二十六日、両社ともに前者は国の重要民俗資料に、後者は無形民俗資料に指定された。古要舞の方は昭和三十六年記録作制が終わり、古要の傀儡子については昭和三十七年に保存庫が建設された。》

二、八幡古表神社の傀儡子の舞と相撲

所在地　福岡県築上郡吉富町大字小犬丸
保存会　細男舞《くわしおのまい》保存会
時　期　四年に一回。八月十、十一、十二日のうち、午前中に潮が満ちる日を祭日とする。

八幡古表神社　細男舞・神相撲の当日（泉房子撮影 昭和58年8月6日）

(一) 傀儡子

福岡県築上郡吉富町小犬丸字吹出浜に鎮座する八幡古表神社には、古要神社の傀儡子とともに宇佐神宮の放生会に出仕してきた傀儡子四十七体が収蔵されている。国指定重要有形民俗文化財である。

お舞人形（御神像）二十体、相撲人形二十二体、行司人形一体、四本柱人形（四大夫人形）四体の計四十七体である。大きさは多様で、小は二〇センチぐらいから大は六〇センチぐらいまである。その動きは古要神社の傀儡子と同様、お舞人形は両手のみ動き、相撲人形は両手と片足が動く。

上演に当たっては、お舞人形は両手のみ動き、相撲人形は両手と片足が動く。お舞人形は着衣姿、相撲人形は裸形に褌姿である。ま

八幡古表神社　細男舞・神相撲（重要無形民俗文化財）
午後7時30分～大祭祭典。神舞殿で細男舞・神相撲が行われる。
（泉房子撮影 昭和58年8月6日）

た、前者は彩色されているが、後者は彩色が剝落して木目が出て、褌だけ赤や黒色で彩られている。恐らく相撲人形は裸形のままで激しくぶつかる掛り相撲や練習の結果、彩色が落ちたものであろう。

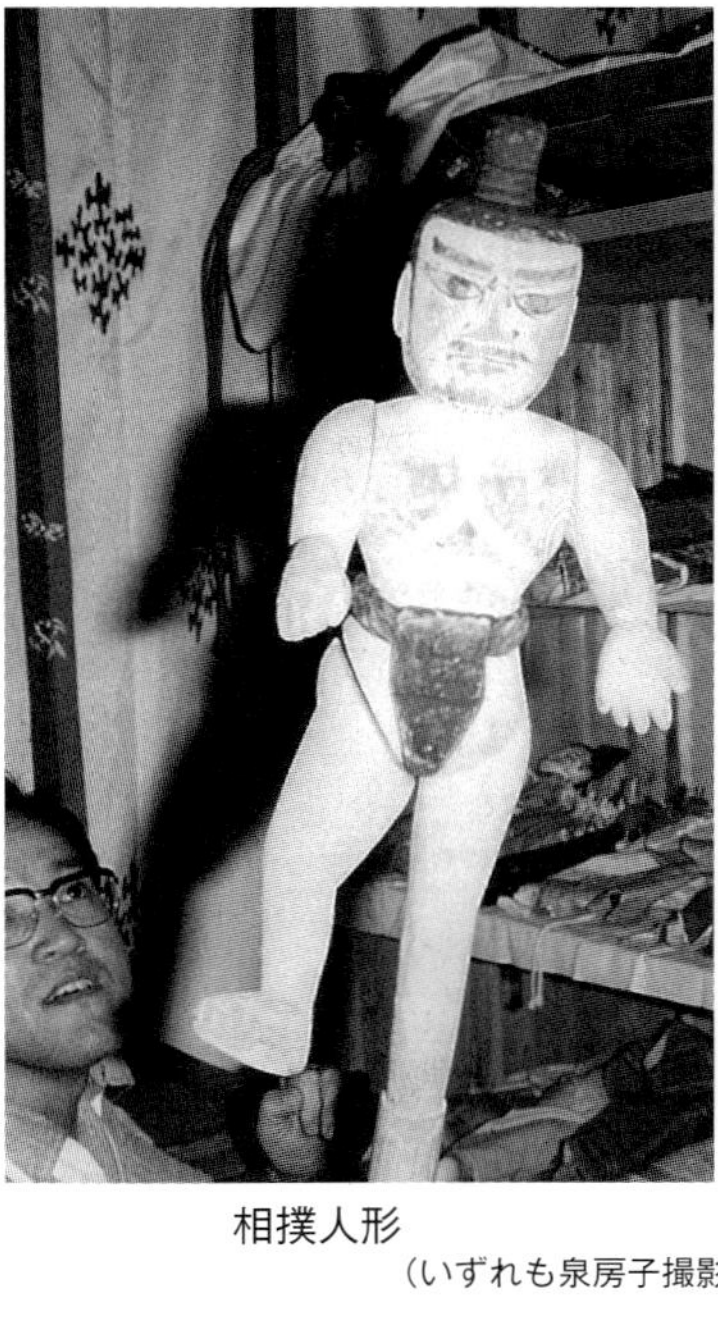
相撲人形

神舞する神

（いずれも泉房子撮影 昭和58年8月6日）

行司人形（八意思兼大神）

お舞人形（玉手大神）

お舞人形「金山彦大神《かなやまひこのおおかみ》」

（いずれも泉房子撮影　昭和58年8月6日）

㈡　衣装箱の蓋の墨書

傀儡子の御神衣を納めてある幅五三・五センチ×二八・七センチの衣装箱の蓋の表に次のような墨書がある。

寛文十一辛亥奉納傀儡衣装　九月吉日

寛文十一年は一六七一年である。次項の前記古要神社の人形箱の蓋の裏書によれば、数十年延滞した御放生会の神事が、細川忠興公によって元和三年（一六一七）に再興され、古要大明神の御神体を悉《ことごと》く造立した墨書があるので、恐らく古表神社の傀儡子も新たに造立されたのではあるまいか。この衣装箱のご神衣は、造立されて五十四年経過した、色彩に富んだ傀儡子たちが、身にまとったのであろう。

さらに古表神社の衣装箱の蓋には、次のような裏書がある。

相撲人形（祇園大神）

相撲人形（酒殿大神）

相撲人形（住吉大神）

（いずれも泉房子撮影 昭和58年8月6日）

一　御連（伶）い神四体ハ御ほこのまひ
一　てい〱四体ハ内二体ハかっこ 二体ハ御へい
　うたにいわく
一　国のおさのおしくるよう〱　宮のおさのおしくるよう〱　うさの宮のおくらの山のいわねなる　御ようのまつの末そさかゆる〱
　千代の姫松の〱　末そさかゆる〱
一　国のおさのおしくるよう〱　宮のおさのおしくるよう〱　ふき出の浜のはま姫の　うしはくる　なみ立松の末そさかゆる〱
一　四体ハ御たちにて御まひならす
一　御すもふ十二番内七はんハ
一　御くろうの神御かち
一　やおとめの神八体ハせき〱
　元和三年八月十五日之写
　　宮大夫
　　中津川

渡邊民部□□

（いずれも泉房子撮影　昭和58年8月6日）

相撲のとき出場する太夫４体のうち２体

相撲人形

この衣装箱の蓋の裏書は、元和三年（一六一七）八月十五日に「之を写」したのではなく、元和三年八月十五日「之写」である。即ち八月十五日に浮殿の前で執行された当日の「写」、つまり記録と解することができよう。

この記録からすると、演目は「御鉾の舞」「羯鼓」「御幣」などの舞が、途中で後述する古要舞でも行われた「うた」（ノリゴト）が行われ、「太刀持」が登場した後、神相撲が十二番あり、「御くろうの神」即ち住吉の神が勝利をおさめる。最後に現在も最後に行われている華麗な「やおとめの舞」が催されている。

㈢　注文書

「宇佐小山田文書」（『大分県史料』7　宇佐八幡宮文書の四所収）に、元和三年の宇佐宮放生会に出仕する傀傀儡子や人員の注文書がある。古表神社が和間の浜で行われる放生会に際して計画した青写真といえるものであろう。

就宇佐御放生会、上毛郡古俵大明神御出仕并傀儡子禰宜人数之事

一　御取沙汰　宮大夫民部
一　御幣　同　長三郎
一　笛役　荒巻惣三郎
一　太鼓　正森源兵衛
一　仏舞　重松　吉蔵
一　ほこ　正森　勝六
一　仏舞　たかせ兵部
一　ほこ　同　孫次郎
一　御はこ　同　八郎
一　調拍子　同　市次郎
一　調拍子　同　惣七郎
一　調拍子　同　善内
　　　　同　宮内
　　　　同　武部

一　　同　左京
御供所　孫三右衛門
一　かよふてう*　四人　*（賀輿丁の意）
一　船頭　弐人
一　船子　拾弐人
元和三年四月吉日
中津川
宮大夫民部（花押）

裏書
一　表書之通延宝八年申ノ正月十二日渡邊右京に写し遣之畢

文面からすると、元和三年の文書を延宝八年に写し、それを渡邊右京に与えたものである。延宝八年は一六八〇年で、元和三年（一六一七）から六十三年後になる。

この記録は、前記した現存する古表神社の衣装箱の蓋の裏書と相当に異なっている。裏書は、元和三年八月十五日当日の写しであり、宇佐小山田文書は、四月現在の注文書であり、さらに六十三年後の写しである。この文書で最も気になるところは、肝心の神相撲がないことであるが、

宇佐神宮（泉房子撮影）

同年八月一日に古表・古要両社の傀儡子を悉く新造したので、四月の計画が変更されたものと解される。

『太宰管内志』に引用されている古表神社の「社記略」に、

「御神体ハ木偶而古物也。又称二眷属ノ神一者有二四十神一、是亦古物也」

と記され、「眷属ノ神」と称する四十神が現存する傀儡子四十七体である。

傀儡子がお舞人形と相撲人形に大別できることは、古要神社の傀儡子と同様である。しかし古要神社の傀儡子が相撲人形の「祇園さま」「住吉さま」の二神を除いて神名がなく、お舞人形のほとんどが所持する物、楽器や太刀、鉾、わけても羯鼓・太鼓・笛・笙・七力などの名称役で呼ばれているのに対し、古表神社の傀儡子はすべて固有の神名を以て呼ばれている。四大夫もそれぞれの固有名を持っている。人形の神格化が極めて著しいことが、古表神社の傀儡子の特色ともいえるであろう。

(四) 細男舞・神相撲次第

古表社では、すべての傀儡子に神名がついている。これは多分に『八幡愚童訓』に影響されてのことと思われる。

古表社の神事次第と、神名を次ページに掲げる（『宇佐市史　下巻』による）。

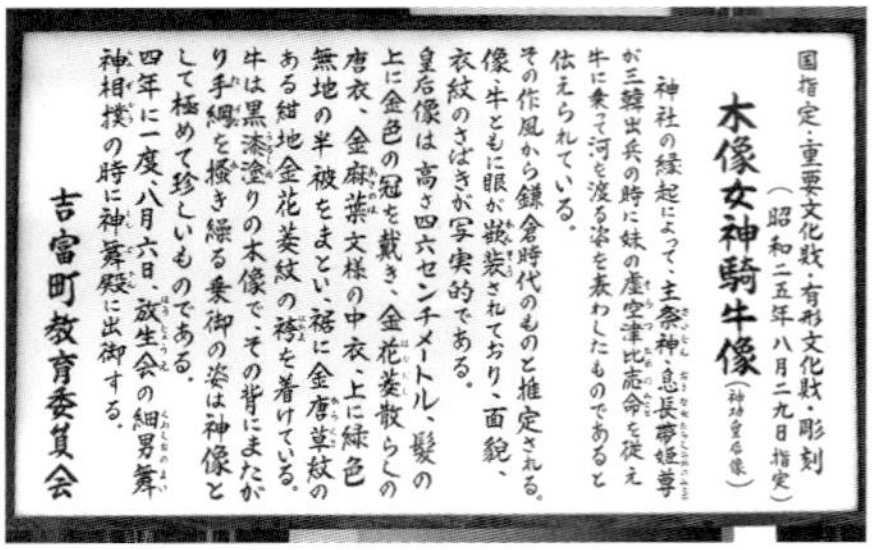

木像女神騎牛像（神功皇后像）（上）とその説明（下）
御神像が神舞殿へ渡御されると、細男舞、神相撲が奉納される（泉房子撮影 昭和58年8月11日）

古表社細男舞・神相撲次第

一、祭　典
二、神功皇后に従って四十七柱の神々神舞殿へ渡御
三、神官縁起説明
四、細男舞

		（東より）	（西より）
1	御舞	天御中主大神	大国魂大神
		伊邪那岐《いざなぎの》大神	伊邪那美《いざなみの》大神
2	御神歌	大綿津見《おおわだつみの》大神	水波能売《みずはのめの》大神
3	御舞	広田《ひろたの》大神	立田《たつたの》大神
		八衢比売《やちまたひめ》大神	豊受姫《とようけひめの》大神
		稚日女《わかひめの》大神	美奴売《みぬめの》大神
		爾保津姫《にほつひめの》大神	石坂姫《いしざかひめの》大神
4	御舞	久々奴智《くくぬちの》大神	大穴持《おおあなもちの》大神
		金山彦《かなやまひこの》大神	宮須姫《みやすひめの》大神
		高良《こうらの》　大神	玉手《たまての》　大神

上／細男の舞　下／八乙女《やおとめ》の舞（８体）（神舞のうち最後に行われる）
（泉房子撮影 昭和58年８月11日）

右／八乙女の舞が終わって西の方へ去ると、左／東の方から四大夫が出御して神相撲が始まる

神相撲が始まる（いずれも泉房子撮影　昭和61年8月6日）

五、神相撲

1　四大夫出御

（東）中臣烏賊津臣《なかとみのいかつのおみ》
（西）大美輪大友主臣《おおみわのおおともぬしのおみ》
（南）物部膽昨臣《もののべのはぐいのおみ》
（北）大伴武以臣《おおとものたけいのおみ》

2　中央行司神出御　八意思兼《やごころおもいかねの》大神

3　勝抜相撲

（東より）	（西より）
○誉田《はつたの》大神	龍田《たつたの》大神
○○若宮《わかみやの》大神	鹿島《かしまの》大神○
伊多手《いだての》大神	香取《かとりの》大神
○○長田《ながたの》大神	塞《さやの》大神○○
○○大美輪《おおみわの》大神	高龗《たかおがみの》大神
○○三島《みしまの》大神	暗龗《くらおがみの》大神○
白髭《しらひげの》大神	春日《かすがの》大神
熱田《あつたの》大神	大歳《おおとしの》大神○
磯良《いそらの》大神	若歳《わかとしの》大神
酒殿《さかどのの》大神	松尾《まつおの》大神

神相撲（力士24体。そのうちこれは「押合相撲」で11柱大神〈東の方〉と住吉大神の取組〈神相撲の白眉〉）（泉房子撮影　昭和58年8月11日）

祇園《ぎおんの》大神　住吉《すみよしの》大神○○○○○

4　飛掛相撲

誉田大神

若宮大神

長田大神　住吉大神○○○○○

大美輪大神

三島大神

5　押合相撲

十一柱大神　住吉大神

6　行司神退場

7　四大夫退場

六、神功皇后に従って諸神神舞殿より神殿に還御

七、終了報告祭

現在は、両手の上げ下ろしを主にした単調な細男舞よりも、動作の激しい神相撲がどちらかといえば注目を集めている。しかしながら、主役はやはり細男舞であり、神相撲は細男舞の「抵悟《もどき》」と見るべき

であろう。

㈤　放生会と和間浜への出仕

放生会は毎年八月十五日和間浜で行われた。古記録によると、何度かの変遷はあった。しかし古表・古要二社の奉仕が共に続いた。

元和三年（一六一七）の箱書によると、「御放生会御神事之儀、数十年延滞仕候処」とあるように、元和三年以前にすでに放生会は延滞していた。

天正十五年（一五八七）、豊臣秀吉は九州に入り島津氏を降《くだ》すや、豊前南部六郡を黒田孝高《すえたか》に与えた。ちょうどその頃から放生会ができなくなったのである。細川忠興が豊前に入部すると、元和二年（一六一六）、行幸会を復興し（『益永文書』二三二号）、ついで翌三年、放生会を復興した（同前『小山田文書』一七〇号）。しかし享保八年（一七二三）以後古要社の奉仕は中断してしまった（『伊藤田文書』）。

古表社の奉仕も中絶していたが、明治三十五年（一九〇二）八月二日官許を得て再興された。そこで古表社も、古例によって宇佐郡和間村浮殿に神幸を続けた。昭和に入ると三年目ごとに海上渡御を行い、その他の年は古表社だけで舞神事を行ってきた。その後太平洋戦争があり、しばらく中断したが、古表社は昭和四十八年再び和間浮殿への神幸を始めた。古要社は享保以後再興できなかったが、昭和五十二年、二百数十年ぶりに復興できた。歴史的快挙といわねばならない。

夏季大祭「掲示板」（泉房子撮影　昭和 63 年 8 月 11 日）

夏期大祭（八年ぶり）

乾衣祭《おいろかし》

仲秋祭（放生会《ほうじょうえ》）

○八月十日

午後一時　奉納子供相撲大会

〃七時　牛替くじ発売

〃〃　奉納おどり

〃七時半　奉納カラオケ大会（歌謡ショー）

○八月十一日

午前七時〜　放生会（海上渡御祭）

〃十時迄　細男舞・神相撲（船上）

午後七時半〜　大祭祭典

〃九時半頃　細男舞・神相撲（神舞殿）

〃八時頃　牛替くじ発売

○大祭々典には御祭神の

神功皇后像（重要文化財）が出御します。

細男舞・神相撲は重要無形文化財

その御神像は重要有形民俗文化財です。

※今年度の大祭日

○例祭御神幸祭　九月十八日

○新嘗祭・大麻頒布祭　十一月二十三日

宇佐八幡宮の放生会が和間の浜の浮殿で執行されていた時、宇佐八幡宮の末社である古表・古要の両社から、それぞれの傀儡子を船に乗せ、海上から浮殿に向かって傀儡子の舞を奉納したといわれている。

（参考資料『宇佐市史 下巻』より）

㈥ おいろかし（乾衣祭）

「おいろかし」は、古表・古要両神社で行われる神衣の虫干し行事のことである。両社に収蔵されている細男舞を奏する傀儡子に着せる着物を、一年に一度土用干しする行事が祭りとなったものである。

神衣の奉納は現在も続いているが、古表神社には、町（福岡県吉富町）指定の有形民俗文化財の「御神衣」三十一点がある。黒田・細川・小笠原・奥平など、代々の中津藩主やその一族が奉納したものである。黒田家六点、細川家六点、小笠原家八点、奥平家十一点である。江戸時代までは勅願神社として、大名家の者のみ奉納が許されたという。現在御神衣の数は、千点以上になっている。

「おいろかし」は、毎年八月六・七日に行われている。氏子が祈願や感謝の念で奉納した色とりどりの御神衣を見て、楽しむ祭りでもある。

八幡古表神社のおいろかし（乾衣祭）

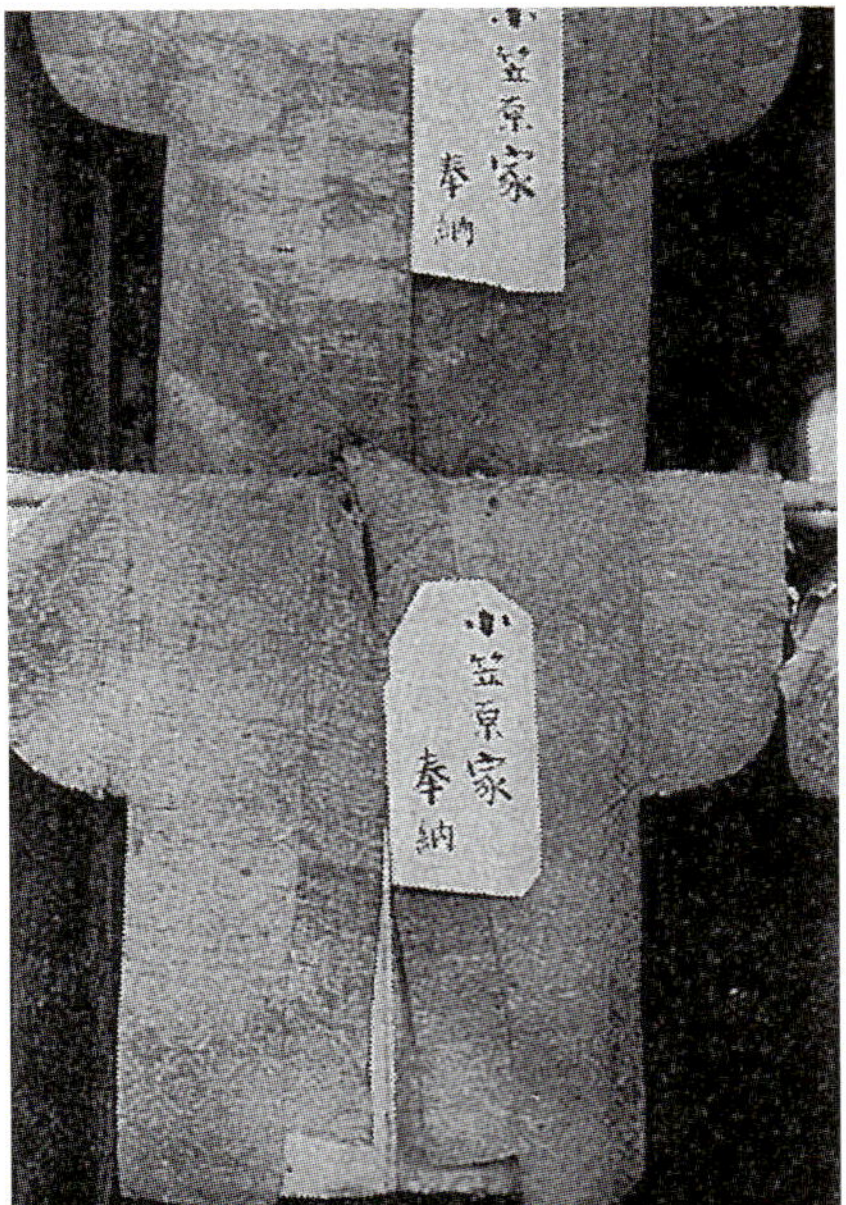

八幡古表神社の御神衣
（町指定有形民俗文化財）

三、古要神社の傀儡子と古要舞・相撲舞

所在地　大分県中津市大字伊藤田字洞ノ上
時　期　旧暦閏年の新暦十月十二日　八幡古要神社の中殿で行われる。

(一)　古要神社の傀儡子人形の概要

――（参考文献『日本の人形芝居』永田衡吉他著　錦正社刊より）

沿革・現状

起源は不明で、往昔、宇佐八幡宮の放生会が旧八月に和間《わま》の浜の浮殿で執行されていたとき、古要・古表両社の傀儡子を別々の船に乗せ、海上から浮殿にむかって舞を奉納していた。宇佐の放生会が中止されてからは、両社単独の神事となったが、現在も両者の傀儡子人形の芸態は大差ない。

息長帯比売命《おきながたらしひめのみこと》（神功皇后）が三韓征伐のみぎり、老人が細男《くわしお》の舞を舞って安曇磯良を召し、無事目的を果たした故事によるともいい、また一説には、隼人征伐の際、傀儡子の曲を奏し、油断に乗じて討伐したのによるとも伝えている。

組　織

古要神社の傀儡人形を遣うのは、中津市大字伊藤田字洞《ほき》ノ上《うえ》の人々で、四組が一年交替で、

宮座を受け持つ。傀儡子を操る人をオドリコと称し、氏子のヨトリ（嫡男）から厳選する。オドリコは七日間宮に籠り、毎朝禊して練習する。

囃子方は、笛・チャンガラ（銅鈸子）・太鼓からなる。

場　所

舞台は、本殿と拝殿の間に位置する中殿《もうしでん》に、幕と注連を張ってしつらえ、両側に青竹・榊・鉾・面・幣を掛け、正面に青竹を横に渡し、幕を垂れて操りの手摺とする。見物と囃子方は、拝殿（舞殿）に座を占める。

神事の芸態は、古要舞（細男の舞）と神相撲の二部からなる。

芸　態

神像型傀儡子の操法は、一人遣いで、片手裾突込みの隠れ遣いである。そして、東から出る人形は右手で、西から出る人形は左手で持ち、あいた手で、人形の手についた紐の先端を握って動かす。

相撲型くぐつも、一人遣いの隠れ遣いで、片手で人形の足を握り、ほかの手で人形の両手と片足を動かす紐を握る。紐は両手と片足についた三本を中途で一本に縛ったもので、古要・古表の人形にのみある独得の構造で、操法も類例のない古風なものである。

神事の芸能は、古要舞（細男の舞）と神相撲の二部からなるが、笛・太鼓・チャンガラ（銅鈸子）の囃子による「神起こし」に続き、御祓神が浄め、獅子頭二面、小豆童子二体（突込み人形で、明《あけ》の明星・宵の明星と呼ぶ）がそれぞれ東西に控える。御幣持ち・囃子の各役・鉾・刀・太刀の神々が二体ずつ「呼び出し」の楽で登場し、「御舞《おまい》の囃子」に合わせて舞う。いずれも同じ所作を繰り返す。

次に、白覆面の磯良神《いそらの》二体が登場すると、楽は止み、細男の舞ののりごとが、舞台裏から唱えられる。そして次に、細男役・御幣持ちが登場し舞を終える。

次の神相撲は、東西からお相撲人形が一体ずつ登場して、ハヤモンと称すテンポの早い賑やかな囃子に合わせて、相撲をとる。初めのうちは、東西が交互に勝つ。勝った方の「明星」は首や手を振り、獅子頭は口をぱくつかせて、喜ぶ風をみせる。中ごろから西側は連敗し、一人残った小兵の住吉といわれる神が登場して、東の神々をつぎつぎにやぶり、東の横綱格の祇園といわれる神もやぶる。すると、東の神々は大挙して住吉さまに立ち向かってくるが、見事に薙ぎ倒してしまう。

㈡　古要神社の傀儡子の舞

古要神社は大分県中津市三保区伊藤田字洞ノ上にある。かつてはコヒョウと読んでいたという。祭神は息長帯比売命《おきながたらしひめ》（神功皇后）とその御妹虚空津比売命《くくつひめ》の二柱である。この神社で最も重要な祭典は、閏十月十二日の夜行われる「傀儡子の舞および神相撲」である。この祭典に奉仕する傀儡子六十体は、宇佐神宮の放生会と関連し歴史的にも古い伝統を持つことから、昭和三十一年に記録作成すべき無形の民俗資料として選択され、さらに国指定重要有形民俗文化財に指定されている。

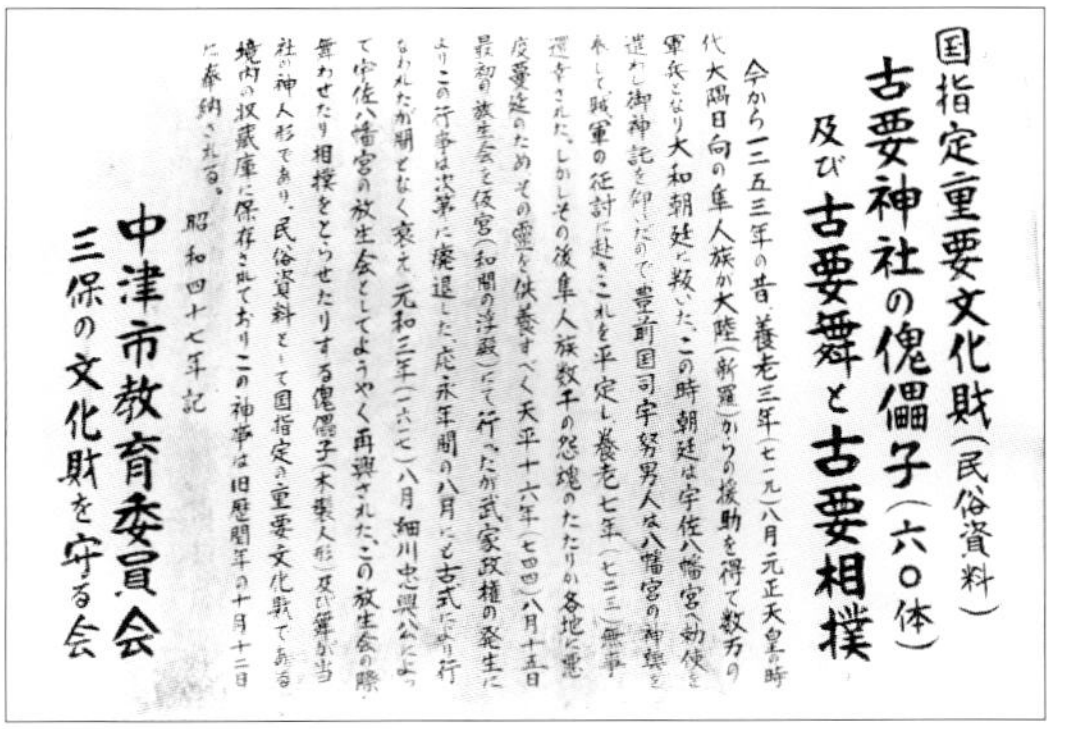

中津市教育委員会の
古要神社の傀儡子の説明板
（泉房子撮影 昭和61年8月7日）

傀儡子を操る舞は「古要舞」あるいは「細男の舞」「神舞」などと呼ばれ、傀儡子相撲は「古要相撲」「神相撲」と呼ばれている。まず舞が行われ、続いて相撲が演じられる。

傀儡子の舞は、宇佐神宮の和間の浜で催される放生会への出仕と、自社神事として行われる場合とに大別できる。和間の浜放生会が行われなくなった江戸時代中期ごろ以降、傀儡子行事は自社神事として執行されている。現在は、閏十月十二日の夜行われる特異な祭典である。

舞台は手摺舞台形式で、手摺の上に傀儡子を差し上げ、遣い手は完全に幕の後ろに隠れる。十月十二日の午後から、宮座の組の者が舞台を作る。申し殿（拝殿）に幕を張りめぐらし、申し殿の両隅には枝葉をつけたままの青竹を一本ずつ立て、これに榊を結びつける。青竹に模造の鉾を一本ずつ立て、これに面を掛ける。太い青竹を横に渡し、この青竹に幕を掛けて外側に垂らす。拝観者は申し殿のすぐ前の舞楽殿に座るが、前列には太鼓、笛、チャンガラなどの楽器を担当するハヤシカタが陣取る。

① 古要舞

古要舞に先立って、神楽組が神楽を奉納。次いで古要舞が始まる。ハヤシカタが太鼓・笛・チャンガラ（銅鈸子）で「神起し」の楽を奏したあと、「呼び出し」の楽につれて、お舞人形が登場し、「御舞《おんまい》のはやし」にのってオドリコ（操り手）の手で操られ、両腕を上げ下ろして舞う。以下同様に、それぞれのお舞人形が「呼び出し」、「御舞のはやし」の楽につれて同様の動作をして舞を奉納する。詳しいことは割愛して、登場するお舞人形の順序を簡単に記したい。

（1）「御祓神」（「　」は、傀儡子の胴体に墨書あり）

（2）獅子頭二面が登場、東西に分かれる。舞と相撲の終わるまで両端に控える。

（3）小豆童子二体が登場。東方に「明けの明星」が、西方に「宵の明星」が、すべてが終わるまで控える。

（4）「御幣持」の男神が東西から二神ずつ登場し、舞台の正面で一礼し、ついで向かい合い、奏楽に合わせて、御幣を持って腕を上下左右に振り動かし、一礼の後退場する（以下登場する傀儡子は所持する物は異なるが、動作は同じ）。

（5）「羯鼓打《かっこうち》」の男神、二体登場。

（6）「太鼓役」と、小太鼓を持つハヤシカタの男神各一体。

（7）「笙吹」及び笛吹きのハヤシカタの男神各一体。

（8）「七力神」（しちりきを持つハヤシカタ）の男神二体。

（9）「調拍子《しらべびょうし》」（チャンガラを持つハヤシカタの神）二体。

（10）大太刀・小太刀を持つ「御太刀持」の男神二体と、「御刀持」の男女神一体ずつ、計四体。

（11）「鋒持」「鋒役」の男神一体ずつ。

⑿「御幣持」の男神二体。

⒀「磯良神」女神二体。この神は白紙を筒型にして、すっぽりと頭からかぶっている。この神が舞台中央まで来ると奏楽が止み、細男の舞のノリゴトが唱えられる。

⒁「細男役」の白覆面の男神一体。

「細男役」の神が舞台中央に現れると、奏楽が止まり、細男舞の「のりごと」が舞台裏から唱えられる。この舞の歌は、宇佐宮・古表社に伝わっていた。

古要神社「神舞」(細男の舞)

衣装をつけて出番を待つ傀儡子たち
(いずれも泉房子撮影 昭和62年10月12日)

古要社では、

一、国の長《おさ》のおしくるよう、おしくるよう、宇佐の宮、おぐらの山の岩根なる、玉葉の松の末ぞ栄ゆる。末ぞ栄ゆる。姫松の、姫松の末ぞ栄ゆる。末ぞ栄ゆる。

一、吹出の浜の浜松の、汐くる並立松の末ぞ栄ゆる、末ぞ栄ゆる。千代の、千代の、姫松の、姫松の、末ぞ栄ゆる、末ぞ栄ゆる。

となっている。

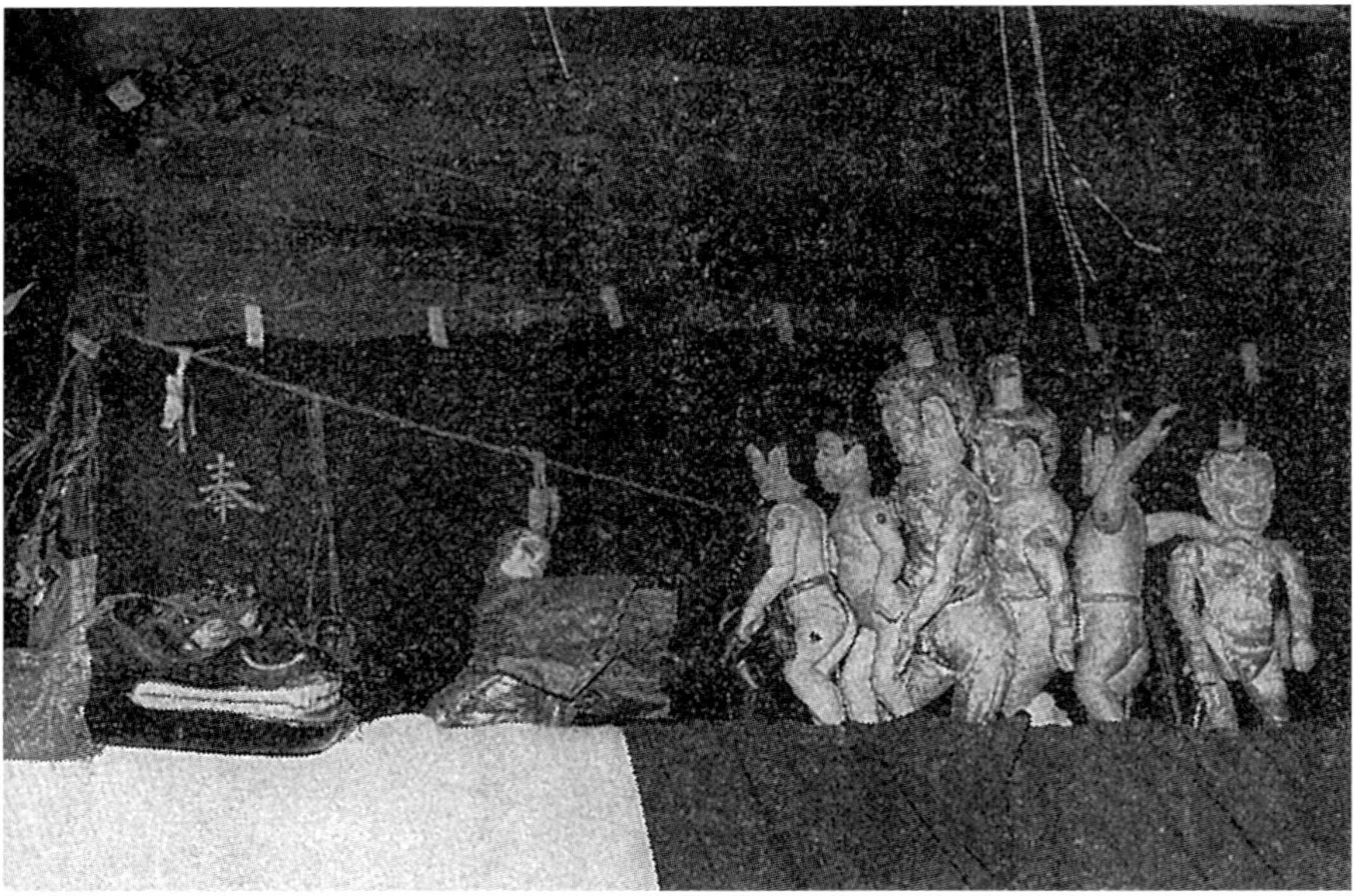

古要神社の古要相撲（泉房子撮影　昭和62年10月12日）

古要相撲の傀儡子たちと獅子頭
獅子頭２面が舞台東西に控える。
勝った方の獅子頭が口をぱくつかせる。
（泉房子撮影　昭和62年10月12日）

② 古要相撲

以上の「古要舞」が終わると、次は古要相撲に移る。東西に分かれた相撲人形の十二神が一体ずつ登場し、ハヤモン（早物）と呼ばれるテンポの早い賑やかな楽に合わせて相撲をとる。初めのうちは東西が交互に勝つ。勝った方の「明星」は首や手を振り、獅子頭は口をぱくぱくいわせる。半ば頃から西方が連敗する。やがて、西方横綱格の住吉さまが登場して、東方の残る神々を次々に投げ、最後に住吉さまの二倍もある東方の横綱祇園さまの出番となるが、これも小兵の住吉さまに負けてしまう。

以上が「掛り相撲」で、次に「押し相撲」に移る。東方の神全員で一柱の住吉さまに立ち向かうが、ハヤモンの楽にのって住吉さまが大活躍し、東方を見事に負かしてしまう。これで神相撲は終わり、古要神社の傀儡子の神事は完了し、この後夜半まで神楽が奉納される。

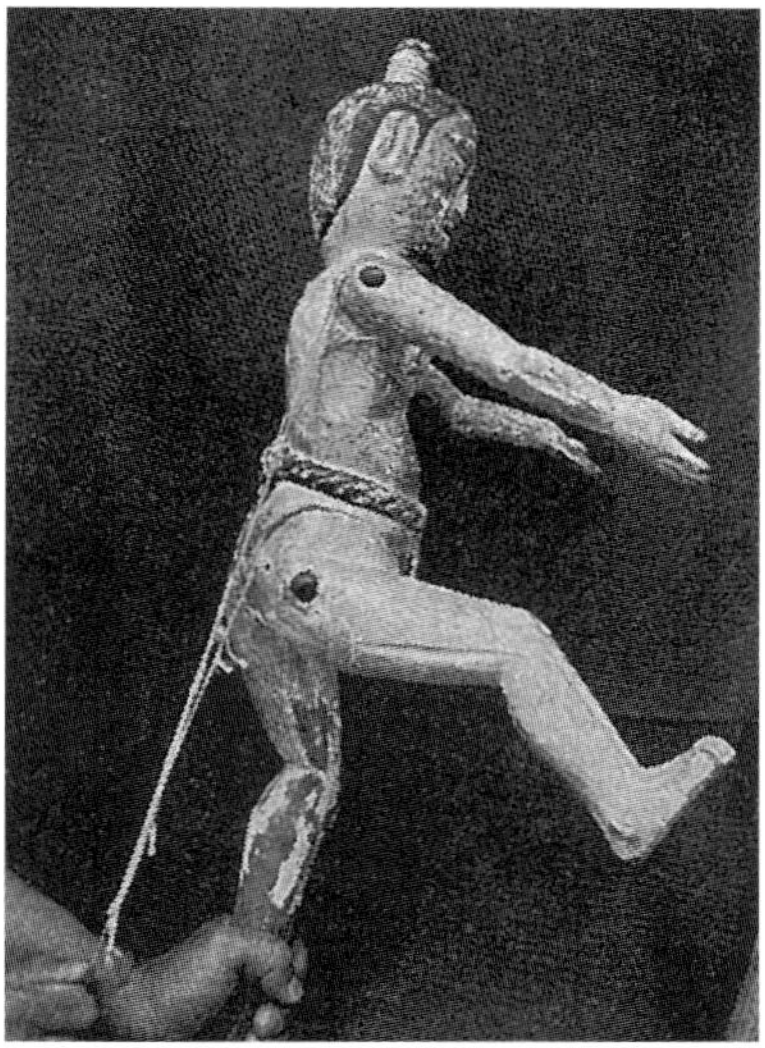

古要神社の傀儡子の操り方

（喜多慶治氏撮影）

(三) 古要神社の傀儡子

八幡古表神社・古要神社には多くの傀儡子が現存し、国指定重要有形民俗文化財である。これらの傀儡子は大別して、舞の人形と相撲の人形に分けられる。お舞人形は衣服をつけて上演され、相撲人形は褌だけの裸体で舞台に上る。お舞人形は一本作りの棒人形で頭が大きく、首元を細く削り込み、つづく肩幅は頭と大体同じ大きさかやや狭い程度で胴から下はしだいに細くなり膝のあたりで断ち切られている。
傀儡子の手は胴体とは別つくりで、肩にゆるく釘づけされている。この手から肩にかけて紐が外側後方に通され、背後に垂れている。その紐を引っぱると、手が水平に上がる。釘づけがゆるやかなため、手を左右に開いたり鼓打ちの所作も可能である。人形の手先には穴があけてあり、御幣や刀などをさしこんで人形が採物を持っているように見せる。

相撲人形も一本づくりの棒人形である点は、お舞人形と同じつくりであるが、人体としての造形がより写実的であり、二本足が中途までではなく足先までつくられていることが特色である。肩幅は頭より広く、胸は筋肉たくましく厚く胴に続き、胴との境あたりからやや細くなり、下腹は張っている。足の片方は一本づくりの棒状であるが、他の一方は別づくりで腰のあたりにゆるく釘づけされている。紐を引くと足が蹴上がる仕組みである。手の動きは振り上げ振り下ろすだけであるが、釘づけがゆるいので身体の動きにつれて、左右に多少開いたり閉じたりする。目・眉・口などの動きは、もちろんお舞人形にも相撲人形にもない。

人形の仕組みという観点からすれば、お舞人形の方がはるかに原初的である。相撲人形は両手を別々に動かし、しかも片足さえ動かすことが可能であり、舞台いっぱいに激しくぶつかり合い叩き合う。この所作は、すでに三人遣いの人形芝居とほぼ同次元のものに思われる。

古要神社の傀儡子の種類は、「お舞人形」「お相撲人形」「小豆童子《あずきどうじ》」があり、これに「獅子頭《ししがしら》」二面を加え総数六十体である。このうち「お舞人形」二十六体、相撲人形三十体である。

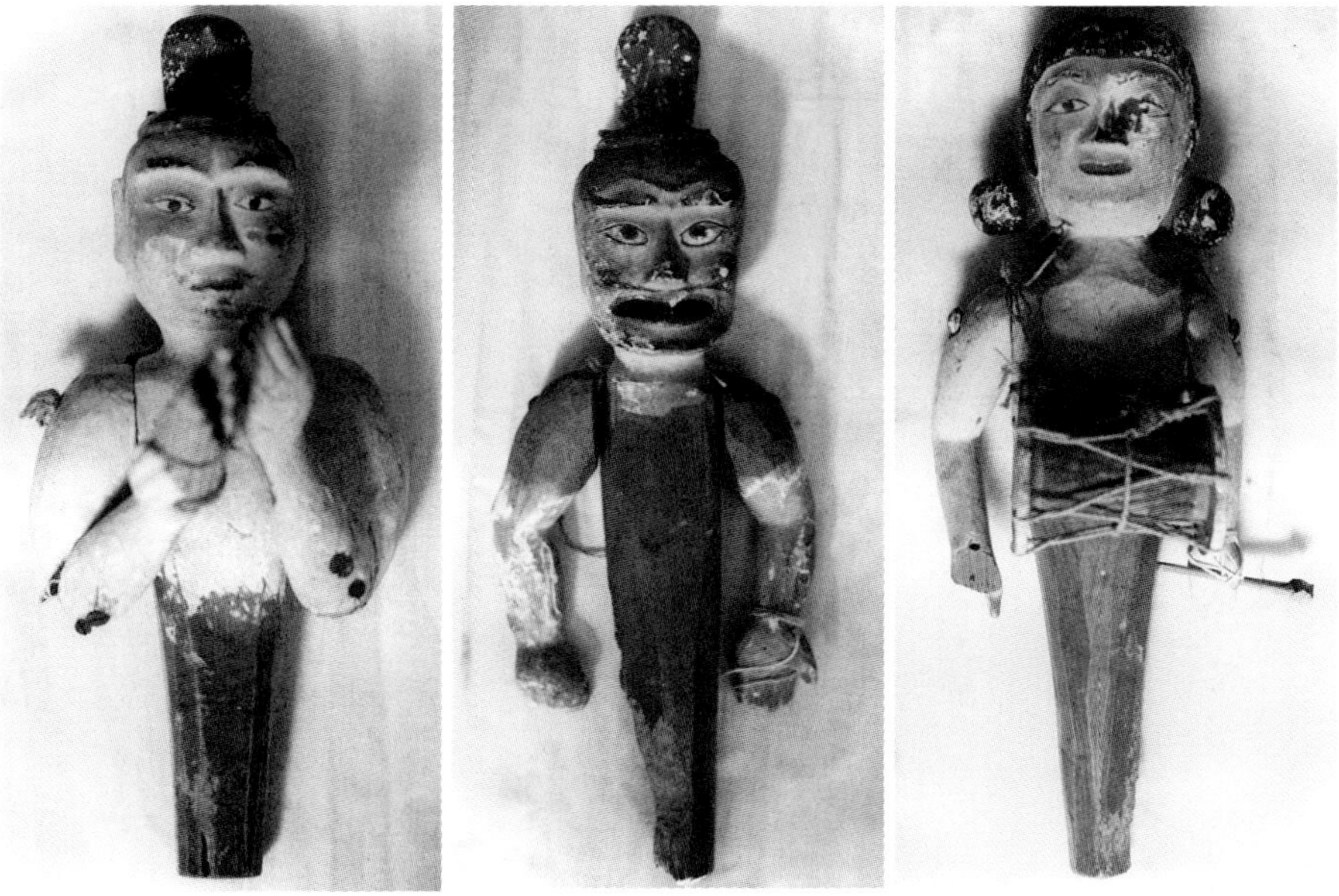

古要神社の傀儡子・お舞人形（右端は小太鼓を持つ神 体長 34.2cm）
（泉房子撮影 昭和62年10月12日）

くぐつ（お舞人形）別の体長（㎝）

くぐつ（神）名		体長	くぐつ（神）名		体長
1	「御祓神」	37.0	14	「調拍子」	30.3
2	「御幣持」	31.8	15	「〃」	31.5
3	〃	40.0	16	「鋒持」	35.5
4	〃	38.8	17	「鋒役」	33.3
5	〃	27.3	18	「御刀」	34.8
6	「羯鼓打」	28.5	19	「鋒神」	37.9
7	〃	33.0	20	「太刀持」	35.5
8	「太鼓役」	31.8	21	〃	31.2
9	小太鼓を持つ神	34.2	22	「礒良神」	27.3
10	笛吹きの神	31.8	23	〃	33.3
11	「笙吹」	36.4	24	「細男役」	38.8
12	「七力神」	33.3	25	「御幣」	27.9
13	〃	28.8	26	〃	34.5

備考：「　　」を付したものはくぐつの胴体に墨書してある文字を示す。
（『中津市古要神社の「くぐつ」』大分県文化財調査報告書第９集、大分県教育委員会）

① お舞人形

お舞人形二十六体は、体長がそれぞれ異なる、大小さまざまの裸の木偶《でく》である。傀儡子の胴体に「細男役」のように文字が墨書してあるのもある。これらのお舞人形の体長と墨書の記入については、前ページの表に一覧する。

人形は胸部から上部に胡粉《ごふん》を塗り、赤・黒などの色彩で顔面や髪などを描いてある。頭部は結髪した形を象ったものもあるし、また冠や立烏帽子を着けた形を象ったものもある。胸部から下方はやや下細りの棒状で、下端は掌で握れるほどの大きさである。したがって下肢はなく、この棒状の胴体に釘で取りつけられた両腕だけが、紐で操ると上下に動く仕掛けである。このような裸の木偶に神衣を着せる。その神衣は氏子や近隣の村びとが奉納したものである。

② お相撲人形

次に「お相撲人形」であるがその数三十体あり、このうち相撲を実際にとるのは東方、西方それぞれ十二体ずつ、合わせて二十四体である。その体長はそれぞれ異なるが、一目して特に大きいのは東方の横綱格の祇園さま、最も小さいのは祇園さまの二分の一の体長しかない住吉さまである。相撲人形三十体の中で神名がついているのは、この祇園さま、住吉さまの二体のみで他は神名がない。祇園さまは、人形中で最も身長が高く六六センチ七ミリあるが、住吉さまは、わずかに三三センチ三ミリというちょうど祇園さまの二分の一という小兵であり、そしてこの住吉さまだけが、海の神さまにふさわしく、全身赤銅色に彩色されている。

他の相撲人形の肌には全身胡粉が塗ってある。また目や口などに赤・黒などで色彩をほどこし、髪を描いたり、つけているマワシも後方で結んだり前部で折りこんだり、ここにも赤・黒で彩色されたものもある。髪型は住吉さまの他、二、三の神がミズラに結い、他は毛髪を白布様のもので束ねて直立させた形に彫られている。相撲人形の体長を左の表に一覧するが、これもお舞人形同様、大分県文化財調査報告書第九集によるものである。

相撲人形の仕組みは、片足（東方は右足、西方は左足）は胴体と同じ一木でつくられ固定しているが、他方の足と両腕が動くことは先述したとおりである。この可動三肢のつけ根にそれぞれ紐をつけ、その三本の紐を後方で一本にまとめてある。オドリコ（操り手）は固定した方の足を片手で握り支え、他方の指先で紐を引くと、人形の両腕と片足とを動かすことができる。

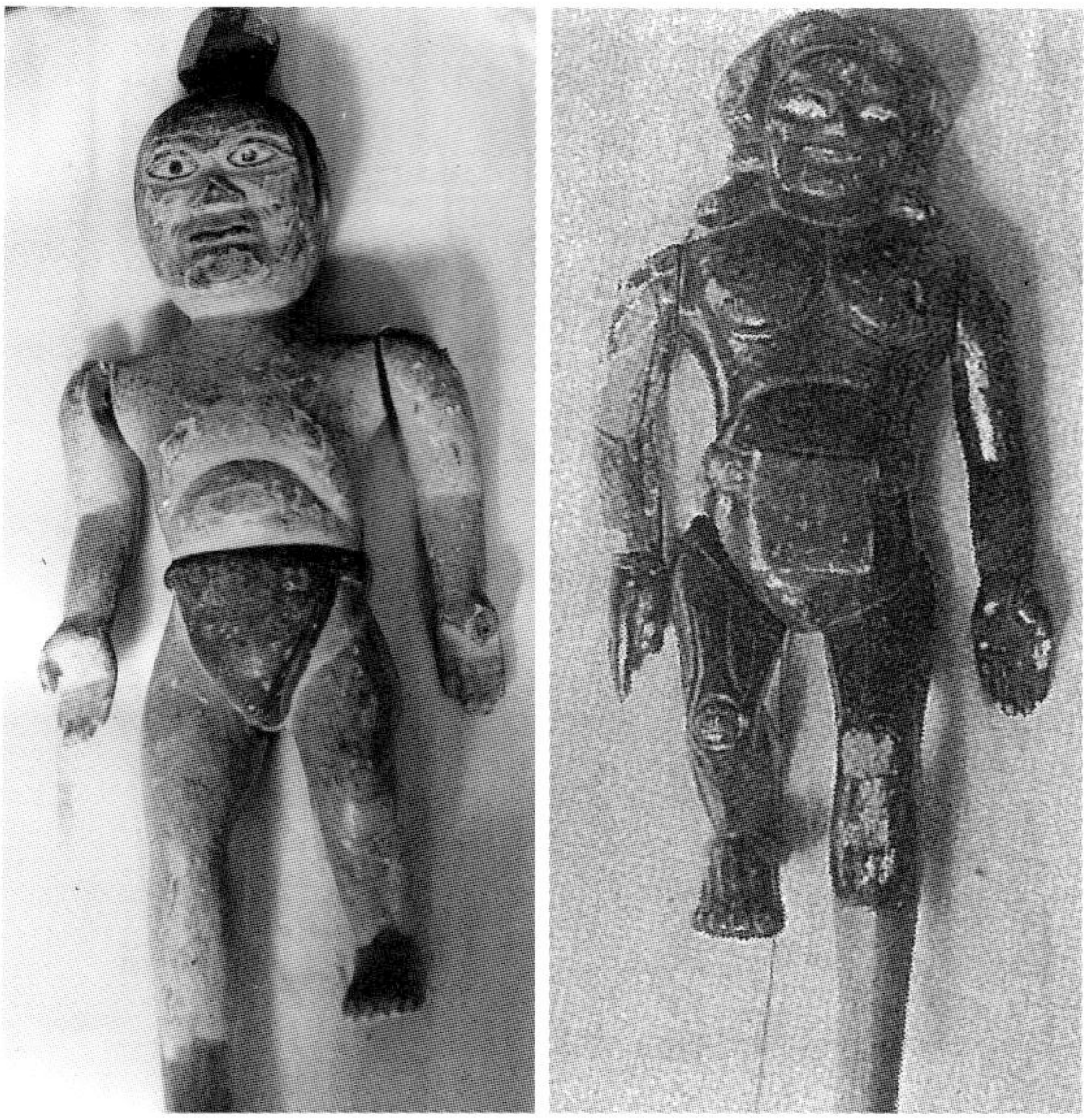

古要神社の傀儡子・相撲人形（右端は住吉さま 体長33.3cm）
（泉房子撮影 昭和62年10月12日）

くぐつ（お相撲人形）別の体長（㎝）

くぐつ（神）名	体長	くぐつ（神）名	体長
1 祇園さま	66.7	16 神名なし	45.1
2 住吉さま	33.3	17 〃	43.9
3 神名なし	60.6	18 〃	〃
4 〃	57.6	19 〃	〃
5 〃	〃	20 〃	43.0
6 〃	56.0	21 〃	〃
7 〃	49.1	22 〃	42.4
8 〃	48.5	23 〃	〃
9 〃	47.9	24 〃	40.9
10 〃	47.0	25 〃	40.0
11 〃	〃	26 〃	38.8
12 〃	〃	27 〃	37.3
13 〃	〃	28 〃	34.9
14 〃	45.5	29 〃	〃
15 〃	〃	30 〃	33.3

いずれも大分県文化財調査報告書による（1962年12月）

③　小豆童子と獅子頭

小豆童子は「明けの明星」と「宵の明星」の二体があり、頭部の長さはいずれも五・二センチ。着衣の人形で、着物の裾から手を入れて頭部・両腕を指先で直接操る指人形である。獅子頭二面は、口を開閉することができる。長さ二一センチ、幅一五センチ、高さは約一二センチである。

④　元和三年の製作

現存する古要神社の傀儡子がつくられた年代は、そのほとんどが元和三年（一六一七）製作のものである。傀儡子を納めてある櫃《ひつ》（現在は収蔵庫のガラス棚に収納）の蓋の裏に記された墨書銘で判明する。

御放生会御神事之儀、数十年延滞仕候処、細川越中守源朝臣忠興公被成御再興候ニ付古要大明神御神体、悉被成御造立之候也
元和三年八月一日
御造営奉行　菅村和泉守久次

この墨書から、放生会の神事が元和三年まで数十年延滞していたこと、それを当時豊前小倉城主として当地方を支配していた細川忠興公が再興したので、御造営奉行の菅村久次が古要大

明神の「御神体」を悉くつくりかえたことが読みとれる。ここで「御神体」とは、傀儡子を納めた櫃に記されていることから当然傀儡子を指すものと解される。しかし「悉く」つくりかえたのであって、すべてではない。

放生会は記録（豊前志の七之巻上毛郡、八幡古表社の条）によれば、応永二十七年（一四二〇）にも行われ、古表船二艘、一艘は今の吉富町古表社、一艘は下毛郡伊藤田村古要社両社の船が出仕している。したがって当然この時古要神社の傀儡子も出仕して、古要舞を奉納したに違いない。現存する傀儡子の中には、元和三年の製作よりさらに古いものも混在しているであろう。また舞の数と対照した場合、遺存する数から考えた場合、それ以後のものも含まれているかもしれない。

しかし、全国的にみてもほとんど全滅してしまった傀儡子が、文献資料と共に実物が遺存することと自体貴重であり、信仰民具という観点に立つ時、傀儡子自体の持つ価値は高く評価されよう。

㈣　オドリコの座――傀儡子舞の組織

このように傀儡子舞を守る組織はどのようにして受けつがれてきたかについてみてみよう。現在は古表も古要も希望者による「保存会」ができているが、昔は座で保存してきた。

古要では人形を操るオドリコは字洞ノ上の村の若衆八人で構成された。その若衆たちは「ヨトリ」の中から人望の高い男性が選ばれた。オドリコに選ばれると、祭りの一週間前から、毎朝近くの川に入り、「シオクミ」をする。家から塩をもって川にふりまき、川に飛び込む。その間もう一つ、絶対に「コヤシ」（下肥え）に手をふれない。これは宇佐町では「お致斎」に入ると町全体がコヤシを扱わなかったのと同じである。

古要社では、この七日間、神社の「ガクヤ」に起居し、自炊をした。つまり潔斎に入っていた。その間「ザモト」をはじめ長老たちが操り技術を指導した。囃子方は三人で構成されるが、これは壮年の中から選ばれた。

古要宮では傀儡子の操りをする人を「オドリコ」と呼んでいる。しかしこれは俗称で、正式の名称は「傀儡子禰宜」と呼んでいる。江戸時代の文書ではあるが、元和三年（一六一七）、細川忠興により放生会再興の時、古表社の宮大夫が出仕の注文を注進している（『小山田文書』一七〇号）。文書の冒頭部分をあげると、

就宇佐御放会、上毛郡古俵（ママ）大明神御出仕并傀儡子禰宜人数之事

一御取沙汰　　宮大夫民部

一御幣　　同　長三郎

四、宇佐神宮放生会と傀儡子

はじめに

宇佐神宮の放生会神事は、宇佐神宮の特殊神事の中で最古の祭祀儀礼とされている。この放生会には、「古表船二艘、一艘は下毛郡于間名之所役也、一艘は上毛郡吉富郷所役也」の傀儡子を載せた二艘の船が、和間の海上で「傀儡子舞」を奉納してきた。福岡県築上郡吉富町大字小犬丸字吹出浜にある八幡古表神社と大分県中津市大字伊藤田字洞ノ上の古要神社がそれに当たり、現在も多くの傀儡子を保存し、傀儡子舞と神相撲を伝承している。古表神社の傀儡子の数は四十七体、古要神社の傀儡子は総数六十体あり、それぞれ「お舞人形」と「お相撲人形」に分けられる。

これらの傀儡子はご神体として極めて神聖視された木製人形である。源順《みなもとのしたごう》の『倭名類聚抄』（承平年間、九三一～九三七）は、中国の「傀儡」を「くぐつ」に当たるものとして記している。

雑芸具廿六（二十巻本、雑芸具第四十五）

傀儡子　唐韻云、傀儡賄礧二音、和名久々豆、楽人所弄也、顔子家訓云、俗名二傀儡子一

この記録は現存する最古のものである。割注の中に「久々豆」と記されていることから、和名〔kukutu〕の音を示すものであるが当時の一般用語としては、「くぐつ」〔kugutu〕と第二音が濁っていたであろう。しかも人形は、楽人によって「弄」されていたことがわかるのである。

この小稿では、放生会に出仕する古表・古要社の傀儡子を信仰民具という観点に立って、宇佐神宮放生会に関する一連の神事の中に位置づけてみたい。

(一) 放生会と隼人征伐

放生とは逃がすことであり、放生会は金光明経流水長者の故事に基づき、漁民や猟師が捕えた魚貝や鳥獣などの生類を買い集めて池や野に放ちやる儀式である。中国で寺廟の祭日などに魚鳥を放す習俗は、霊魂の再化身を信じる仏教思想によるという。

わが国では放生は天武五年（六七六）八月十七日朝廷が諸国に命じたのを嚆矢《こうし》に、同年十一月、文武元年（六九七）、神亀三年（七二六）、天平勝宝六年（七五四）、宝亀四年（七七三）と次々に行われた。そしてこれらの朝廷による放生執行の歴史の中で、聖武天皇の神亀元年に「隼人を多殺したので、放生会を奉仕するよう」神託があり、宇佐八幡宮では天平十六年（七四四）に放生会を奉仕した。

神亀元甲子年（七二四）神託、神我礼比隼人等多殺却須留報仁波年別仁放生会於奉仕世牟者、依此神託為亡率済渡罪障懺悔同天皇御宇天平十六年八月十五日被下官符。

（「北和介文書」大分県史料2）

即ち八幡神を奉請し、大隅日向両国の隼人を攻め隼人を多く殺したので、その報いに毎年放生会を奉仕すべしとの託宣である。これを放生会の始まりとする。

放生会の宗教儀式の内容は、⑴香原《かわら》岳の銅鉱で作った銅鏡奉上、⑵古表社・古要社による傀儡子舞の奉納、⑶浮殿における放生式の三つの儀式で構成されている。放生会の儀式の様については、

和間浜自頓宮行幸浮殿之時者、学彼両国責給時之風情

（北和介文書）

とあることから、八幡神が隼人征伐を行った時の様子を再現したものである。

ここで隼人征伐について少しふれてみたい。大伴旅人といえば、万葉集の有名な歌人であるが、また大宰帥という高位の地方行政官であり、さらに奈良時代初期の武将でもあった。養老四年（七二〇）に南九州の隼人が反乱を起こした際、征隼人持節大将軍としてこれを征した。

隼人は、古代における南九州の住民である。熊襲の中心地が九州南西部であるのに対し、隼人の居住地は主に大隅半島方面のようである。ここには和銅六年（七一三）に大隅国が設けられた後も反乱があり、養老五年（七二一）に大伴旅人の征討によって、ほぼ完全に中央に服属した。

放生会の始まりは、この隼人征伐に端を発している。

隼人征伐には、彦山権現が法蓮その他六人と同行して参加し計策を行った。七カ所の城にたてこもった隼人を降伏させるために、七城に大力の衆をさし向け、さらに細男の舞(傀儡子之舞)を操った。すると隼人は輿に乗って城中から出てきたので、それをことごとく降伏せしめた。

爰振二仏法僧宝之威一、各施二大力二十八部之出衆一、令レ舞二細男一傀儡子之舞之時、隼人等依レ輿レ宴忘二敵心一、自二城中一令二見出一之時、悉令二降伏一給

(放生会縁起)

(1) 和間の浜浮殿

この時の隼人の霊を慰めるため、宇佐神宮が中心となって大放生会を執行するのであるが、和間の浜浮殿で催された行事は、「皆上古の形態を表す」ものであった。

於二和間浜一、自二頓宮一行二幸浮殿一之時者、学二彼両国責給時之風情一、依レ之出現之龍頭《りゅうとう》鷁首《げきしゅ》、獅子駒犬、傀儡子等、自レ船参二神前一、現二種々曲芸菩薩舞等一、皆表二上古之形態一、就レ中隼人之生類者、以二見在之蜷一放二浮殿之潮一、

(北和介文書)

『八幡古表神社略記』の「細男舞《くわしおのまい》・神相撲の縁起」にも、「隼人降伏の時、戦場に伎楽を奏す。今また古を表す木像を彫りて……」御神像を広津崎より船に乗せ和間海上に到り放生会に参加、

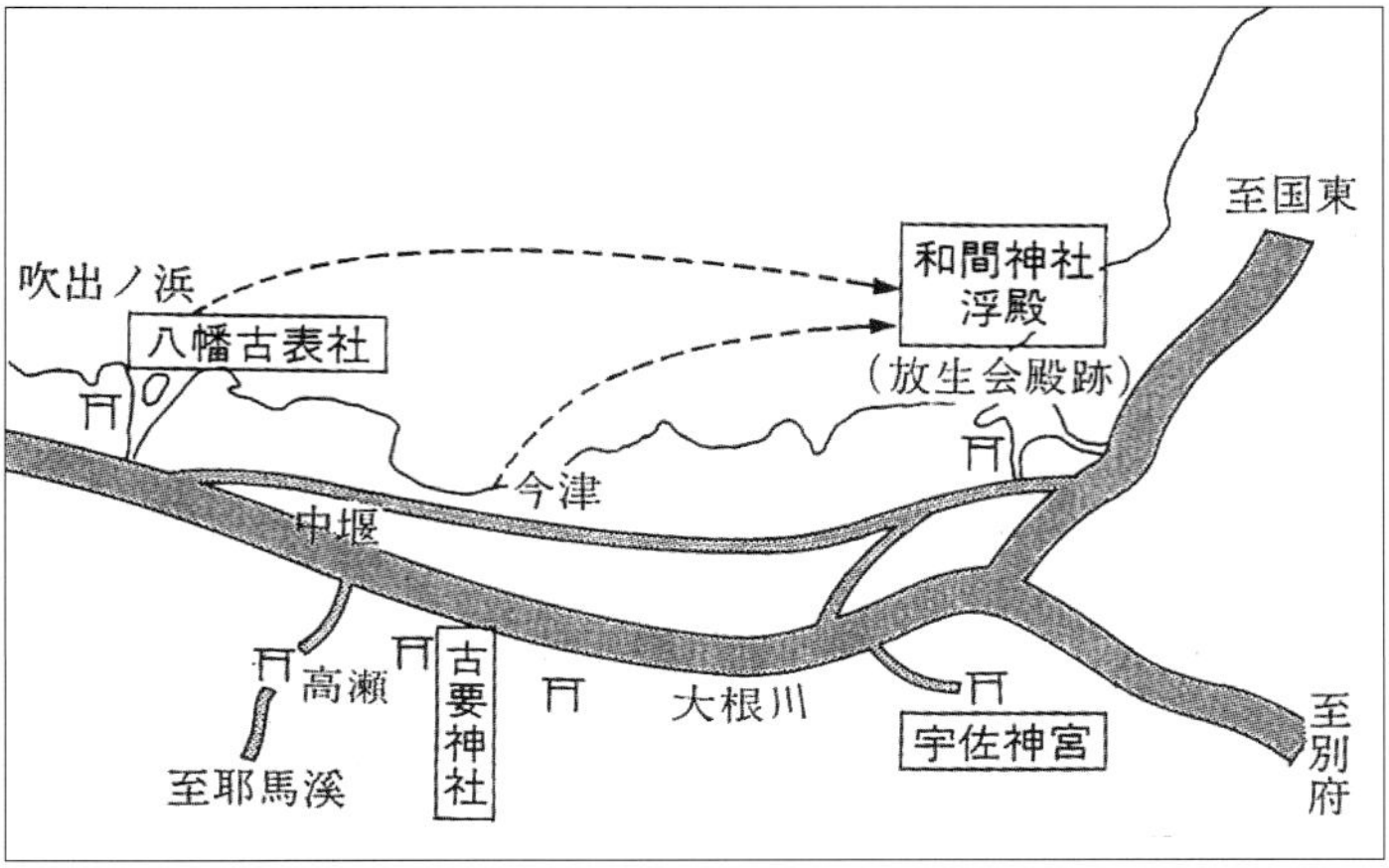

享保度宇佐宮放生会記録（豊日別大神宮行幸次第）

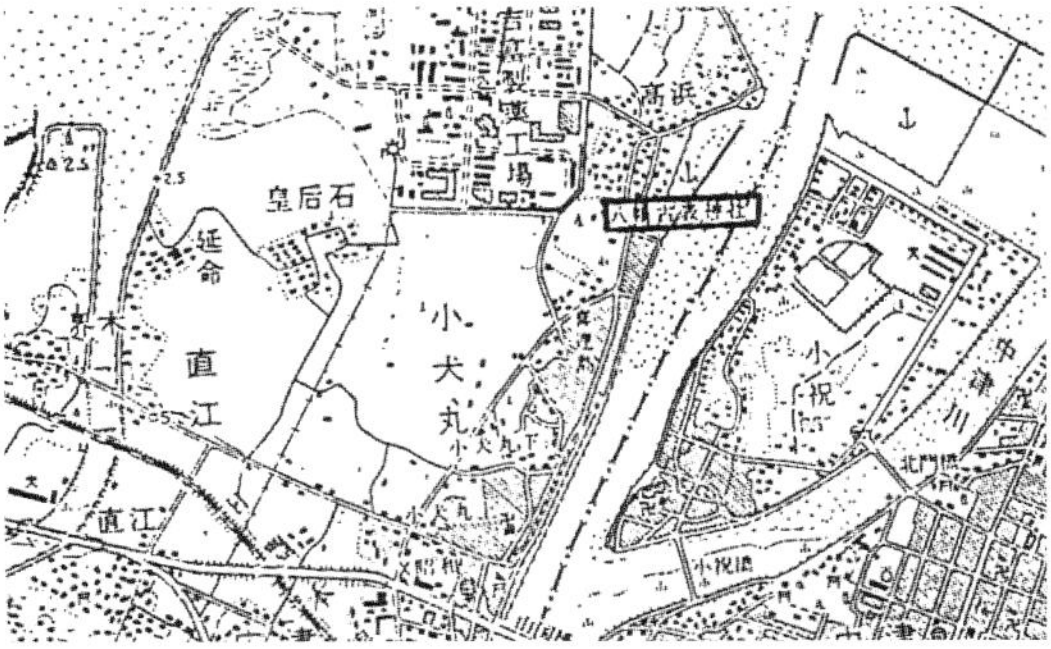

八幡古表神社付近地図

現在の和間浮殿（向こうの集落が古図にある水崎村）
（泉房子撮影　昭和61年8月5日）

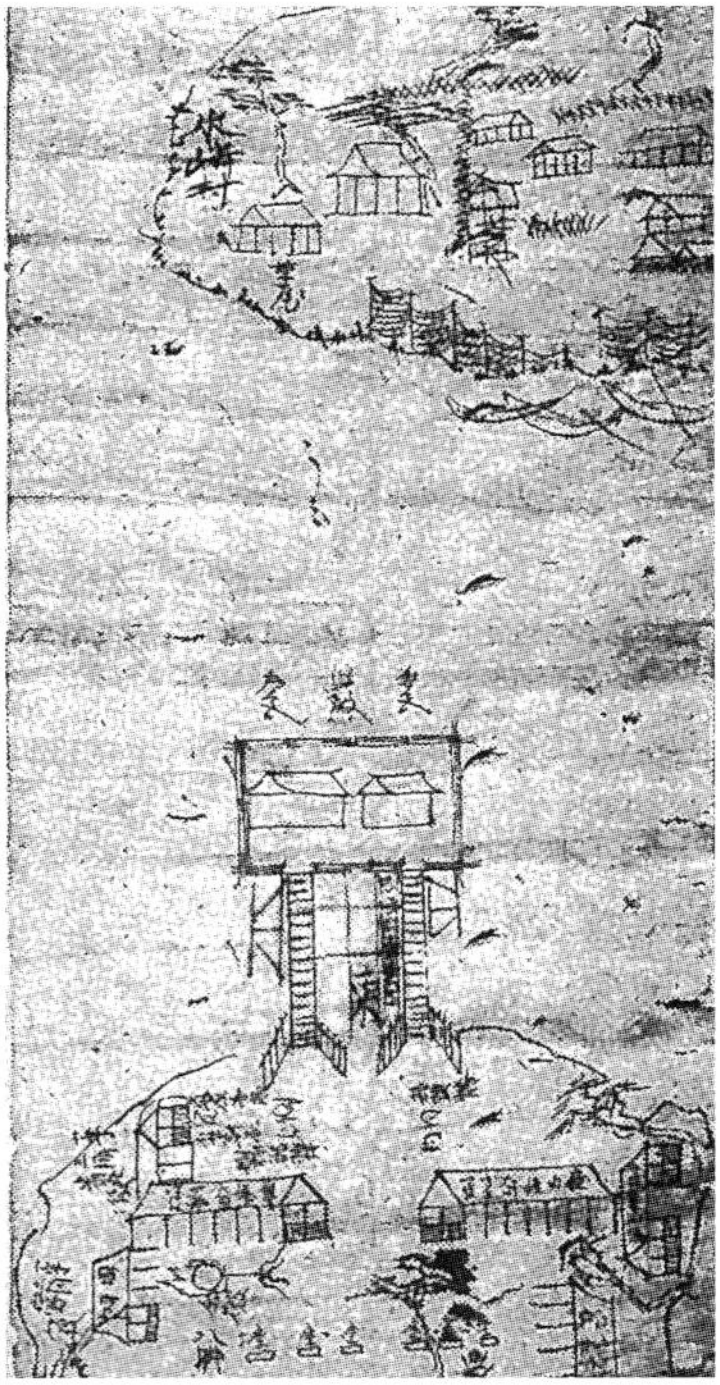

和間浮殿古図「八幡宇佐宮
和間濱放生會」（応永27年の絵図）

細男の伎楽を奏した。すこぶる古の形を表すものであった故その後古表大明神と称し、別宮を建てて奉祠したと記されている。

応永二十七年（一四二〇）、大内盛見《もりはる》が再興した宇佐八幡宮の放生会の概略を「宇佐宮寺御造営幷御神事法会御再興日記目録」から紹介する。

八月一日　細男《くわしお》試楽開始。浜本立《はまのもとたて》神事。

八月十一日　試楽。相撲打取。

八月十三日　祝大夫《はふりだゆう》等が蜷《にな》を用意。

八月十四日　大宮司以下祠官が内庁で酒飯をとる。寺社僧侶が和間桟敷に参着。在庁（国衙役人）出仕、豊前採銅所より官幣御正体《みしょうたい》を持参。上宮御殿より御験《みしるし》を神輿に遷す。三所の神輿を中心に陳列を組んで出立。僧侶によって和間で御迎講が執行され、頓宮に神輿入内。

八月十五日　相撲十番。大宮と若宮が和間頓宮より浮殿に臨幸。龍頭鷁首の船にて奏楽。古表船二艘が出る。海上にて傀儡子舞。導師が放生陀羅尼《だらに》を咒（呪）する中で、蜷を放す。神輿は頓宮に戻り、舞楽等奉納の後に宇佐八幡宮に還御。

（『八幡大菩薩の世界』大分県立宇佐風土記の丘歴史民俗資料館）

このように放生会は八月一日に始まり十五日まで続く一連の行事であるが、戦場において伎

化粧井戸（右）とその説明文（左）。化粧井戸は石枠を組んだ三基の大きな井戸
（泉房子撮影 昭和61年8月5日）

楽を奏し、隼人の心をとろかし滅ぼした傀儡子の舞は、わけても重要な部分を占める。

(2) 化粧井戸

二艘の傀儡子船について北和介文書は、

傀儡子船二船 一艘ハ上毛郡小今井* 一艘ハ下毛郡今津役 浮殿御前漕参奏二舞楽一

*小今井は今の中津市小祝

と記し、一艘が八幡古表神社の傀儡子船、他の一艘が古要神社の傀儡子船であることがわかる。和間の海上で行われる放生会に出仕し傀儡子舞を奉納する傀儡子は、途中「傀儡子化粧井戸」で清められる。宇佐市大字北宇佐にあるこの化粧井戸は、石枠を組んだ三基の大きな井戸である。

苔むしたこの古井戸の枠組を凝視すると、横枠に彫られた文字がかすかに読める。

奉奥復古要神仮装水（横書き）

中央の井戸の石枠には、

宝暦十辰五月時（横書き）

そして向かって左の井戸枠には、

下毛郡伊藤田村氏子（横書き）

まだ文字は続いているようでもあるが、苔と文字の磨耗で読みとれない。しかしこの井戸を奉納した人々が、大分県中津市伊藤田の古要神社の氏子であることは歴然としている。

井戸枠の石柱には、このほかに、

小犬丸村中

安心院村中

□《幸カ》子村中

廣津村中

などの縦書きの文字も読める。

(3) 百体神社・凶首塚古墳

化粧井戸の近くに、百体神社と凶首塚古墳がある。百体神社には放生会道に面して、古い石の鳥居が建っている。その額には、「百體殿」と刻まれている。百体神社は隼人征伐と深いかかわりを持つ神社で、隼人の亡霊を祭るという。

「百体神社」の説明文
（泉房子撮影 昭和61年8月5日）

宇佐町西より入口の左にあり。俗に、百体殿とも云へり。伝に、養老年中、宇佐の神軍を以て、隼人を平げし時、ここに隼人の亡霊を祭りしものなりといへり。

（『豊前志』九之巻宇佐郡上）

また凶首塚については、隼人征伐で大将百人の首を取り宇佐大路の辺りに埋めたとされている。現在「凶首塚古墳」として、大分県指定史跡になっている。

大将百人が頸を取、御開陣の後、宇佐大路の辺に埋、凶士墓と名付て、于レ今あり

（『小山田文書』第七巻、大分県史料）

四メートル五〇センチ×六メートルぐらいの広さで、巨石の石組みがあらわに出た円墳である。もとは盛土を伴ったのであろうが、流出した現在は封土は見られない。古来、放生会が行われてきた「和間之浮殿」は、現在宇佐市大字松崎で「和間神社」がある。もとは海中であったはずの「浮殿」は、いま葦《あし》の中に建っている。

(二) 放生会（海上渡御祭）

宇佐放生会の起源については、「一、放生会と隼人征伐」の項で述べたのであるが、「蜷《にな》貝放生」についてふれなかったので、ここで「宇佐放生会之事」（宇佐小山田文書）を抜粋して掲載する。

八幡古表宮の御座船二艘（泉房子撮影 昭和63年8月11日）

人皇四十四代元正天皇御宇養老三年己未、大隅日向両国の太守隼人等謀叛を企……（中略）。陳（陣）所に至り敵軍を見るに、七ヶ所に城を構え……（中略）……、廿八部衆化現して傀儡子の曲をなし給えハ、隼人か勢とも此興宴に乗して敵心を忘、皆城中より出て是を見物するの時、搦手より攻かけ皆悉討亡し、大将百人か頭を取……（中略）。翌年聖武天皇御宇神亀元年甲子神詫したハく、神我隼人等多殺却する、年毎に放生会を奉仕せん。古老伝曰（中略）比神事ハ彼陳所にして……傀儡子の曲獅子駒犬等、何れも古を表して龍頭鷁首の船をかざり、満潮に蜷を放、阿弥陀解放生荼羅尼の法事あり（下略）。

宇佐放生会では、放生会の中心行事として隼人の霊を慰めるための「蜷の放生」が行われる。古

海の「放生会」に出仕する「かさぼこ」(泉房子撮影 昭和63年8月11日)

表神社では、昭和五十五年以来途絶えていた海上渡御祭が昭和六十三年八月十一日に執行された。

満艦飾の漁船二十二隻が神社の近くの吉富港外の岸壁に用意され、船列を整えて山国川を下り、海上一里まで渡御。御座船はかつて和間の浜で催された「傀儡子船二船」にあやかってか、二艘を合し忌竹を立て、小豆色の幟には四方花菱の御神紋を染め抜いてある。船首に設けられた祭壇の、向かって左に蜷の箱は供えられている。蜷貝は、大祓詞奏上に次いで海中に放たれ、しばらくして傀儡船の船上で、細男《くわしお》舞・神相撲が奉納された。

この船上での傀儡子の神事は、これまで神社の神舞殿で行われる傀儡子の舞・神相撲しか拝観したことのなかった私に、傀儡子の神事に対する考え方を変えさせた。即ち放生会の最大の行事は、蜷の放生であり、海部の民と八幡神信仰の結合であるということである。しかも傀儡子の神事は、本来は海上で行われる「神迎え」の神事芸能ではあるまいか。

放生の儀が終わると、御座船はお祓いしながら帰港し、その後は午後七時半から執行される大祭典を待つ。

御神像が神舞殿へ渡御されると、傀儡子による細男舞・神相撲が奉納される。先に紹介した元和三年（一六一七）の注文書（宇佐小山田文書）によれば、「鉾舞」や「仏舞」も見える。現在より多様な傀儡子の舞が演じられている。

おわりに

宇佐八幡宮の祭礼の中で最古の儀礼とされる放生会は、養老四年（七二〇）の隼人の討亡を契機とする見方が通説である。神の託宣によって始められた宇佐八幡宮の放生会は、次第に八幡神を祀る諸神社の代表的な神事として広がりを見せていった。石清水八幡宮の放生会も「今件放生会興自宇佐宮、伝於石清水宮」（政事要略）の記録が示すように、宇佐八幡宮より伝わったものである。北九州の筥崎八幡宮や日田市大原八幡宮など、各地の八幡宮で行われた放生会は、八幡神の勧請とともにその神事も伝えられたものであろう。

豊後国祚原《ゆすはら》八幡宮（大分市）の放生会には、古表・古要神社のように傀儡子を操る神事が行われていたことを文書が残している。「柞原八幡宮文書」（大分県史料9 所収）の元亨四年（一三二四）に、

声・納・分

一人平九郎　一人弥藤三
一人低庭

の記録や「由原宮年中行事次第」の放生会八月十一日の条にも、「声納饗膳」の語がある。セイノウは傀儡子「細男《くわしお》」のことであり、「青農」「声納」などとも書く。また「低庭」は、古表神社の傀儡子の衣装箱の裏蓋に墨書されている「一　ていく〵四体ハ内 二体ハかっこ 二体ハ御へい」の「ていく〵」と同じで、傀儡子舞に関係したものである。

　こうした傀儡子の舞は、諸国の八幡神社の放生会では一般的な神事であったと思われる。そのほとんどが滅びてしまった現在、古表・古要両神社に継承されている傀儡子とその舞いは八幡系神社の放生会の姿を残すものとして、傀儡子自体は有形民俗文化財として、操る神事は無形民俗文化財として高く評価されるのである。

　また現存する人形芝居の歴史をたどるとき、「さん所」の存在は避けて通れないが、すでに長享三年（一四八九）に宇佐神宮の神官である「永弘氏輔年記反別代銭注文」（大分県史料、永弘文書〈二〉所収）に見える。

長享三
一反にしの前畠 六年代二貫文 さん所五郎ゑもん

「さん所五郎ゑもん」は、永弘氏輔の知行地の一つ「にしの前畠」の作人であることから、この畠の付近に居住していたと思われる。

中津市三保区伊藤田の古要神社から北に二・五キロの所北原にも中世には「算所」と呼ばれる地区があった。元禄十年（一六九七）の「北原村並御前座由緒書」に、「……北原算所と中候ハ、薦社陰陽師也。……」と記している。薦社は大貞八幡宮ともいわれる。宇佐八幡宮とは、特に密接な位置にある大きな末社である。『太宰管内志』によれば、八月十四・十五日の両日に放生会が行われている。

北原算所のほか豊後高田にあった高田算所もまた若宮八幡宮と密接な関係にあり、ともに神事に参画し、神事芸能をはぐくんでいった。この神人形的な性格の中から芸人形的な操りが生じ形成されていく過程に、人形芝居発展の軌跡を見るのである。

人形芝居の発生を国内に限定して考えた場合、八幡系神社で執行されてきた放生会の傀儡子の舞に遭遇する。そしてその歴史をさらにさかのぼれば、隼人の霊を慰めるためにとり行われたとされる宇佐神宮の放生会にたどりつく。この放生会をつかさどった傀儡子たちと、操る傀儡子の舞が今も古表・古要神社に残っている意義は極めて大きい。

稿を終わるに当たり、信仰民具の観点に立ったはずの傀儡子の取り扱いのむずかしさを痛感している。傀儡子を操る人は十二月大祓から半年の間に、四十回のおこもりと禊を重ねるというし、傀儡子を側面でのみとらえることができなかった非を、心からお詫び申し上げたい。また著しく神格化され、傀儡子が即ち神さまであるとする厳しい通念の中で、写真の撮影や海上渡御祭など、多大の御配慮をたまわった古表・古要両神社の宮司さんに先ずお礼申し上げたい。また保存会の方々、中津市教育委員会、吉富町教育委員会、文化財保護委員会、前大分県立宇佐風土記の丘歴史民俗資料館副館長後藤正二氏、長年にわたる調査にいつもご指導いただいた吉富町文化財協議会の宮内澄夫氏、その他大勢のお世話になった方々に厚く謝意を表しお礼申し上げます。

【主な参考文献】

大分県教育委員会『中津市古要神社の「くぐつ」』大分県文化財調査報告書第九集

中津市史刊行会『中津市史』民俗編

国東半島・宇佐の文化を守る会『国東半島・宇佐の文化』

大分県立宇佐風土記の丘歴史民俗資料館『八幡大菩薩の世界（図録）』

八幡古表神社・神相撲保存会『神舞・神相撲』

吉富町教育委員会『吉富町の文化財』

吉富町文化財協議会『吉富文化』第四号

『大分県史料』2、北和介文書

角田一郎『人形劇の成立に関する研究』

泉　房子『かしらの系譜』

※本節は『信仰と民具』（日本民具学会編　雄山閣発行　一九八九年十月五日）掲載の泉房子の論文「宇佐神宮放生会と傀儡子」（六一〜七八ページ）を再編集し加筆したものである。

第七章

大分県国東半島における修正鬼会《しゅしょうおにえ》と鬼会面

一、修正鬼会

㈠ 修正月会《しゅしょうがつえ》と鬼会

国東六郷満山《くにさきろくごうまんざん》

国東は豊前《ぶぜん》と豊後《ぶんご》に分かれる豊国《とよくに》の東に突き出た半島であるところから、「国東《くにさき》」と名づけられる。

修正鬼会は、六郷山《ろくごうさん》の代表的な行事である。新しい年の招福除災を目的とする。これは日本古来の正月行事が仏教化した修正月会と節分の追儺《ついな》の行事が結びついたものである。修正月会は、前年の収穫を感謝して新年の豊作を祈る農耕儀礼で、追儺は悪疫をもたらす悪鬼《あっき》を追い払う行事である。しかしここで大事なことは、修正鬼会に登場する鬼たちは悪鬼ではなく、福を招く鬼と考えられていることである。

修正鬼会は旧正月七日に、国東《くにさき》半島では先述したように五穀豊穣と無病息災を祈って行われる。かつては六郷山で盛大に行われていたが、現在は国東市国東町の成仏寺と岩戸寺、豊後高

(プログラム)

岩戸寺修正鬼会 式次第
しゅじょうおにえ しきしだい

午後3:00 【昼の勤行《ごんぎょう》】
- 伽陀《かだ》 1
- 懺法導師《ぜんぼうどうし》 2
- 序音《じょおん》 3 ……講堂で経を読む（1〜5）
- 回向《えこう》 4
- 仏名《ぶつみょう》 5

5:30 【お斎《とき》】……僧侶や世話をする人たちの夕食(本堂)

7:00 【垢離《コーリ》取り】……タイマツをかつぐ「テイレシ」たちが水の中に入り、身を清める

8:00 【盃の儀】……寺の院主《いんず》と村の人々が盃《さかずき》を交わし縁を結ぶ(本堂)

8:25 【シオマツリ】……テイレシ達に塩水を振りまいて、浄《きよ》めをする

8:30 【タイアゲ】……点火したオオダイを、テイレシたちが境内《けいだい》奥の薬師堂、六所宮にかつぎあげる

9:30 【夜の勤行】
- 初夜《しょや》 6 …五穀成就、国家安康などを祈念する
- 法咒師《ほすし》 7 …2名の僧(法咒師)が鈴、香水棒《こうずいぼう》を持って祈る
- 神分《じんぶん》 8 …最も重要な儀式《ぎしき》。「神分経」という経を読んで、神々の威光を高める
- 三十二相《さんじゅうにそう》 9
- 唄匿《ばいのく》 10
- 散華《さんげ》 11
- 梵音《ぼんのん》 12

（9〜12）……「神分」の間に行われる声明《しょうみょう》(=僧侶によって唱えられる声楽)

この頃、鬼の岩屋で荒鬼の仕度「オニカラゲ」をする

- 縁起《えんぎ》 13 …仁聞菩薩《にんもんぼさつ》による六郷満山開基《かいき》の縁起《えんぎ》を述べる
- 錫杖《しゃくじょう》 14 …錫杖を持って、声明を行う

11:00 【立役《たちやく》】
- 米華《まいけ》 15 …2名の僧が香水棒と膳を持って足踏みをし、白米等を撒《ま》く。これを参拝者が拾う
- 開白《かいびゃく》 16 …2名の僧が香水棒を持って踊り、松明《たいまつ》の火の安全を祈願
- 香水《こうずい》 17 …2名の僧が香水棒を持って激しく舞う
- 四方固《しほうがため》 18 …東西南北を結界し、清浄な空間を作る
- 鈴鬼《すずおに》 19 …2名の僧が鈴鬼に扮《ふん》して舞い、荒鬼を招き出す

0:00 【鬼走り】
- 災払鬼《さいばらいおに》 20
- 荒鬼《あらおに》 21

（20・21）…災払鬼と鎮鬼が松明を持って舞う。参拝者の体を松明でたたくことで無病息災を祈る。その後、鬼は寺を出て地区の家々を回る

- 鬼後咒《きごしゅ》 22 …寺に戻ってきて暴れる鬼を引き倒し、鬼鎮めの餅(オクワエ)をくわえさせる

4:00

岩戸寺修正鬼会 式次第（大分県立歴史博物館「豊の国・おおいたの歴史と文化」）より

田市長岩屋《ながいわや》の天念寺に残っているのみである。鬼会は北部九州の宇佐宮に関係する寺社に特有の法会のひとつと考えられる。

行事は寺院によって若干の相違はあるが、岩戸寺の概要をしるしてみよう。本堂で千仏名とお斎《とき》・コーリトリ（垢離とり）・サカズキの儀をして清めてから、ダイアゲという大松明《おおたいまつ》の火入れがある。講堂に移って大行法が夜を徹して行われる。前半は長い読経《どきょう》であるが、後半の立ち役では、米華《まいけ》・香水《こうずい》・四方固め・鈴鬼《すずおに》・災払鬼《さいはらいおに》・鎮鬼《しずめおに》などの法舞が演じられる。災払鬼・鎮鬼はカイシャクを従えて部落の各戸を訪れて祈禱し、各戸では酒食

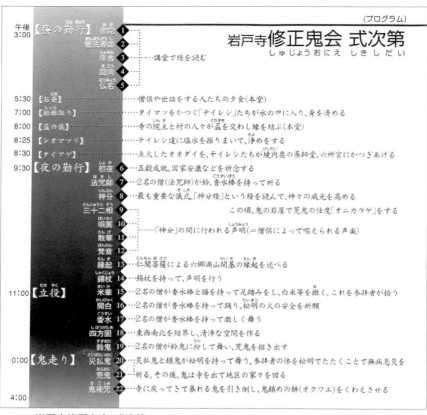

を供して丁重にもてなす。空が白みはじめるころに鬼後咒《きごじゅ》があって終了する。

国東半島の修正鬼会は、十四世紀には修正会と鬼会が別々に行われていたことが確認できる。日程的には、修正会のあとに鬼会が催されていたようである。ところが近世になり、六郷山の寺々が領地を失った時、年中行事を催すことが困難になったと考えられ、法会の中心であった修正会に、日程的に近かった鬼会がまとめられたと考えられる。ただ地方では修正会の要素よりも、鬼が登場する鬼会をより中心として、意識していたようである。

(二) 修正会の存在性

修正会の地方伝播により諸国の国分寺で催されたのは当然であるが、中央大社寺の修法がそのまま行われたとは考えにくい。鹿児島神宮の猿楽の例も翁舞の奏楽に田楽の楽器の「簓《ささら》」を用い、農業と相俟って定着した様子がうかがえる。

修正会の祈願がまず天下太平・国家安穏を標榜するのはもちろんであるが、地方にあっては「五穀豊穣」への願いが非常に大きかったと思われる。地方の有力者にとっても農民たちにとっても、修正会は中央寺院における悔過《けか》法要の色彩よりも、農業の収穫に重きをおいたものになったと思われる。

［例］

・元弘三年（一三三三）八月日付

「遠江笠松庄一宮長日仏性并色色御供料米配分下注文」

修正鬼会（豊後高田市天念寺　「大分県立博物館　豊の国・おおいたの歴史と文化」より）

（正月）

一石六斗　同日修正導師同供僧并参籠神人等

御神楽并田遊并得元秋貞両郷百姓社参祝料

（萩原龍夫「田遊びと中世村落」『中世祭祀組織の研究

増補版』所収　吉川弘文館　一九七五年）

この記録からみると、遠江笠松庄においては修正会に神楽や田遊びが行われ、百姓の参加があったことがわかる。十四世紀前半に下るものの、修正会の存在地を知る手がかりとなろう。ただし「御神楽」に仮面を用いたかどうかは詳らかでない。

三　天然寺の修正鬼会

天然寺（豊後高田市長岩屋）の修正鬼会は、旧暦の正月七日に行われる。順序は、伽陀《かだ》・懺法《せんほう》・導師《どうし》・序音《じょおん》・回行《えこう》・初夜《しょや》・仏名《ぶつみょう》・法呪師《ほうずし》・神《じん》分《ぶん》・三十二相《さんじゅうにそう》・唄匿《ばいのく》・散華《さんげ》・梵音《ぼんのん》・縁起《えんぎ》・目録《もくろく》・錫杖《しゃくじょう》・米華《まいけ》・開白《かいびゃく》・香水《こうずい》・四方固《しほうがため》・鈴鬼《すずおに》・災払《さいはらい》・鬼《おに》・荒鬼《あらおに》・鬼後咒《きごじゅ》であるが、「仏名」までの勤行《ごんぎょう》は午後にすませる。

院主の法螺貝を合図に、五人のテイレシ（松明入れ衆）が、川中不動前で垢離《こり》をとる。衣装をつけたテイレシは、本堂で院主から盃をいただいて結縁し、二番貝を合図に、本堂を飛び出してタイ（松明）上げにかかる。長さ五・五メートル、火口の径五〇センチの大松明三本を、順次に講堂前と権現社前でタイ上げをする。

講堂では読経が再開される。後半の立役になると、香水棒を持った二人の僧が、床板を踏み鳴らして力強い法舞を演じ、続いて鈴鬼の優美な舞がある。赤ずくめの災払鬼と黒ずくめの荒鬼が登場し、鬼のずり足、鬼招き、鬼走りで騒然となる。院主が鬼の目という餅二重ねをまき、参拝者が争って拾う。拾った人は餅を鬼に見せびらかしながら逃げる。内陣で、二鬼が参拝者を松明で叩いて加持をする走り添えののち、院主が鬼に餅をくわえさせて鎮める。

天然寺の鬼会は、昭和十六年の大水害で寺が流失して中絶したが、昭和二十一年に復興した。大水害以来、無住で長安寺住職の兼務になっていた。

二、修正鬼会と鬼会面

㈠ 鈴鬼と荒鬼

国東半島における修正鬼会は、現在では豊後高田市の天然寺・国東市国東町の岩戸寺・成仏寺の三寺のみで、旧正月に行われている行事である。しかしもともとは、国東半島の六郷満山・天台宗系の寺院が一カ寺ごとに行う行事で、新年初頭に当たり国家の安穏・厄難消除を祈念する法会であった。

勇壮な鬼の躍りでふり回す松明などの火祭りであり、この行事に使用されているのが「鬼会面」である。六郷山の寺々には、使われなくなった鬼会の面が、今も数多く残されている。保存面数は、現在判明しているものだけで約一二〇面ある。

鬼会面には「鈴鬼面」と「荒鬼面」の二種の面が使用される。「鈴鬼面」は男面と女面の二面があり、「荒鬼面」は西満山では二面、東満山では三面をセットにしている。

修正鬼会には、人間の男女の姿をした鈴鬼、まさに鬼の姿をした荒鬼という、大きく分けて二種類の鬼が登場する。

鈴鬼は、仏の慈悲を表したものと言われる。年の初めに行われる修正会でみられた死者の魂をまつる行事のなかで、霊魂を表現したもので、小面で直接顔にあてる。一方の荒鬼は、さらに災払鬼・荒鬼・鎮鬼の三種類に分かれる。災払鬼は六郷山を開いたという仁聞《にんもん》あるいは愛染明王《あいぜんみょうおう》の化身、荒鬼は弥勒寺の初代別当とされる法蓮《ほうれん》または不動明王の化身といわれる。なお、鎮鬼についてのいわれは不明で、修正鬼会のなかで鎮鬼が登場しない寺もある。

鬼会面は若干の相似はあっても、各寺院ごとに、面相を異にしている。

㈡　銘のある鬼面

鬼会面には銘のあるものも見られる。最も古いものは富貴寺の「鈴鬼」二面で、女面の裏に「久安三年（一一四七）裕範」の銘がある。このことから平安時代から鎌倉時代にかけて、このような面が修正会に用いられていたと推察される。

この鈴鬼のほか、銘のある鬼面は次のとおりである。

胎蔵寺・災払鬼面（享保七年〈一七二二〉）
長安寺・災払鬼面（板井春哉）・荒鬼面（板井春哉）
・鈴鬼面（男）（板井春哉）・鈴鬼面（女）（板井春哉）
天然寺・災払鬼面（昭和三十〈一九五五〉）山口完治郎
・荒鬼面（昭和三十〈一九五五〉）山口完治郎
・鈴鬼面（男）（昭和三十〈一九五五〉）山口完治郎
・鈴鬼面（女）（昭和三十〈一九五五〉）山口完治郎

富貴寺　鈴鬼　20・1×15・0㎝
久安三年（一一四七）

応暦寺　荒鬼面　29・5×21・6㎝

霊仙寺　荒鬼面　銘

瑠璃光寺　荒鬼面　26・5×20・0㎝

応暦寺・災払鬼面（延宝七年〈一六七九〉）土屋貢久
霊仙寺・災払鬼面（嘉永六年〈一八五三〉）賢廣
・荒鬼面（嘉永六年〈一八五三〉）賢廣
・鈴鬼面（男）（嘉永六年〈一八五三〉）賢廣
・鈴鬼面（女）（嘉永六年〈一八五三〉）賢廣
千燈寺・荒鬼面（慶長十五年〈一六一〇〉）
・荒鬼面（慶長十五年〈一六一〇〉）
・鈴鬼面（男）宗明
・鈴鬼面（女）（慶長十五年〈一六一〇〉）宗明
瑠璃光寺・荒鬼面（元禄八年〈一六九五〉）順清
・鈴鬼面（男）（元禄八年〈一六九五〉）
・鈴鬼面（女）（元禄八年〈一六九五〉）
両子寺・荒鬼面（元禄八年〈一六九五〉）盛重
・荒鬼面（高原與一）
・荒鬼面（天保二年〈一八三一〉）国光
・鈴鬼面（男）（明和七年〈一七七〇〉）隆園
・鈴鬼面（女）（明和七年〈一七七〇〉）
西明寺・荒鬼面（明治十三年〈一八八〇〉）

弥勒寺　災払鬼面　29・0×20・6㎝
天保二年（一八三二）　国光

崇福寺・荒鬼面（元禄七年〈一六九四〉）
弥勒寺・災払鬼面（天保二年〈一八三二〉）国光
・荒鬼面（文化十一年〈一八一四〉）板井国光

年代の最も古いものは、千燈寺の荒鬼面二面および鈴鬼女面の「慶長十五年（一六一〇）」の銘であり、最も新しいものは、弥勒寺の災払鬼面と両子寺の荒鬼面の「天保二年（一八三二）」の銘である。いずれも江戸期の銘をもつものばかりである。

㈢　鬼の姿——鬼会面の造形——

荒鬼面には、両子《ふたご》寺（国東市安岐町）や無動寺（豊後高田市真玉地区）、霊仙寺（同香々地地区）の面のように、大きく見開いた丸い目、横一文字に開かれた大きな口、そして頭には一本の角が生えた姿で表され、耳は顔とは別につくられて紐で付けられたものがある。こうした鬼は、中世の国東半島における鬼のイメージを受け継ぐもので、荒鬼面のなかでは基本となる造形であったということができる。

鬼会の面を製作された時期からみると、最も古いものは慶長十五年（一六一〇）の銘文がある千燈寺（国東市国見町）の面である。この荒鬼面は大きく見開いた丸い目、横一文字に開かれた大きな口、頭には一本の角が生えた姿をしており、耳は顔とは別に作られ紐でつけられている。

このようなタイプの面は霊仙寺や無動寺、応暦寺（豊後高田市真玉地区）といった西国東地域の

千燈寺　荒鬼面①　31.5 × 23.0 ㎝
銘　慶長15年（1610）

千燈寺　荒鬼面②　29.4 × 21.0 ㎝
銘　慶長15年（1610）

寺院の面のほか、文殊仙寺（国東市国東町）などの東国東地域でも見られる。特に霊仙寺の面の裏の銘文は、文明三年（一四七一）に製作したものを、嘉永六年（一八五三）につくり直したことを示しており、面の原型は中世に遡るものと考えられる。

つまり、千燈寺や霊仙寺の面に代表される鬼のイメージは、中世の国東半島における鬼のイメージを引き継ぐもので、荒鬼面の中で基本となる造形であったといえる。

近世になると、千燈寺のようなタイプとは別に、宝明寺（国東市武蔵町）や瑠璃光寺（同安岐町）のような、二本の角を生やしたり、眉をつりあげて、鬼の力を強調するものも生まれた。

一方、鈴鬼面については、千燈寺や霊仙寺、文殊仙寺、神宮寺（国東市国東町）などの面を見ると、紙などでつくった髪の毛がつけられている。元和四年（一六一八）の銘文のある両子寺の面にも、その跡があり、このような姿が基本であったといえる。

三、国東の鬼会面（大分県立歴史博物館蔵　泉房子撮影　平成11年10月29日）

※鬼会面は、荒鬼面・鈴鬼面ともに彩色されている。

①西明寺　荒鬼（古面）　28・7×22・4㎝

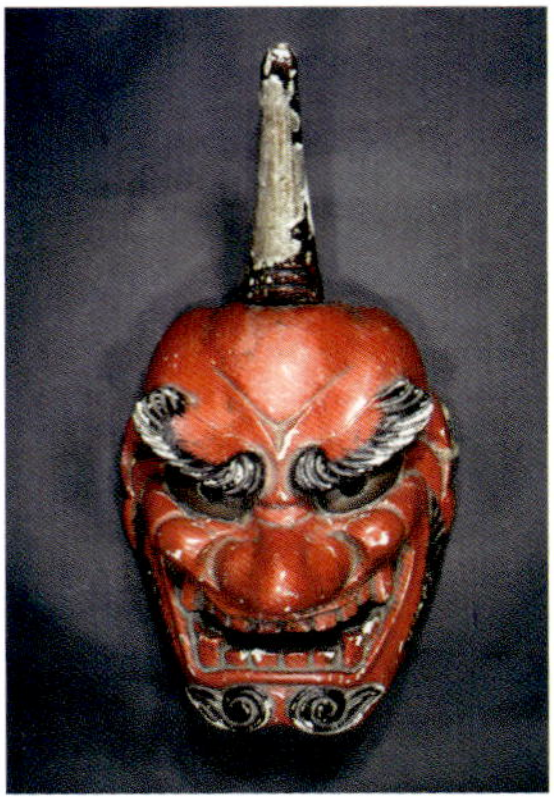

②西明寺　荒鬼　29・7×24・3㎝

獣耳と渦巻く眉　一角

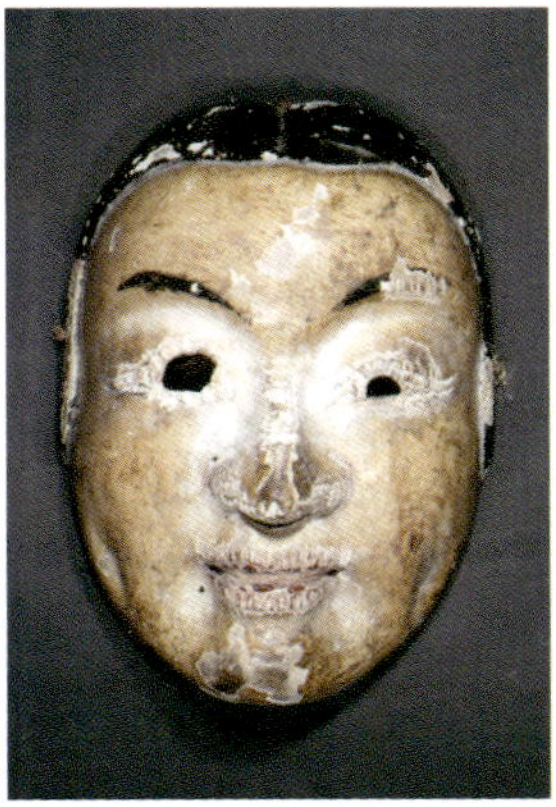

③西明寺　鈴鬼　21・9×15・7㎝

④西明寺　鈴鬼　21・9×16・4㎝

⑤西明寺　荒鬼（古面）　29・3×25・5cm

明治十三年（一八八〇）

⑥長安寺　荒鬼　30・5×23・0cm

板井春哉

⑦長安寺　荒鬼　30・5×23・0cm

板井春哉

⑧長安寺　鈴鬼

女　22.0 × 15.5cm　　男　23.5 × 16.5cm

⑨清浄光寺　荒鬼（吽形）　24・0×20・0cm

⑩清浄光寺　鈴鬼（男）　21・0×15・5cm

⑪清浄光寺　鈴鬼（女）　21・0×14・0cm

⑫千燈寺　荒鬼　31・5×23・0cm

銘　慶長十五年（一六一〇）

⑬成仏寺　荒鬼　25・0×19・5cm

（災払鬼面）

⑭成仏寺　荒鬼　30・7×26・7cm

（鎮め鬼面）

⑮成仏寺　鈴鬼（女）　22・0×14・0cm

⑯伝寿福寺　修正鬼会面　31・0×23・0cm

荒神面　元禄七年（一六九四）

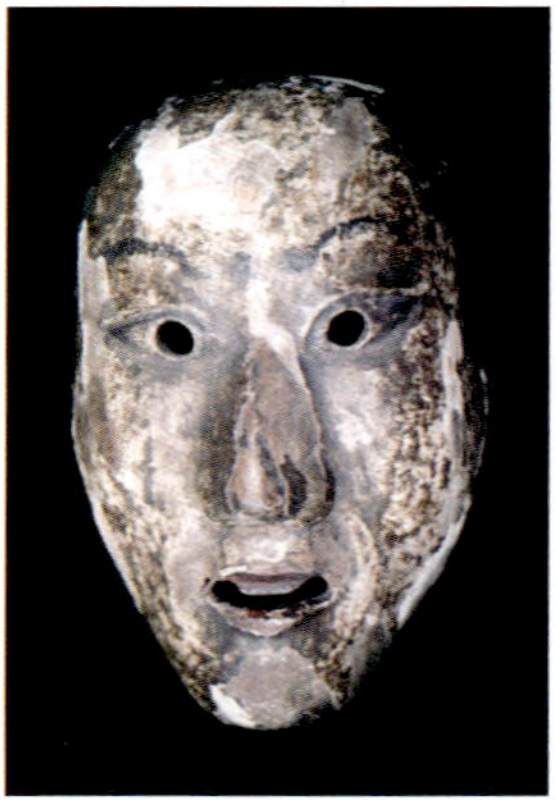

⑰寿福寺　修正鬼会面　25・0×16・0cm

元禄七年（一六九四）

⑱応暦寺　災払鬼面

銘　延宝七年（一六七九）　土屋貢久

⑲弥勒寺　荒鬼面　31・5×21・0cm

銘　文化十一年（一八一四）　板井国光

⑳両子寺　荒鬼面

元禄八年（一六九五）

第八章　大分・豊前神楽

一、豊前神楽について

㈠　出雲系神楽

神楽は古代に成立した鎮魂舞踊である。その語源は「神座《かむくら》」が音略化したものという説が有力である。

神楽は宮廷で行われる御神楽《みかぐら》と、民間で行われる里神楽に大別される。御神楽は一条天皇の長保四年（一〇〇二）に制定された。神楽の宰領役である人長《にんじょう》が宮廷を訪れて、主上を祝福するという内容のものである。一方、里神楽は巫女神楽、出雲系神楽、伊勢系神楽、獅子神楽（山伏神楽）、太神楽などに分類される。

全国の神楽の中で最も広く行われているのが、出雲系の神楽である。出雲系神楽は、直面で舞う採物神楽と、着面して出雲神話などを仕組んだ能、つまり演劇的要素をもつ面神楽とを、同一舞台で演じる構成を特色としている。

この神楽の成立は、佐太大社（島根県松江市鹿島町）で古くから毎年行われる御座替の神事に基づいている。剣舞・清め・散供・祝詞・御座・手巾・勧請の採物舞である。その時の余興として、古くは猿楽大夫によって出雲の古能が演じられていた。この能に十五世紀末か十六世紀初頭ごろ、都で流行の大和猿楽を採り入れ、出雲神話を仕組んで御座替神事に集まる神官が演じた。これが人気を博し、全国的に広まっていった。

(二) 豊前神楽

九州には数多く、神楽が分布している。代表的な神楽として高千穂神楽がよく知られているが、旧豊前国、筑前国にも数多くの神楽が分布しており、総称して豊前神楽、筑前神楽と呼んでいる。この両地域の神楽が天の岩戸開きを演じているので、別名豊前岩戸神楽、筑前岩戸神楽とも称されている。

豊前神楽は、福岡県の周防灘に面する地域、すなわち旧豊前国の企救《きく》郡、田川郡、京都《みやこ》郡、中津《なかつ》郡、築城《ついき》郡・上毛《こうげ》・下毛《しもげ》および現在の大分県内になっている旧豊前国下毛郡、宇佐《うさ》郡にかけて広く分布し盛んに行われていた。北九州市から大分県宇佐市に至る豊前路一帯に伝承される里神楽で豊前岩戸神楽とも呼んでいる。広い地域全体を対象に国の重要無形民俗文化財「豊前神楽」に指定されている。福岡県の東半分と大分県の北東部を指している。

成立時の神楽は、祓いの要素が強い神事的な採物舞や湯立てのみであり、演劇的な面神楽は、江戸時代になってからではないかと推察される。

神楽の演技者は、明治の初め頃までは神職で、社家によって組織された「座」もしくは「講」が設けられて神楽を演じていた。「社家神楽」である。明治維新後、新政府による神道国教化政策によって各地の社家神楽は次第に廃止され、社家から氏子農民に演技者は替わった。しかし、祓いの概念の採物神楽と、神話を演じる演劇的要素の強い面神楽を合わせ持つ「出雲系神楽」と、湯立てを行う「伊勢系神楽」系の混交した芸態は受け継がれて、豊前神楽の特徴となっている。このほかに豊前修験道の影響が見られることも、豊前神楽の特徴であろう。湯立て神楽に用いられる五徳の下の燠《おき》を踏んで渡る「火渡り」や「木のぼり」など、豊前修験道の「松会《まつえ》行事」の一つ「松倒し」（幣切り）の影響を強く受けて成立した演目と考えられる。

豊前は八幡文化とともに、英彦山《ひこさん》や求菩提山《くぼてさん》などの豊前修験が盛んな地であった。湯立て神楽は大きな五徳やカマドに大釜をすえて、湯を笹などで振りまいてお祓いをする。しかし、豊前神楽では脚の高い五徳に釜をすえて、笹で湯を払った後、釜の湯にヒトガタ（人形）を挿した円形に丸めたワラ束を浮かべてお祓いをする。そして、「湯駈仙《ゆみさき》」といって、先端に幣をつけた高さ一〇メートルを超す柱によじ登って、幣を切り落とす。その後で五徳の下の燠を踏んで渡る「火渡り」が行われる。この「人形の祓い」や「火渡り」には、修験道の影響が見られる。

豊前神楽の成立について、成立期の神楽は祓いの要素が強い神事的な採物舞や湯立のみであり、演劇的な面神楽は江戸時代になってからだと推測されている。神楽は飢饉や疫病などにもそなえて行われる祈禱としての性格が強かったと思われる。

(三) 神楽講

明治初年に実施された神仏分離と廃仏毀釈という政府の宗教政策のため、各地の社家神楽は廃絶した。その一方で氏子たちに神楽が伝授されて復活した。豊前地方の各地には神楽講が設立されて、昭和初期の全盛時代を迎えた。

これらの神楽は、江戸時代の神楽の形態を極めてよく残していることと、修験道との融合による独特の芸態を有することが、高く評価されている。演目は俗に豊前岩戸神楽三十三番といわれ、内容としては、「式神楽」と「奉納神楽」に大別される。

豊前市内には、大村神楽講・山内神楽講・岩屋神楽講・黒土神楽講・三毛門《みけかど》神楽講・中村神楽保存会（順不同）など、神楽講六集団が活動している。その他に、現在は活動を休んでいる畑神楽講があった。（福岡県指定無形民俗文化財）

豊前神楽は三十三の演目が、式神楽・奉納神楽の二部で構成されているが、奉納神楽は演目ごとに初穂料が定められている。祈願者は演目を選んで神楽を奉納するので、「上《あ》げ神楽」ともいう。

以下これらの神楽講・神楽保存会について、簡略だが述べておきたい。

岩屋神楽講

岩屋地区のほぼ中心部に鎮座する七社神社へ氏子中から神楽面十二面が寄進された。その十二面が入っていた箱に、「安政四年（一八五七）丁巳下冬中旬需之」と書いた墨書銘がみられる。江戸時代にはこの地域に神楽があったことを物語っている。

岩屋神楽略歴によると、昭和三年の御大典の折に、記念行事として神楽を奉納したのが、現神楽講結成の起こりだとされている。また平成六年には、岩屋神楽講創立六十周年を迎え、七社神社で湯立三十三番を奉納した。

黒土神楽講

黒土神楽は、豊前市久路土の石清水八幡神社に伝わる矢幡家の神楽を継承したものである。矢幡家は代々石清水八幡宮の宮司であり、初代の和気清足から三十二代の矢幡勝季まで続いたといわれる。

明治の中頃に、矢幡勝季により成恒および黒土の氏子に神楽が伝えられたという。一時講員が減少して存続が危ぶまれたこともあったが、昭和四十七年以降、青年を中心に神楽の伝授が行われ、講員も増加して現在は活発な活動を続けている。

大村神楽講

文書資料によると、江戸時代には祭礼などの際に、社家（神職）による神楽が奉納されていた。明治十年（一八七七）頃、当時大富神社の宮司であった清原司から、氏子の大久保新一、局九市、平木孫一らが同神社に古くから伝わる神楽の伝授を受け、現大村神楽講が発足した。以来大富神社をよりどころにしながら、明治神宮、伊勢神宮をはじめとする各地の神社で、神楽を奉納した。昭和二年四月には神楽講創設五十周年の式典を、昭和五十二年には百年祭を挙行した。

山内神楽講

山内神楽講は、明治十年頃、嘯吹《うそぶき》八幡宮宮司の初山吉武が、古くから同神社に伝わる神楽を山内・合河の氏子に伝授して結成された。講長は、代々坪根家の世襲である。

山内神楽は、主に春と秋の年二回、嘯吹八幡宮で奉納される。清原神事と呼ばれる春祭では、初日本宮（嘯吹八幡宮）から浮宮（清原）まで渡行する。この時、お立ちの神楽として式御先神楽を、お着きの神楽として岩戸神楽を舞う。二日目は清原で湯立神楽が、本宮では式御先神楽が、お着きの神楽として奉納される。

三毛門神楽講

明治十年代、香川神社宮司の高橋勝正の指導により、三毛門地区には沓川神楽講と三毛門神楽講が結成されたといわれている。明治末期の火災により神楽用具と古文書を焼失し、一時中絶のやむなきにいたったが、その後基金を募って用具一式を新調し、神楽を復活させた。この神楽講には、天保六年（一八三五）銘の駈仙《みさき》面が保存されている。

畑神楽

畑地区は、角田《すだ》八幡神社のある谷の最奥近くに位置する集落である。この地に伝えられたという畑神楽は後継者もなく、神楽講はすでに解散していて、その詳細を知ることはできない。しかし、立派な鬼神面など評価すべき神楽面が保存されている。

この地区内に鎮座する水神社の冷水は有名で、「畑の冷泉」と呼ばれて、県内外から多くの人たちが水汲みに訪れている。

（参考資料：無形民俗文化財指定記念企画展「豊前市の岩戸神楽」求菩提資料館による）

豊前地域の位置図

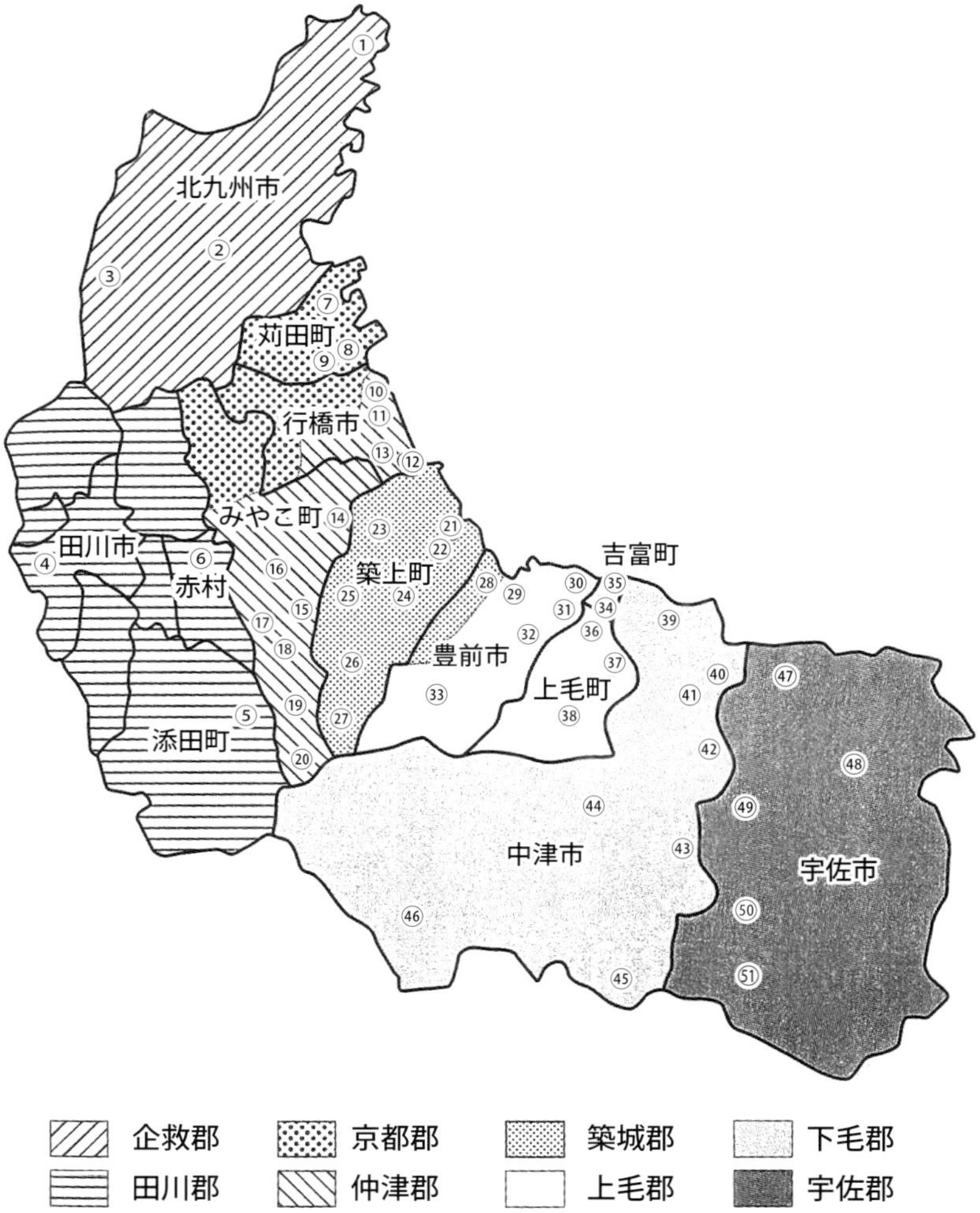

①大積　②横代　③合馬　④春日神社岩戸　⑤津野　⑥大内田　⑦南原
⑧新津　⑨天神　⑩今井　⑪元永　⑫稲童　⑬道場寺　⑭光冨　⑮横瀬
⑯上高屋　⑰鎧畑　⑱下伊良原　⑲上伊良原　⑳扇谷　㉑金富　㉒小原
㉓赤幡　㉔岩丸　㉕伝法寺　㉖櫟原　㉗寒田　㉘中村　㉙大村　㉚三毛門
㉛黒土　㉜山内　㉝岩屋　㉞土屋　㉟吉富　㊱成恒　㊲唐原　㊳友枝
㊴豊前蛎瀬　㊵植野　㊶福島　㊷深秣　㊸本耶馬渓　㊹戸原　㊺深耶馬
㊻山国　㊼高家　㊽北山　㊾麻生　㊿日岳　(51)十ヶ平

豊前神楽分布図（福岡県文化財調査研究委員会「豊前神楽調査報告書」より）

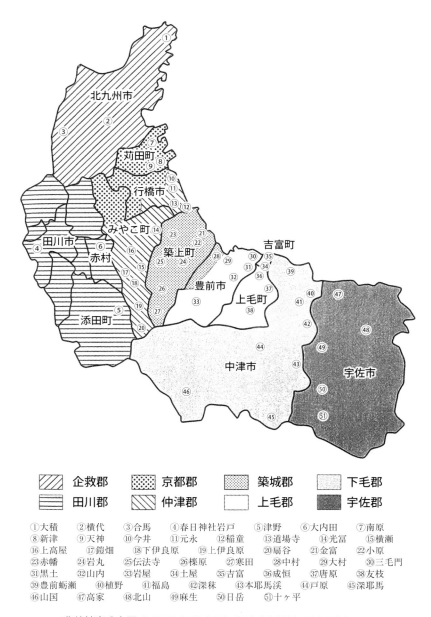

演目一覧表

大村神楽講	山内神楽講	岩屋神楽講
1〈祝詞奏上〉	1〈大祝詞事〉	1〈奉幣［祓舞］〉
2 花神楽	2 壱番神楽	2 大麻舞
3 笹神楽	3 花神楽	3 大潮舞
4 式駈仙	4 笹神楽	4 手草舞
5 弓正護［吾］	5 御先神楽	5 駈仙
6 地割	6 弓正護神楽	6 征護
7 天安河原神集	7 地割神楽	7 地割
8 思兼之命舞	8 思兼之命舞	8 掛手草
9 伊斯許理度売命舞	9 八重垣之命舞	9 剣舞
10 八重垣之命舞	四ツ鬼	10 美々久
11 四方鬼	10 布刀玉之命舞	11 二人手草
12 太玉之命舞	11 天児屋根之命舞	12 乱駈仙
13 長白羽之命舞	12 玉祖之命舞	13 四人剣
14 玉祖之命舞	13 天鈿女之命舞	14 五穀成就［引入柴］
15 天鈿女之命舞	14 手力男之命舞	15 三神
16 手力男之命舞	15 神送り	16 宝満
17 神送り	16 幣正護神楽	17 地堅
18 神迎神楽	17 剣神楽	18 地堅駈仙
19 駈仙神楽	18 二人剣神楽	19 五大神
20 三神神楽	19 四人剣神楽	20 本地割
21 四人剣神楽	20 盆神楽	21 盆舞
22 剣神楽	21 乱御先神楽	22 綱駈仙
23 盆神楽	22 二人手房	23 大蛇退治
24 乱駈仙	23 地堅神楽	24 神迎
25 二人手笹	24 三神神楽	25 祓舞
26 やもめ	25 綱御先神楽	26 灌水舞
27 綱駈仙神楽	26 神迎神楽	27 湯立駈仙
28 本地割神楽	27 大蛇退治	28 鎮火祭
29 御遷宮神楽	28 本地割神楽	29 思兼命
30 大蛇退治	29 柴入神楽	30 伊斯許理度売命
31 湯立神楽	30 安河原の集会	31 布刀玉命
32 湯駈仙	31 神髄神楽	32 児屋命
33 火鎮・火渡り	32 湯御先神楽	33 天宇受売命
	33 火鎮神楽	34 手力男命
	1～15＝式神楽 16～30＝奉納神楽 31～33＝湯立神楽	25～28＝湯立 29～34＝岩戸の部

豊前市内の各神楽講の

黒土神楽講	三毛門神楽講	中村神楽保存会
1 〈祝詞奏上〉	1 壱番神楽	1 一番神楽
2 壱番神楽	2 花神楽	2 花神楽
3 花神楽	3 笹神楽［手房］	3 駈仙
4 手総神楽	4 弓正号［護］	4 地割
5 駈仙神楽	5 地割	5 剣舞
6 弓正護	6 駈仙［御先］	6 四人剣
7 地割	7 岩戸開き	7 乱駈仙
8 岩戸神楽	○ 神迎	8 四ツ鬼
四方鬼	○ 大蛇退治	9 神迎
9 神迎	○ 恵比須神楽	10 岩戸舞
10 大蛇	○ 綱駈仙	
11 綱駈仙	○ 本地割	
12 本地割	○ 四人剣	
13 四人剣	○ 乱駈仙	
14 乱駈仙	○ 三神［餅神楽］	
15 三神	○ 盆神楽［米神楽］	
16 剣	○ 剣舞	
17 盆	○ 二人手房［手草］	
18 二人手総	○ 駈仙	
19 奉納駈仙	○ 湯立	
20 御遷宮	(1) 神髄	
21 やもめ神楽	(2) 湯駈仙	
22 湯立神楽	(3) 祝詞	
23 （勧請奉幣）	(4) 火鎮め	
24 （宝満神楽）	(5) 火通し	
25 （幣征護神楽）		
26 （掛手総神楽）		
27 （大神神楽）	1~7＝式神楽	
28 （弓入柴神楽）	○印＝奉納神楽	
29 （八乙女神楽）		
30 （地鎮神楽）		
31 （姫神楽）		
32 （花笠神楽）		
33 （三鈴神楽）		
34 （山人神楽）		
35 （注連湯）		
36 （蔵入）		
	1~7＝式神楽前半 8＝式神楽後半 9~22＝奉納神楽 22~36＝休止演目 現在研究中	

二、緒方神楽

所在地　大分県豊後大野市緒方町
時　期　緒方五千石祭りなど町内外の神社での春・秋の祭りで奉納
指　定　大分県無形民俗文化財指定 昭和四十一年三月二十二日
神楽面　十三面

(一) 御嶽流《おんたけりゅう》岩戸神楽

緒方神楽は主として豊後大野市緒方町軸丸在住者によって組織されており、軸丸神楽とも呼ばれている。父子や縁故者により伝えられる例が多い。

緒方神楽は、同市清川町に鎮座する御嶽神社に伝わるものであるが、その源流を明確にする文献はない。社家であった加藤家の記録によれば、享保二年（一七一七）、岡藩主が社参した際に神楽二番を奉納し、その後もしばしば奉納したという。しかし、同年に奉納した神楽が岩戸神楽であったかは不明である。加藤家第十八代筑後守長古は明和・安永（一七六四～八〇）の頃の人である。彼は衰微していた神楽を復興しただけでなく、演目を創案追加して御嶽流中興の祖とされている。この頃から岩戸神楽を加えたものであろうか。

文化・文政（一八〇四～二九）の頃、御嶽神楽の演目は、神弥・花神楽・和手・地割・魔払・武者神楽・柴入神楽・緑糸・綱神楽・綱波・磐戸・舞□の十二番の他、湯立があった。その後、

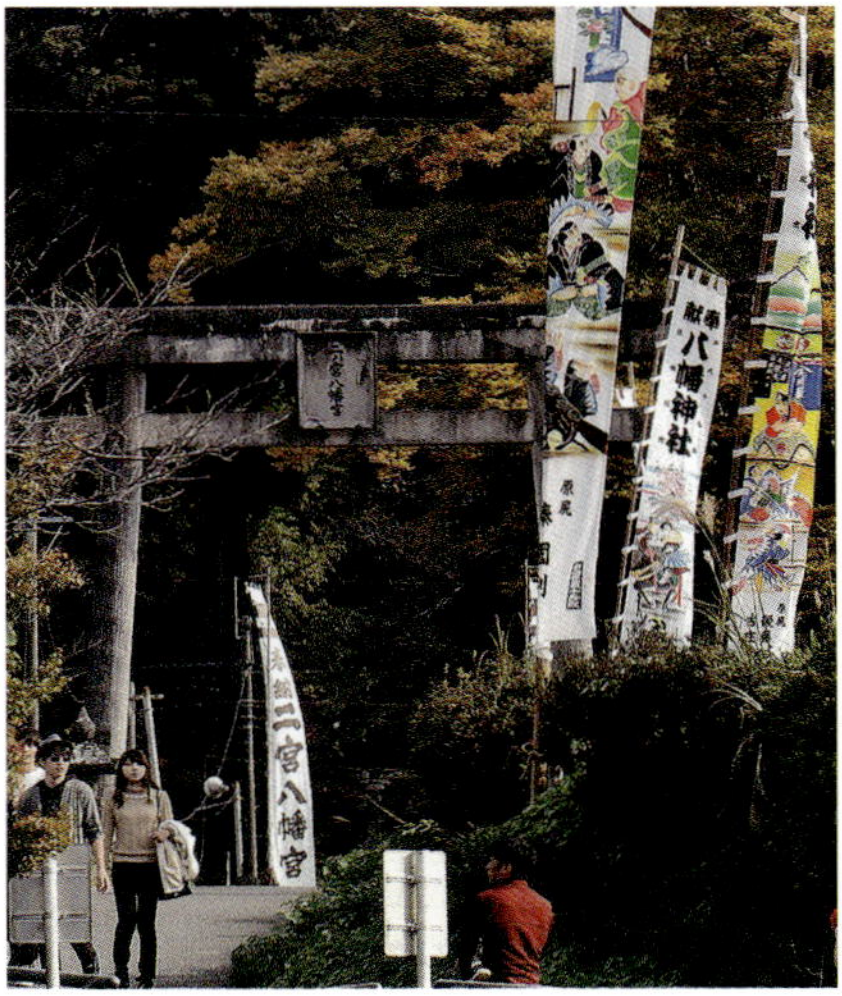

八幡神社
（豊後大野市歴史民俗資料館撮影）

緒方神楽展示室前の筆者
（平成11年12月13日撮影）

弘化二年（一八四五）に神逐・降臨、文久三年（一八六三）に感□意・磐戸前・大神・綱之母・綱神楽を加え、次第に現在の三十三番に近づいた。その番名、番数、舞方などから考えて、御嶽神社に伝わる御嶽流岩戸神楽に発していると思われる。

現在は、緒方五千石祭りや原尻の滝で行われる緒方三社川越し祭りをはじめ、町内外の神社で行われる春・秋祭りや各地のイベントに招かれて奉納している。また大正時代から昭和にかけては、正月七日頃から約一カ月間佐伯方面の家祈禱に回っていた。

(二)　三十三番の舞の特徴

緒方神楽の演目は「五方礼始」に始まり、「大神」に終わる三十三番からなる。

(一)五方礼始　(二)天瓊矛（髄神）　(三)誓約　(四)心化
(五)五穀　(六)忌服部屋（綱ノ式）　(七)岩戸開き
(八)神衣織（綱渡）　(九)柴引　(一〇)神逐　(一一)八雲払い
(一二)神使い返し矢　(一三)高神座（天皇遣）　(一四)天孫降臨
(一五)幸換（貴見城）　(一六)綱伐　(一七)舞人　(一八)平国

緒方神楽「9番柴引」
天児屋根命が天香具山《あまのかぐ》の真坂樹《まさかき》を根こじにするという神話の舞であるが、主役が天児屋根命から山雷《やまつちの》命《みこと》に代わっている。観客の持った榊を奪い取るので、人々にたいへ喜ばれる神楽である。
（緒方神楽保存会撮影）

(一九)神開き　(二〇)庭火　(二一)岩戸舞　(二二)武者　(二三)剣
(二四)柴人　(二五)魔払い　(二六)手散米　(二七)太平楽
(二八)返し払い（返拝）　(二九)朝倉返し　(三〇)天之注連
(三一)地割　(三二)荒神　(三三)大神

面は、柴引き・杭しばり・大蛇・姫・手力雄・爺・婆・猿田彦・各役がつけ、柴引に二面、ほかは各一面用いられている。

緒方神楽の演目中で、代表的な勇壮な舞は十一番「八雲払い」である。この舞は、別名「大蛇退治」と呼ばれる。出雲国簸川《ひのかわ》の上流で、素戔嗚尊が大蛇退治をした物語の神楽である。舞人は四人で、素戔嗚尊・足名椎《づち》・手名椎・奇稲田比売《くしなだひめ》である。はじめに、国つ神の足名椎・手名椎の老夫婦と奇稲田比売が登場し、奇稲田比売の優雅な舞となる。そこに高天原を追われた素戔嗚尊が天降り、なげき悲しんでいる比売と老夫婦に、そのわけを尋ねる。その理由を聞いた素戔嗚尊は、美しい奇稲田比売を妻にしたいと請い受けた。

素戔嗚尊は、「八塩折の毒酒《あしざけ》をかもし、八つの桟敷を設け、その桟敷ごとに酒槽《ぶね》を置いて大蛇を誘い、酔って眠ろうとする時に我がはいたる十束《とつか》の剣をぬいて、ズタズタに退治せん

八雲払い「奇稲田姫」

八雲払い「素戔嗚尊」

八雲払い「奇稲田姫」の衣装

八雲払い「素戔嗚尊」の衣装
（宇佐八幡宮の紋所を記す）

と思う」と、勇壮な大蛇退治の舞をする。大蛇を退治した後、出演者は、「八雲たつ出雲八重垣妻込みに八重垣つくるその八重垣を」と唱和する。

拍子方は、笛・大太鼓・小太鼓・鉦の四人で奏する。囃子も、奇稲田比売の舞は優雅に、荒神の素戔嗚男尊の舞は勇壮に奏される。

㈢　地域あげての協力

展示品は、いずれも緒方町在住の方が制作している。

○荒神（素戔嗚尊）の衣装は緒方神楽保存会

○神楽面は高山吉明

○蛇頭は戸次栄蔵

○俵は足土邦光

なお、神楽が奉納される祭りについても地元の協力で成り立っている。

緒方五千石《ごせんごく》まつり　毎年九月二十三日頃

緒方平野および周辺地域には、①上自在組　②軸丸組　③井上組　④牧組　⑤河宇田組の五組がある。「一組」におよそ一千石になるように組織されたようで、五組で約五千石と考えられた。緒方平野および周辺地域を「緒方五千石」として「緒方五千石祭」が行われて、五穀豊穣を祈願する。

大正時代はグラウンドにお仮屋を建て、十五社の神社合同で祭っていた。現在は五千石祭会場の御輿仮安置所に神輿安置。十五神の神輿が揃い、神楽・獅子・白熊が奉納される。

緒方三社川越し祭

旧暦の十月十四日、十五日に行われていたが、現在はこの日に最も近い土日に開催される。十一月下旬から十二月初旬の土曜日に開催することが多い。

開催場所は、一宮社、二宮社、三宮社、原尻の滝の御旅所。一宮と三宮の神輿が、二宮社の神殿に集い、一晩ともに過ごす。三宮の神輿のみ、緒方川を渡って、二宮に行く。それぞれ神楽を奉納する。娯楽として招かれることもある。明治時代以前は、ムラばかりで緒方神楽を一の宮、二の宮、三の宮で奉納していた。

㈣　緒方神楽の神楽面　12面（泉房子撮影　平成11年12月13日）

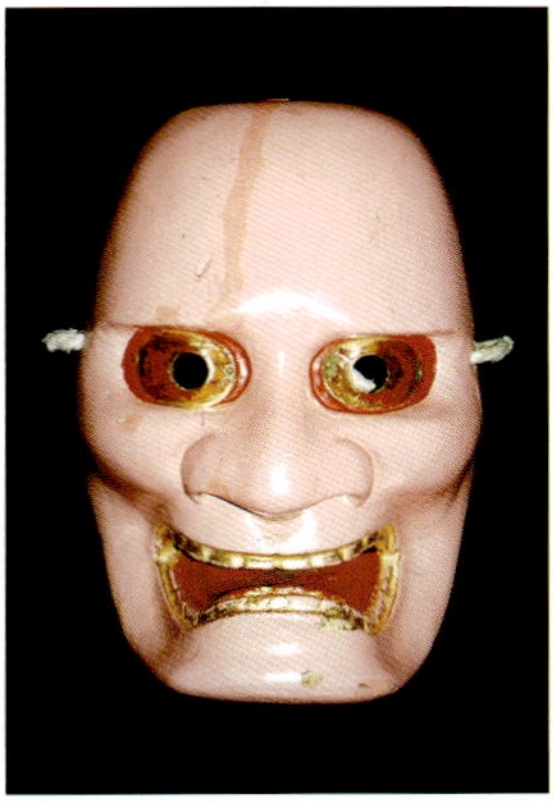
①思兼命　7番　岩戸開き　20・5×14・5cm

②天太玉命　岩戸開き　21・2×14・7cm

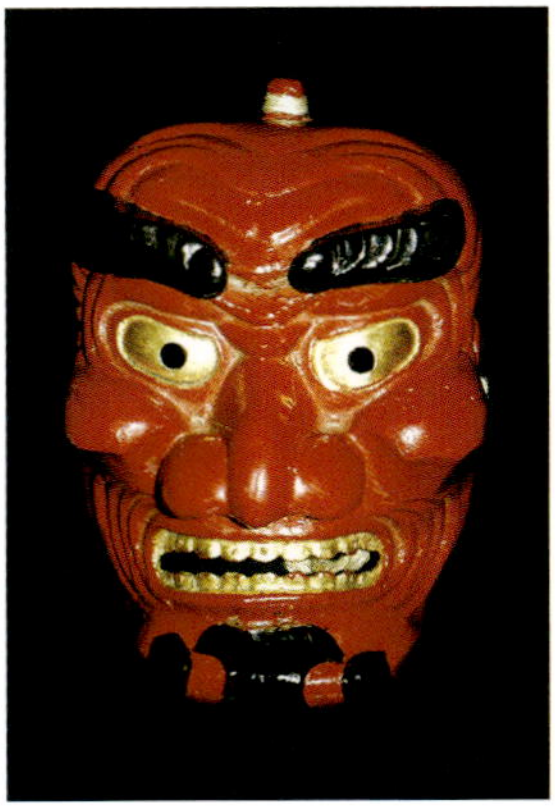
③手力雄命　岩戸開き　25・7×17・7cm

④天鈿女命　岩戸開き　20・8×13・4cm

⑤奇稲田姫「八雲払」　21・6×13・5cm

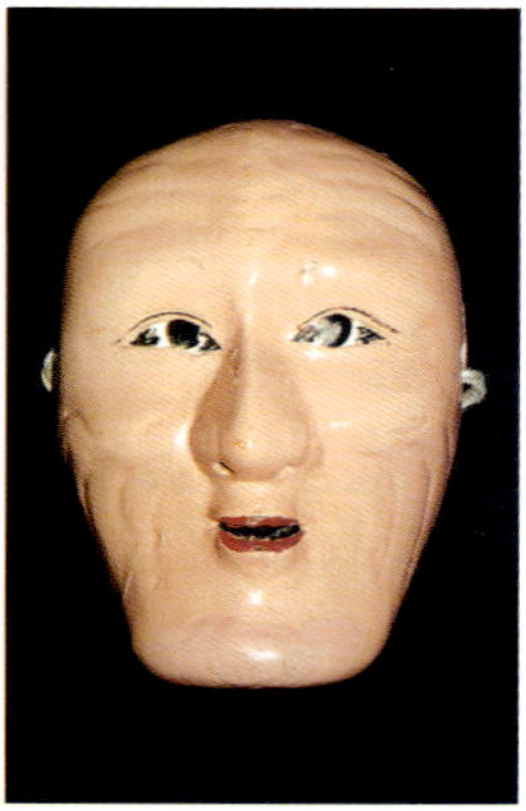

⑥天児屋根命　岩戸開き　19・9×14・0cm

⑦山雷命《やまつちのみこと》　柴引　23・9×19・9cm

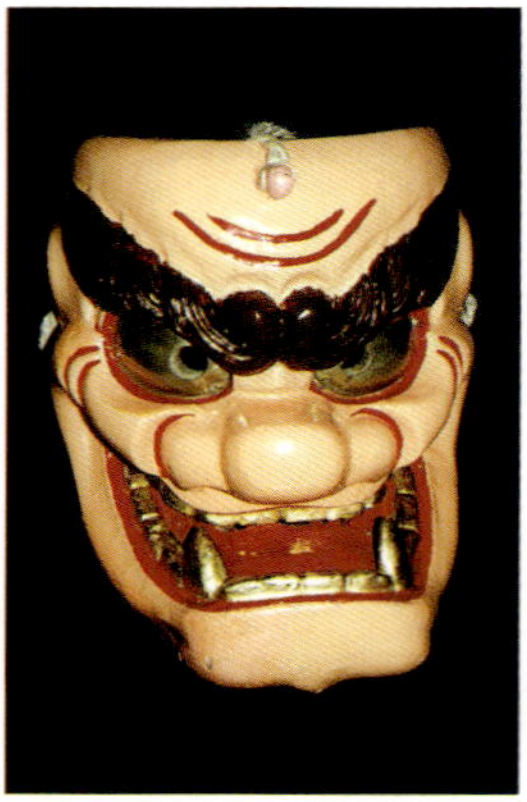

⑧素戔嗚尊　神逐《かむやらい》　26・2×21・3cm

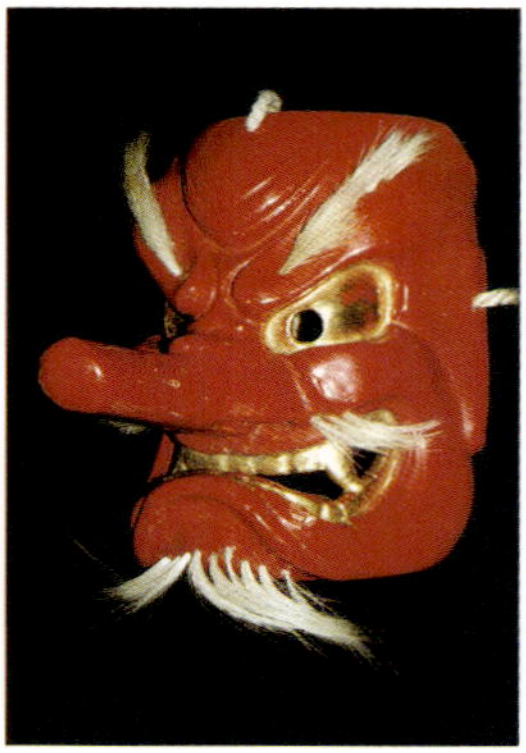

⑨猿田彦　天孫降臨　23・6×19・1cm

鼻の高さ　13.5cm

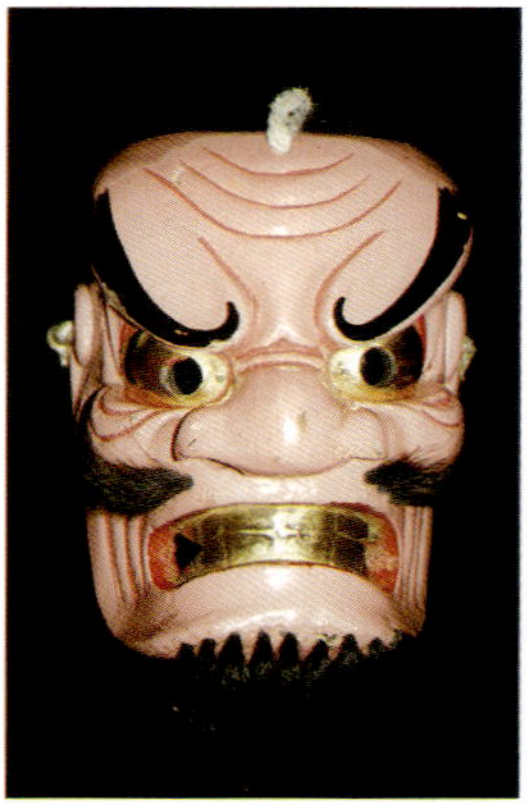

⑩荒神　高御座《たかみくら》　21・7×16・8cm

⑪荒神　高御座　24・9×18・7cm

⑫ニニギノミコト　天孫降臨

22.1 × 17.3cm

三、麻生神楽

所在地　大分県宇佐市大字四日市東本町
時　期　宇佐市四日市桜ケ岡神社に十二月十四日・十五日に奉納。現在は宇佐市内の神社の祭礼に不定期で奉納している。
指　定　広い見地に立てば豊前神楽に含まれるが、宇佐市選択無形民俗文化財に、平成十年十二月二十四日に指定されている。
神楽面　十七面

㈠　麻生神楽の由緒と演目

麻生神楽は、明治四十年（一九〇七）佐知の佐助、深秣の植島某から舞を、セイシュ坊から笛を伝授されたことから始まると伝えられている。当時は「井の子神楽社」という名称で活動していたが、太平洋戦争終戦直後には、神楽の活動は困難であった。

昭和五十二年（一九七七）、地元の青年団が立ち上がり、神楽を始めた。その時の名称が「麻生神楽」で、実際に神社に奉納するようになったのは、同五十七年（一九八二）からである。平成二十一年（二〇〇九）には十月九日の桜ケ岡神社への奉納をはじめとして、宇佐市を中心に各神社に奉納した。

演目は式神楽としては、神起、舞立、大潮、壱人手房、弐人手房、地割、征護、御先、弓、岩戸がある。

麻生神楽　大狩衣《おおかりぎぬ》（麻生神楽所蔵　泉房子撮影 平成11年12月14日）

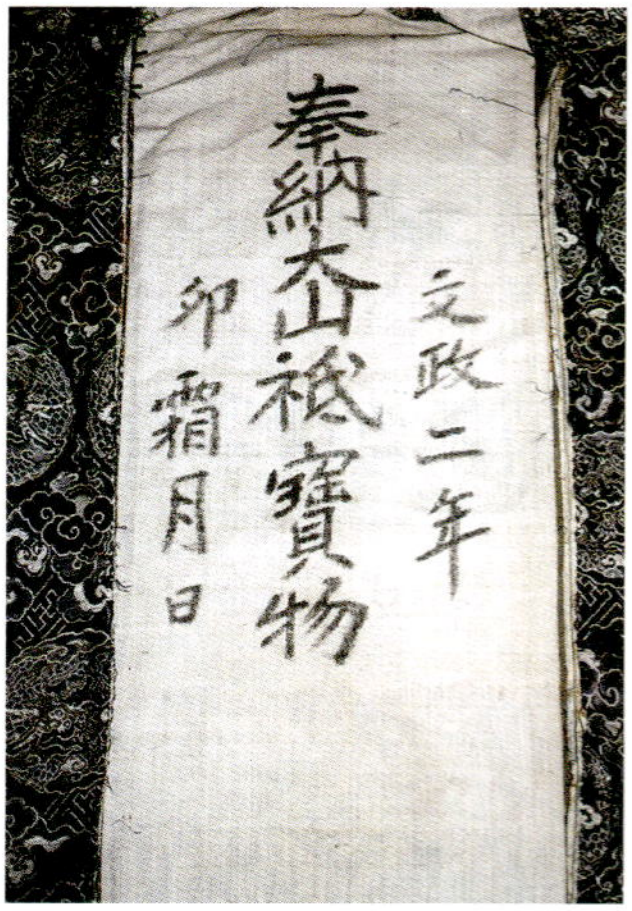

【紺地唐織雲龍紋刺繍】

後丈　146cm
身幅　34cm
袖幅　62・5cm
袖丈　84cm

※もとは黒村の大山祇の宝物

【大狩衣の墨書銘】

文政二年
奉納大山祇寶物
夘(ママ)霜月日

奉納神楽としては、御先、乱御先、綱御先、大御先、神迎、小太刀、五穀、五大神、宝満、山神、大蛇退治、湯立がある。ミサキ・岩戸開き・湯立て神楽は豊前神楽の特色を示すが、その中で最大の演目が「ミサキ」である。

また創作演目として、隼人と神廻がある。隼人は養老四年（七二〇）の宇佐神宮による隼人征伐の歴史を広く知ってもらうために演じられるもので、神仏習合の考えに基づいている。

この面箱には岩戸神楽に用いられる面を収納している。
「岩戸」が特別な扱いを受けていることがわかる。

麻生神楽準備（桜岡神社にて）（いずれも泉房子撮影 平成11年12月14日）

奉納神楽	麻生神楽社
御先《みさき》神楽	三、〇〇〇
一人手房《いちにんてふさ》	三、〇〇〇
二人手房《ににんてふさ》	三、〇〇〇
掛《か》け手房《てふさ》	三、〇〇〇
宝《ほう》満《まん》	五、〇〇〇
小大刀《こだち》	五、〇〇〇
五穀舞《ごこくまい》（米神楽）	五、〇〇〇
山神《さんじん》神楽	五、〇〇〇
乱御先《みだれみさき》	六、〇〇〇
地割《じわり》神楽	五、〇〇〇
五大神《ごだいじん》	五、〇〇〇
大蛇《おろち》退治	一五、〇〇〇
神《かん》迎《むかい》	一五、〇〇〇

※無病息災、厄年、家内安全、商売繁盛、合格祈願、結婚、出産、交通安全等の奉納につきましては、社員にお気軽にご相談ください。

(二)「ミサキ」と鬼神

ミサキの伝承としては、『古事記』や『日本書紀』の天孫降臨の場面を神楽にしたといわれる。「御先」には多くの種類がある。「綱駈仙《みさき》」「乱駈仙」「霊前駈仙」「地鎮駈仙」など演出を異にした多くの曲があるが、基本は同じである。ミサキという鬼神と幣役との争いが中心モチーフとなっており、最大の見せ場である。

現在の典型的演出は、素面で烏帽子・狩衣装束の者、これは神主とか幣方ともいうが、この者があたりを清める舞を舞うと、そこに異形な鬼面をつけた鬼が荒々しく登場する。鬼は舞台のみならず観客席や神社境内でも暴れ回り、子どもなどを脅かしたりする。鬼は幣方と激しく争いを繰り広げ、戦いが続くが、最後は、幣方と鬼の問答となり、鬼は自らが善鬼であることを証し、手にしていた杖を差し出す。

麻生神楽　乱御先（泉房子撮影 平成11年12月14日）

この幣方を天鈿女命、鬼を手力男命と記紀神話の神々にあてはめて解釈しているところが多い。要は鬼の手力男命と幣方のアメノウズメノミコトの「戦い」を構成の中心におき、棒を振りまわし、腰を低く落とし、顔を大きく振るなど激しい動きがある。最後に鬼の差し出す杖を「しかんじょうの杖」と称している。

「御先」は、その種類が多く人気の高い神楽である。神事行列の神輿を迎える時や、遷宮の

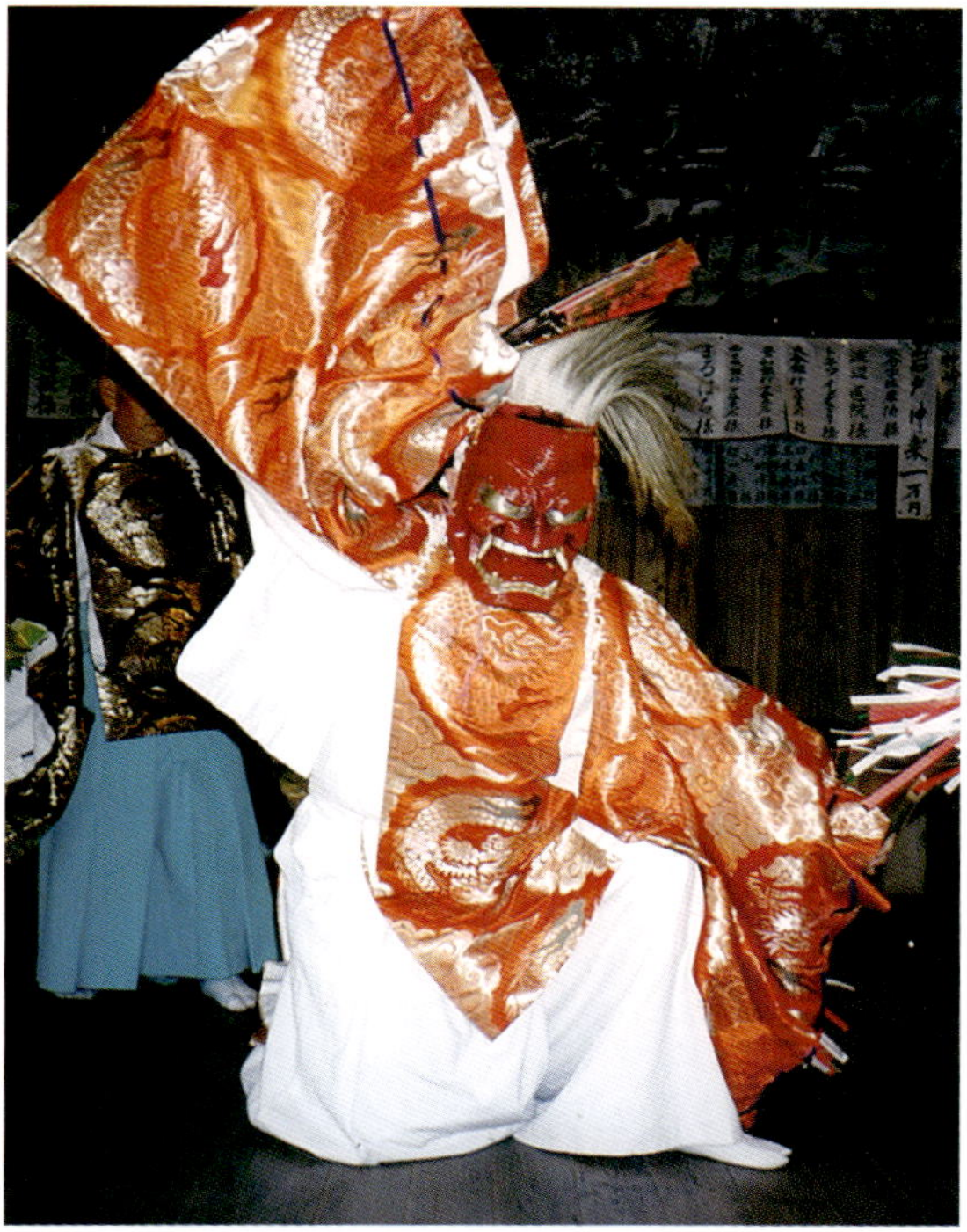

4番　乱駈仙
（泉房子撮影　平成11年12月14日）

乱駈仙におぶわれた筆者（平成11年12月14日）

時などに舞う。次々に演じる立ち回りも大きく、所作も大きく衣装も派手で、見る者を楽しませる。豊前神楽の特色を構成する舞の中心である。

鬼が舞殿の外に出て、観客を舞台上に連れていく場面もある。対象となるのは小さな子どもや赤ん坊である。鬼に抱いてもらうと丈夫な子になるといわれる。類感呪術である。

女性や大人も舞台に上げられ、鬼と相撲を取ったり、背中におぶわれて回転させられたりする。私は舞台下で神楽を熱心にみていたら、いきなり舞台に上げられ、おぶわれた。体重が重く、おぶった青年に気の毒だった。まだ十代の若い青年であった。「随分重かった」と話していた。「どうもありがとう!!」

㈢ 麻生神楽に含まれる「湯立神楽」

湯立とは、釜に湯を沸かし、この湯をまず神々に献じて、その後に人々にふりかけて祓い清める神事とされている。湯立そのものは修験道の行法であるが、豊前地方に伝わる神楽は、天台宗修験道の影響があるといわれ、豊前修験道の松会《まつえ》行事である幣切りが、神楽の演目として取り入れられている。

式神楽の最後に行われる「岩戸開き」、式神楽、奉納神楽ともに舞われる「ミサキ」(御先・御崎・駈仙と地域によって様々な文字があてられる)、および湯立神楽の三種の演目が、豊前神楽の特徴である。中でも豊前神楽の大きな特徴・独自性として、「湯立神楽」の内容が他の地方と異なっている。

湯立神楽（大村神楽）（「豊前神楽調査報告書」より）

本州中部に分布する霜月神楽など、他の地方の湯立は、五徳や竈《かまど》などに大きな釜を置き、煮立った湯を笹などで振り掛ける所作による祓いを行うが、豊前神楽の「湯立」は脚の長い五徳に釜を置き、薪で湯を沸かし、燃えた薪が熾《おき》（燃え終わって炭火になったもの）になってから始める。

笹で湯を祓った後に、五色もしくは白色の和紙による人《ひと》形《がた》を、三体、五体、七体作って、竹串に刺して挟み、円形の藁束《わらたば》に差したものを釜に付けて祓いを行う。

それが終わると、五徳の下の熾を踏んで渡る「火渡り」の行事がある。

火渡りに続いて、先端に幣をつけた高さ四・五メートルの木、または竹をよじ登って幣を切り落とす。地域によっては、湯駈仙・木登りなどと言う。これも豊前修験の「松会行事」「松倒し」の影響によるものとされている。

㈣　麻生神楽の神楽面　17面（泉房子撮影　平成11年12月14日）

①四季の面　東方　24・8×18・1cm　赤面

【墨書銘】天保二年辛卯
□□
（一八三一）

②四季の面　西方　22・4×16・2cm

③四季の面　南方　20・8×16・1cm

④四季の面　北方　24・0×18・6cm　新面

⑤戸取り面　21・8×16・5cm　吽形

楠製　重い

⑥天鈿女命《あめのうずめのみこと》　21・3×13・7cm　新面

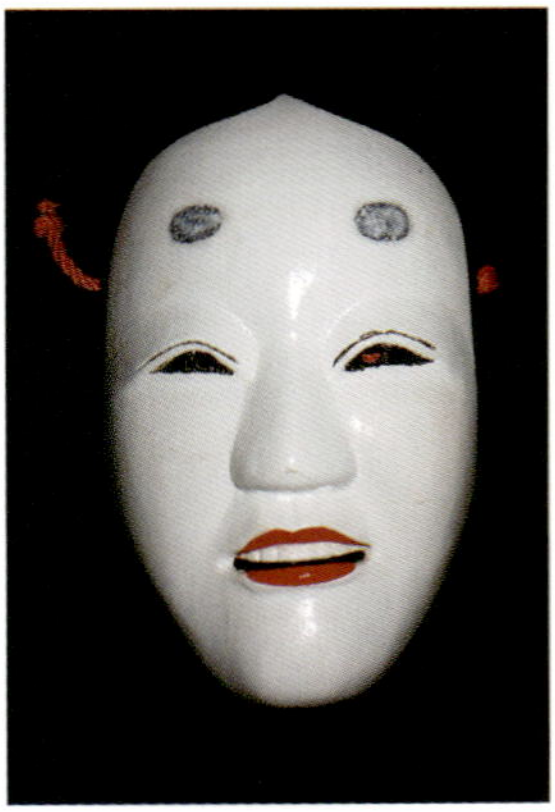

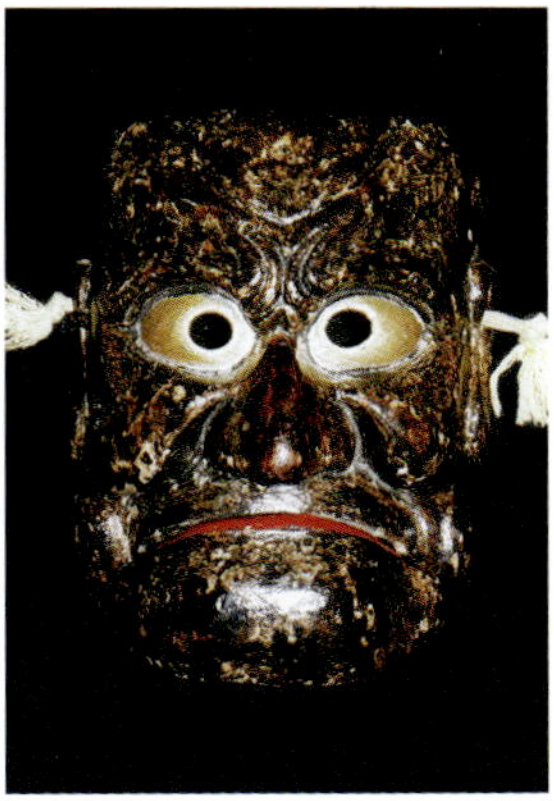

⑦天児屋命《あめのこやねのみこと》　20・7×16・0cm

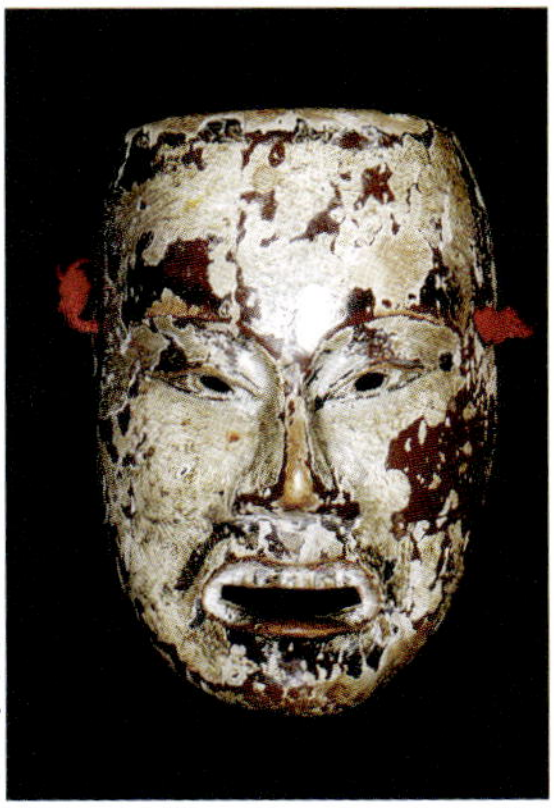

⑧太玉命《ふとだまのみこと》　18・3×13・4cm

【墨書銘】是口《たちから》侍従
元禄十四己

⑨思兼神《おもいかねのかみ》　22・2×14・6cm

【陰刻】□治二具
白頭

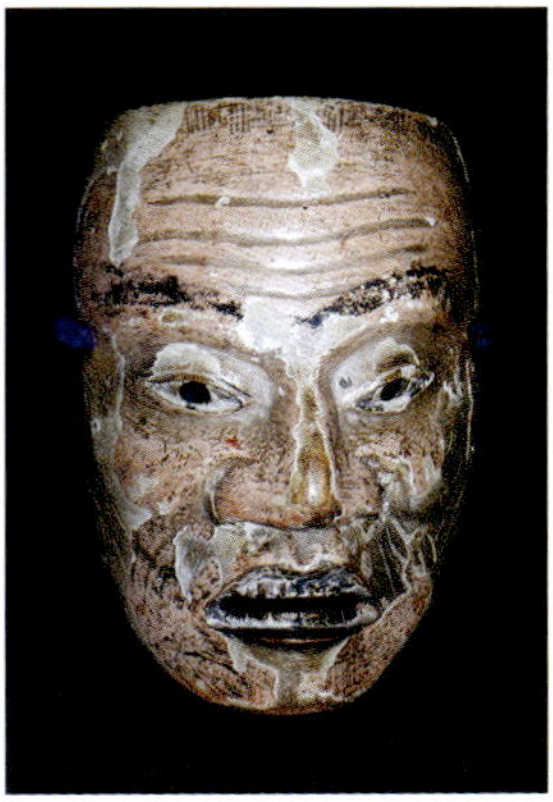

⑩玉祖《たまのおや》　18・1×13・4cm

【墨書銘】享保三□
霜月
八重
奉寄進
一面
是則氏

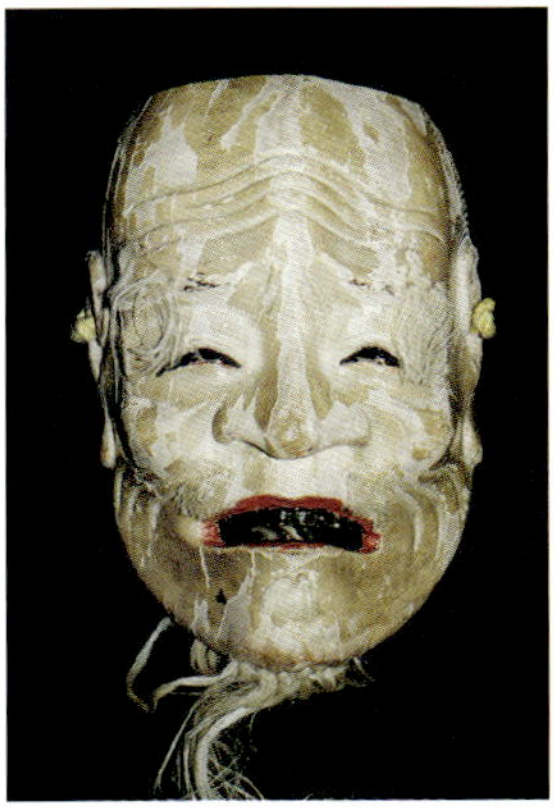

⑪ナガシラハ　22・7×16・1cm　無銘

⑫ミサキ（赤面）　24・8×17・8cm

【墨書銘】大山祇官
奉納

※「大狩衣」衣装のあった大山祇官のものか

⑬手《て》名《な》椎《づち》（婆面）　23・7×14・1cm

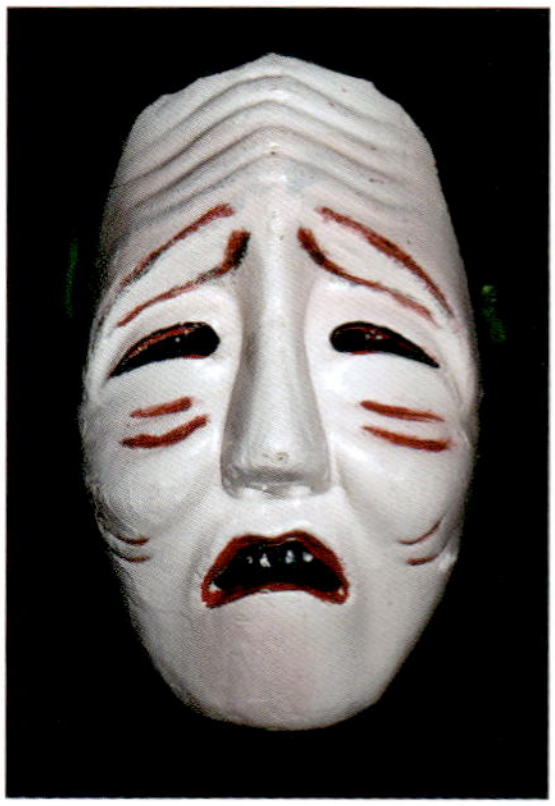

古面を塗りかえた面か。
イシコリドメの面か。

⑭イシコリドメ　21・7×15・9cm

⑮ミサキ面（赤面）　東方　25・3×17・2cm

⑯チカラメン（タヂカラオノミコト）
戸取明神　22・7×17・0cm

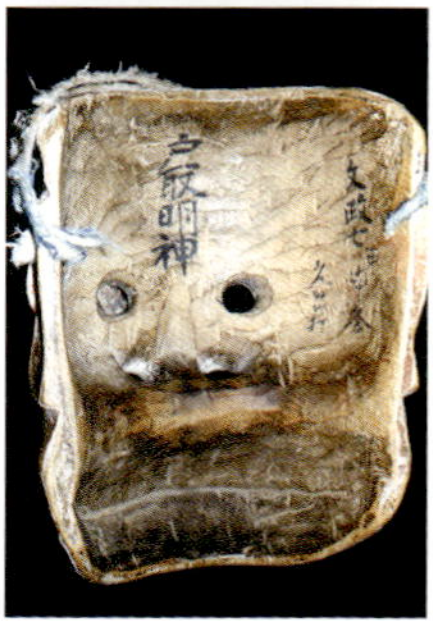

【墨書銘】文政七（一八二四）甲申
戸取明神

⑰スサノオノミコト　26・1×17・9cm

楠製　平成四年頃神楽員の作

四、古要神社の神楽と神楽面

所在地　大分県中津市大字伊藤田字洞ノ上

古要神社といえば、まず「傀儡子の舞と相撲」が頭をよぎるのであるが、すばらしい神楽も見落としてはなるまい。私が訪れたのは、昭和六十二年十月十二日であった。神楽番付の中で最も人気の高い「御先《みさき》」の舞は、その神楽面をはじめ、装束や採物も含め、実に圧巻であった。すぐ近くで「御先」を見ることができたのは好運であった。

「御先」一人舞（左手 鬼神棒・右手 扇）
（泉房子撮影 昭和62年10月12日）

古要神社の神楽は、「福島神楽」と呼ばれている。傀儡子の舞の前後に奉納される。他に、十月に古要神社、薦《こも》八幡神社の「御心経会」など、中津の神社十社程度で年間三十件ほど外部に出向いて奉納されている。

傀儡子の舞は、古要神社の他に山国川を隔てた福岡県吉富町の八幡古表神社でも奉納される。大分県と福岡県の両県に同様の舞があって意外であるが、もとは中津藩に属していた八幡様の

「御先」猿田彦の一人舞
（特大の神楽面 26.0 × 18.0㎝）

豊前岩戸神楽「御先」
（面の大きさ 22.1 × 18.0㎝）

（泉房子撮影 昭和62年10月12日）

分社であった。明治時代に、山国川を境に大分県と福岡県に分離したのである。

古要神社の神楽面の中には、天保七歳の銘のある古面も認められた。これは「岩戸」に用いられたと思われる。「岩戸」といえば、宮崎県の高千穂神楽をまず連想するが、「岩戸五番」といわれる高千穂神楽の中には、「鬼」の出番はない。

しかし豊前神楽の「岩戸」には珍しく「四つ鬼」が出現する。この古要神社の神楽面には、各々「東西南北」を色で表現した見事な四つ鬼が現存する。これはすばらしいことだ。

先に豊前神楽の説明の中で触れたが、豊前神楽の「岩戸」の演目に「四つ鬼」が登場する。古要神社の神楽においても然り。これが岩戸神楽で有名な高千穂神楽では、「岩戸五番」の中に、まったく鬼の出番はない。

[古要神社の神楽面　8面]（泉房子撮影　昭和62年10月12日）

神楽面　23・5×17・5cm　大型

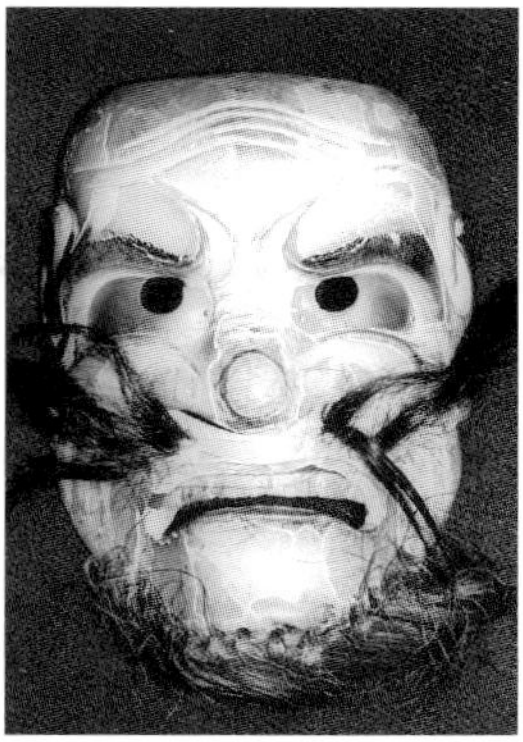

神楽面

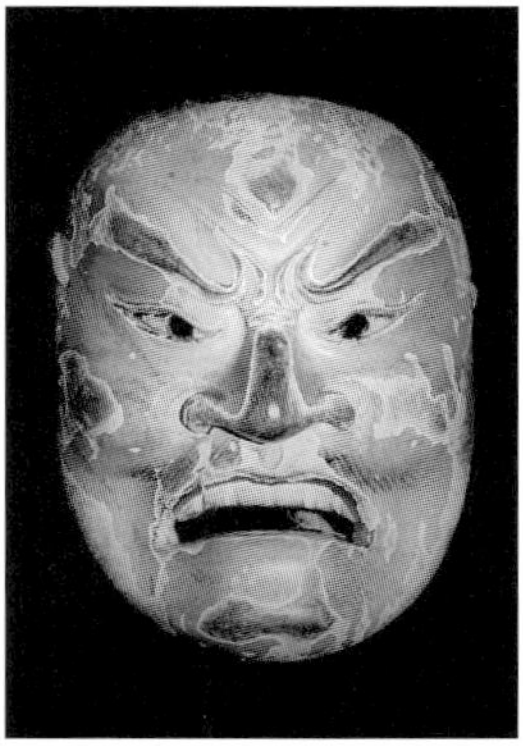

神楽面

天保七歳　戸取明神か

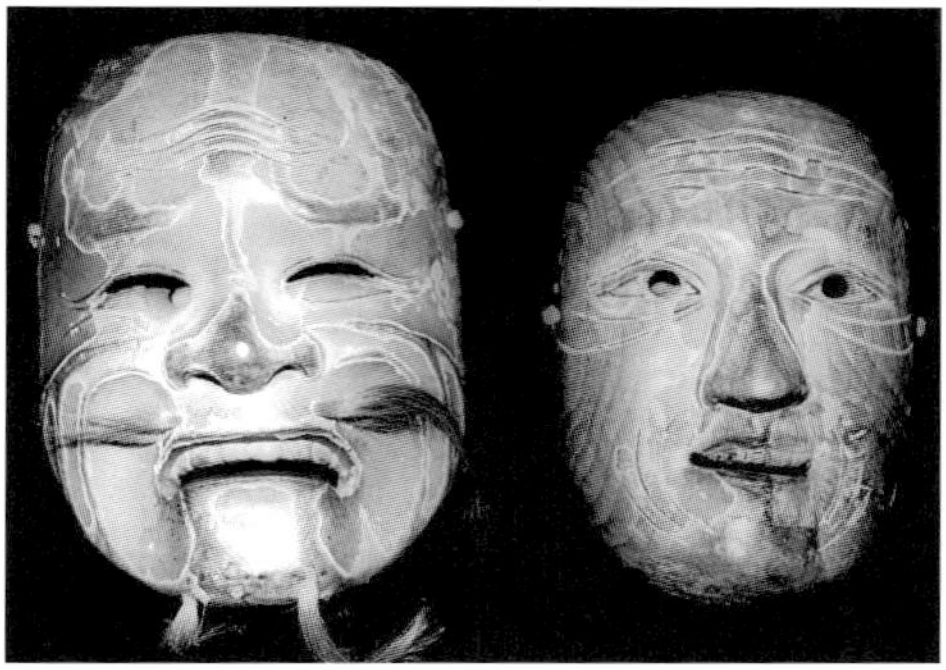

神楽面「四つ鬼」

右上／東（赤）26.0 × 18.0cm
右下／南（赤）24.5 × 18.7cm
左上／西（白）22.1 × 18.0cm
左下／北（茶）22.5 × 18.0cm

おわりに

本書を閉じるに当たって、特に頭をよぎるのは、次の二点である。

①「天之石屋戸に汗気《うけ》を伏せて踏みとどろかし、胸乳をかきいで、裳緒《もひも》を番登《ほと》におし垂れて舞った」。この天鈿女の命の舞・所作が、神楽の起源だといわれる。この神楽の起源について書かれた「神楽之濫觴」と称する貴重な古文書を掲載できたこと。「岩戸ひらき」の神楽は、全国の神楽にあって、番付の中心に位置している。

②祭祀から演劇へ。これは拙著『南九州における神楽面の系譜』のテーマである。そこでは、現存する多くの神楽面を「後期神楽面」と位置づけたのだが、しかとした年代を確かめきれなかった。本書では、宝永元年（一七〇四）以降漸次、演劇的神楽の進展に伴って整えられていった様子を、筑前神楽の一つ「六嶽神楽」の古文書「御神楽本《みかぐらもと》末《すえ》」から知ることができた。近世筑前神楽の演目と台本を記したもので、多賀神社の大宮司青山敏文がまとめたものである。

「御神楽本末」から演目についてまとめると、

①宝永元年（一七〇四）以前は、採り物神楽・神楽歌。②宝永元年（一七〇四）演劇神楽「磐戸」・湯立を加える。③享保十一年（一七二六）に、演劇神楽「五行・猿女衢舞曲」（いわ

ゆる降臨神楽・鹿島大己貴・前駆・猿田彦神）を加える。

この記述から、単なる舞・歌とは異なる、神々の問答を伴った演劇風の神楽へと移っていくことがしれる。それが神楽番付の成立にもつながり、神楽面の創出に寄与するのである。

※　※

八十七歳になった。いまベストセラーになっている佐藤愛子著『九十歳。何がめでたい』が、妙に気がかりである。「めでたい」どころか、私はそれまで生きられるであろうか。もしや、この本が私の人生の最後を飾ることになりやしないか。新聞に掲載される訃報に目を通す機会が多くなった。「生」を生きる現在の万感の思いである。

私ごとではあるが、出版がこうも遅れた事情を語ることは、私の責務である。調査に快くご協力いただき、ご指導をたまわった方々への配慮である。結論から言えば、第一にこの時期非常に多忙で時間に余裕がなかったことである。

当時私は、宮崎公立大学の人文学部国際文化学科の非常勤講師をしていて、百十人くらいの学生を対象に民俗学の講義をしていた。講義は完璧主義で九十分の講義に毎回B４用紙で、四枚程度のレジュメを用意した。このレジュメ作成が途方もなく時間を要した。自分で満足いくレジュメでないと、自分自身が許せなかった。今考えると、時間の無駄を積み重ねたのではないかと半ば後悔もあるが、このレジュメの印刷を学校側でしていただいたのはラッキーだった。山口大学で講義していた時は、時代遅れの輪転機で自分で印刷していた。

調査の後半は、山口大学大学院博士課程東アジア研究科比較文化コースに通学していたことである。六年間在籍し平成十九年三月に完了した。宮崎から山口まで電車で通うのも大変だが、すごく大変だったのは大学院の演習に備える資料作りである。この演習に出席するのは、三人の院生とほぼ六名の教授である。三人で学生のすべてであり、このうちの一人は韓国の留学生である。私を除く二人の学生は、とても優秀な方であった。

さて、演習用のレジュメ作成は、学生が三人だから、三回に一回の勘定でまわってくる。学問とはいえ厳しい。大学院生の少ないことからくる悩みであるが、どこの大学でも博士課程の学生はこんなに少ないのだろうかと思った。

運がついていないというべきか、近年は私の体の状態が悪かったことが出版を遅らせるもう一つの要因となった。平成二十七年十一月末日、宮崎市山形屋前の縁石につまずき道路に転倒した。直後は痛みは少なかったが次第に痛くなり、耐えられなくなって記念病院を訪ねた。診察の結果、右膝蓋骨骨折・右脛骨骨折で、即入院し、あとリハビリをすることになった。二十八年十一月十七日には、左大腿骨内顆骨壊死で、思いきって宮崎県立病院で、左ひざ人工関節置換の手術を受けた。入院は二十八年十一月十五日から十二月十九日まで。その後はリハビリのため、古賀総合病院へ転院し、十二月十九日から翌年一月二十三日まで入院生活を送った。しかし左ひざの状態はまだよくならず、続いてまつばし川野整形外科に転院し、一カ月の入院生活を過ごした。その後左肋骨の九番目を骨折し、再び古賀総合病院に入院した。足の方は退院後も未だよくならず、自宅でリハビリを行っている。ひざ関節に悩まされた三年近くであった。

これら骨の病に加えて、眼底検査の結果右目に黄班変性があり、抗ＶＥＧＦ薬の療法を受けることになった。ほうっておくと失明するとのことで凡そ一カ月毎の頻度で、右目に直接注射をする治療を行っている。これが最先端の治療法だという。

以上長々と私の病状を書いてしまった。恥ずかしい。やむをえない病気とはいえ、研究生活に無理を来たしてしまう。しかしこんなことに、負けてはいられない。私は入院中や入院の合間をぬって、これまで蓄積してきた資料研究論文と向きあった。

そのうち「九十歳」を迎えるだろう。できればこの本をおしまいにせず、新たな境地で、もっとすばらしい本を出したいと思う。決して神楽研究を終着点にはしない。

調査に当たっては、多くの方々からたくさんのご指導を頂いた。わけても出雲の神楽研究については、山陰民俗学会会長の勝部正効先生に一方《ひとかた》ならずお世話になった。今は故人となられたが、ご生存中にこの本を発行しておけばよかったと、悔やまれてならない。謹んで改めてお悔み申し上げたい。また福岡の筑前神楽ではご多忙な中、現地へのご案内を頂いたほか、神楽の内容についても度々ご指導頂いた長谷川清之氏（元福岡県文化財調査委員会委員）に心からお礼申し上げたい。

平成年間十年あまり、調査してきたデータを、平成三十年最後の記念すべき年に、書物として残せることに深い感慨を覚える。発行に当たりこの場をかりて、本書の出版を快諾してくださり適切な助言を賜った鉱脈社川口敦己社長に改めて厚く御礼申し上げたい。

二〇一八年十一月二十六日　誕生日に

著者

著者略歴

泉　房　子（いずみ　ふさこ）（旧姓　兒玉《こだま》）

1931年　宮崎市生まれ
1955年　京都女子大学文学部国文学科卒業
1957〜71年３月　宮崎県内公立中学校教諭
1963年８月　大分大学において文部省委嘱昭和38年度学校図書館司書教諭の講習を修了
1966年　博物館法施行規則による昭和40年度学芸員試験認定国家試験に合格（学芸員）
1967年９月　南九州大学において文部省委嘱昭和42年度司書講習修了（司書）
1971年　宮崎県総合博物館学芸課勤務
1983年　国立民族学博物館国内資料調査委員
1984年　宮崎県立宮崎東高等学校勤務
1994年　山口大学教養部非常勤講師
1995年　山口大学大学院修士課程教育学研究科修了　修士（教育学）の学位を取得
同　年　宮崎公立大学人文学部国際文化学科　非常勤講師
2007年　山口大学大学院博士課程東アジア研究比較文化コース修了　博士（学術）の学位を取得

宮崎県伝統的工芸品等に関する専門委員会委員
宮崎市文化財審議会委員
日南市文化財審議会委員
大分県立歴史博物館協議会委員
日本民具学会評議員

主要著書　『宮崎の民具』（葦書房 1976年８月）
『民具再見』（鉱脈社 1980年10月）
『かしらの系譜』（鉱脈社 1984年８月）
『南九州における神楽面の系譜』（鉱脈社 2014年８月）

主要共著　『日本民俗文化体系 13 技術と民俗（上）』（小学館 1985年５月）
『日本伝統工芸12　九州Ⅱ・沖縄』（ぎょうせい 1985年６月）
『仕事着 ― 西日本編 ―』（平凡社 1987年11月）
『やきもの百科３　九州・沖縄』（ぎょうせい 1990年１月）
『森の生活ドラマ100』（社団法人日本林業協会 1990年３月）

主要論文　「産育儀礼にみる忌みの習俗」「焼き畑地帯の食生活」「日本の木地師 ― 習俗とその技術 ―」
「宇佐神宮放生会と傀儡子」「南九州における仮面の一考察」
「南九州における近世中期以前の仮面と祭り」「宮崎のテゴ」「日向の民具」
「小丸川水系の伝統漁法」「日向の山村生産用具 ― 重要有形民俗文化財指定を指向して ―」
「宮崎の人形浄瑠璃」「漁村の生活誌 ― 旧漁撈と習俗 ―」
「調査報告書 ― 島野浦の歴史と民俗 ―」
「知覧町豊玉姫神社『水からくりと人形について』」
「月刊文化財『日向の木地師』」　ほか

表　彰　宮崎日日新聞社文化賞受賞（昭和59年11月22日『かしらの系譜』）
宮崎日日新聞社出版文化賞受賞（平成27年3月12日『南九州における神楽面の系譜』）
日本放送協会宮崎放送局より感謝状（昭和62年）

《岩戸神楽》その展開と始原

周辺の民俗行事も視野に

二〇一八年十一月二十七日印刷
二〇一八年十二月二十日発行

著者　泉　房子©

発行者　川口敦己

発行所　鉱　脈　社

〒八八〇－八五五一
宮崎市田代町二六三番地
電話　〇九八五－二五－一七五八
郵便振替　〇二〇七〇－七－二三

印刷　有限会社　鉱　脈　社
製本　日宝綜合製本株式会社

印刷・製本には万全の注意をしておりますが、万一落丁・乱丁本がありましたら、お買い上げの書店もしくは出版社にてお取り替えいたします。（送料は小社負担）

© Fusako Izumi 2018

南九州における神楽面の系譜

王面から神楽面への展開

中世から近世への南九州、「王面」と裏面に墨書きされた特異な風貌の鬼神面がつくられ、奉納された――。南九州の神楽面の源流を辿り、中世から近世、そして近代へとその変貌と社会の変容を跡づけ神楽の発生と展開の歴史に迫る。著者四十年余の研究の集大成。第25回宮日出版文化賞受賞作。

8000円＋税

思ひまゐらせ今の代
白妙にハ十二月·日の祭礼かくて
かに無為くまいらせた府ハ書里
侍り見えたの時の記し今行して
かしむら之開らかへし所光入野
命もし所に神祭之侍へたるハ衆人ハ貴ハ
丸ッハ川鬼のやみハ行ハ本の
侍也勝かにもそ鬼のにけいまたる
し禅も侍らいう杉ら本の守さと
うたハ聞して見ぬ我神
深かきまくと座て仮仏法盛ん
かにはげきの城たりしく
せけハこの世の舟かく拆ハ菘のかな
出ハてふらし